Meine Erinnerur

Burenki...g

Ben J. Viljoen

Writat

Diese Ausgabe erschien im Jahr 2024

ISBN: 9789361465796

Herausgegeben von
Writat
E-Mail: info@writat.com

Inhalt

VORWORT.

Während ich an diesem Werk arbeitete, bat mich General Ben Viljoen, eine kurze Einführung dazu zu schreiben. Dieser Bitte komme ich gerne nach.

General Viljoen war Kriegsgefangener im Broadbottom Camp auf St. Helena, wo ich nach zweijährigem Dienst in Südafrika mit meinem Regiment stationiert war. Auf weiteres Ersuchen des Generals habe ich dieses Werk zur Veröffentlichung nach Europa gebracht.

Die Eigenschaften, die uns diesen tapferen und zu Recht berühmten Burenoffizier besonders ans Herz wachsen ließen, waren seine Geradlinigkeit und sein unaufdringliches Auftreten, seine Wahrhaftigkeit und die völlige Abwesenheit von Affektiertheit, die ihn auszeichnet. Ich bin sicher, dass er seine einfache Erzählung mit Offenheit und Unparteilichkeit geschrieben hat, und ich bin mir ebenso sicher, dass dieser beliebteste unserer ehemaligen Gegner die aufregenden Episoden des Krieges mit einer Ehrlichkeit, Intelligenz und einem Humor besprochen hat, die vielen früheren Veröffentlichungen über den Krieg fehlten.

Während seines Aufenthaltes auf St. Helena habe ich General Viljoen sehr ins Herz geschlossen und bin überzeugt, dass er für diese Arbeit, die viele Arbeitsstunden erforderte, reichlich entlohnt wird.

THEODORE BRINCKMAN, CB -Oberst

,
kommandierender 3., The Buffs (East Kent Regt.)

TARBERT,
LOCH FYNE,
SCHOTTLAND.
September 1902

VOM AUTOR ZUM LESER.

Indem ich meinen Lesern meine Erinnerungen an den letzten Krieg vorstelle, halte ich es für notwendig, sie um Nachsicht zu bitten und mildernde Umstände für viele offensichtliche Versäumnisse anzuführen.

Es sei darauf hingewiesen, dass die Vorbereitung dieser Arbeit mit zahlreichen Schwierigkeiten und Hindernissen verbunden war. Im Folgenden sind nur einige davon aufgeführt:

(1) Dies ist mein erster Versuch, ein Buch zu schreiben, und als einfacher Afrikander erhebe ich keinen Anspruch auf literarische Fähigkeiten.

(2) Als ich von den britischen Streitkräften gefangen genommen wurde, wurden mir alle meine Notizen weggenommen und ich war gezwungen, mich bei der Beschaffung meiner Fakten und Daten weitgehend auf mein Gedächtnis zu verlassen. Ich möchte jedoch hinzufügen, dass sich die Notizen und Einzelheiten, die sie mir abnahmen, nur auf Ereignisse und Vorfälle bezogen, die sechs Monate des Krieges umfassten. Zweimal vor meiner Gefangennahme fielen verschiedene Tagebücher, die ich zusammengestellt hatte, in britische Hände; und bei einer dritten Gelegenheit, als unser Lager in Dalmanutha durch ein „Grasfeuer" niederbrannte, wurden andere Notizen zerstört.

(3) Ich schrieb dieses Buch als Kriegsgefangener, sozusagen gefesselt durch die starken Ketten, die eine britische „Freilassung" mit sich bringt. Ich war sozusagen an Händen und Füßen gefesselt und spürte immer deutlich die demütigende Lage, in die wir als Kriegsgefangene auf dieser Insel gedrängt wurden. Unser unglückliches Schicksal wurde durch die beleidigende Behandlung durch Colonel Price unnötig unerträglich gemacht, der mir als hervorragendes Vorbild für Napoleons Vormund Sir Hudson Lowe erschien. Man muss nur Lord Roseberys Werk „The Last Phase of Napoleon" lesen, um sich die Beleidigungen und Demütigungen vorzustellen, die Sir Hudson Lowe einem tapferen Feind zufügte.

Wir Buren wurden von unserem Wächter, Colonel Price, ähnlich behandelt. Er schien vom Dämon des Misstrauens besessen zu sein und er zauberte dieselben fantastischen und mythischen Fluchtpläne über uns, wie Sir Hudson Lowe sie Napoleon zuschrieb. Seine absurden Verdächtigungen hinsichtlich unserer sicheren Verwahrung sind meiner Meinung nach der Grund für die bitter beleidigenden Vorschriften, die uns auferlegt wurden.

Während ich mit dieser Arbeit beschäftigt war, hätte Colonel Price mich jederzeit überfallen können. Hätte er das Manuskript entdeckt, hätte er sicherlich sofort erklärt, dass das Schreiben des Manuskripts gegen die Bedingungen meiner „Bewährung" verstößt.

Ich habe mich bemüht, soweit wie möglich auf Kritik zu verzichten, außer wenn ich dazu gezwungen war, und eine zusammenhängende Geschichte zu erzählen, damit der Leser den von mir skizzierten Episoden leicht folgen kann. Ich habe mich auch bemüht, unparteiisch zu sein, oder zumindest so unparteiisch, wie ein irrender Mensch sein kann, der gerade die blutigen Schlachtfelder eines erbitterten Kampfes verlassen hat.

Aber das Schwert ist noch nass und die Wunde noch nicht verheilt.

Ich möchte meinen Lesern versichern, dass ich dieses Werk nicht ohne Zögern der Welt vorgestellt habe. Es gab viele Amateur- und Berufsautoren, die mir vorausgegangen sind und die Leserschaft mit angeblichen „wahren Geschichten" über den Krieg überhäuft haben. Aber nachdem mich Freunde gebeten hatten, meine kleine Arbeit zu den schwerfälligen Wälzern der Kriegsliteratur beizutragen, habe ich niedergeschrieben, was ich mit meinen eigenen Augen gesehen und persönlich erlebt habe. Wenn Sehen Glauben ist, kann der Leser meiner Schilderung jedes Vorfalls, den ich hier geschildert habe, Glauben schenken.

In den letzten Phasen des Kampfes, als wir von der Außenwelt isoliert waren, lasen wir in Zeitungen und anderen Drucksachen, die wir von den Briten erbeutet hatten, so viele romantische und fabelhafte Geschichten über uns selbst, dass wir manchmal im Zweifel waren, ob die Menschen in Europa und anderswo wirklich glauben würden, dass wir normale Menschen und keine legendären Monster seien. Bei diesen Gelegenheiten las ich ausführliche Berichte über meinen Tod und einmal einen langen und keineswegs schmeichelhaften Nachruf (der sich über mehrere Zeitungsspalten erstreckte), in dem ich mit Garibaldi, „Jack the Ripper" und Aguinaldo verglichen wurde. Bei einer anderen Gelegenheit erfuhr ich aus britischen Zeitungen von meiner Gefangennahme, Verurteilung und Hinrichtung in der Kapkolonie, weil ich das Abzeichen des Roten Kreuzes trug. Ich las, dass ich vor ein Militärgericht in De Aar gebracht und zum Tode durch Erschießung verurteilt worden war, und was noch schlimmer war, das Urteil wurde ordnungsgemäß bestätigt und vollstreckt. Von der Hinrichtung wurde ein sehr grelles Bild gezeichnet. An einen Stuhl gefesselt und neben mein offenes Grab gelegt, hatte ich meinem Schicksal mit „seltener Gelassenheit und Standhaftigkeit" getrotzt. „Endlich", schloss mein liebenswürdiger Biograph, „wurde dieser Schurke, Räuber und Guerillaführer Viljoen sicher entfernt und wird der britischen Armee keine Probleme mehr bereiten." Mit gemischten Gefühlen von Erstaunen und Stolz erfuhr ich auch, dass General Baden-Powell mich, der zu Beginn der Feindseligkeiten in Mafeking gefangen gehalten wurde, freundlicherweise gegen Lady Sarah Wilson ausgetauscht hatte.

Ehrlich gesagt war keiner der oben genannten Berichte absolut zutreffend. Ich kann dem Leser versichern, dass ich in De Aar weder im Kampf getötet noch hingerichtet wurde, dass ich in meinem Leben weder in Mafeking noch in einem anderen Gefängnis war (außer hier in St. Helena) und dass ich während des Krieges auch nicht in der Kapkolonie war. Ich habe mich nie als Rotkreuzträger verkleidet und wurde nie gegen Lady Sarah Wilson ausgetauscht. Die Freunde Ihrer Ladyschaft hätten mich als sehr schlechten Tausch empfunden.

Es ist auch völlig ungenau und unfair, mich als „Dieb" und „Schurke" zu bezeichnen. Es war in der Tat keine heroische Tat, da die ritterlichen Herren der südafrikanischen Presse, die diese Beinamen verwendeten, außerhalb meiner Sicht- und Reichweite waren und ich keine Chance hatte, ihre völlig falschen Eindrücke zu korrigieren. Ich konnte ihre berüchtigten Verleumdungen weder widerlegen noch mich dagegen verteidigen, und im Übrigen hielt mein Freund „Mr. Atkins" uns alle außerordentlich beschäftigt.

Was von Ben Viljoen nach den mehreren „Gnadenstößen" auf dem Schlachtfeld und der tragischen Hinrichtung in De Aar übrig geblieben ist, zeigt immer noch einen ziemlich robusten jungen Menschen – einen ganz gewöhnlichen jungen Kerl, 34 Jahre alt, von mittlerer Größe und Statur. Irgendwo im Marais-Viertel von Paris – woher die französischen Hugenotten kamen – lebte ein Viljoen-Vorfahre, von dem ich abstamme. Im gerade zu Ende gegangenen Krieg spielte ich keine große Rolle bei meinen eigenen Bemühungen. Ich traf viele Landsleute, die bessere Soldaten waren als ich; aber gelegentlich konnte ich meiner Sache und meinem Volk glücklicherweise einen kleinen Dienst erweisen.

Die Kapitel, die ich anhänge, sind, wie ich selbst, einfach in ihrer Form. Wenn ich berüchtigt geworden bin, ist das nicht meine Schuld; es ist die Schuld des Zeitungsartikelschreibers, des Schnappschussfotografen und des Autogrammjägers; und auf diesen Seiten habe ich mich bemüht, soweit wie möglich, die Bühne prominenteren Akteuren zu überlassen und mich lediglich als Führer durch die vielen Schlachtfelder anzubieten, auf denen wir unseren unglücklichen Kampf geführt haben.

Ich werde den Leser nicht enttäuschen, indem ich ihm sensationelle oder spannende Episoden verspreche. Auf diesen Seiten wird er nichts dergleichen finden; er wird nur eine nackte und ungeschminkte Geschichte finden.

BEN J. VILJOEN.
(*Stellvertretender Generalkommandant der Republikanischen Streitkräfte.*)

ST. HELENA ,
Juni 1902

NICHOLSONS NEK & MODDERSPRUIT.

Nicholsons Nek

Rail to Newcastle

Nicholsons Nek

Nagsbeck

Eng convoy
Eng Retreat V.

K. Lombards Kop

Boer Hospital

Ladysmith

Bulwana

Platrand

Rail to Colenso

Hospital Camp

Modder Spruit

Scale: 0   1   2   3 Miles

A. Major Carleton's Brigade
B.B... Free State Boers
C.C... von Dams Police
D. Trichards Artillery
E.E. Boer Guns on Popworth Hill.
F. Long Tom.

G. Eng Field Guns 1st Pos^t
H "   "   -   2nd -
I   -   Maxims
K.K - Infantry & Volunteers
L & M. Heidelberg Com.
                2nd position.
N.N.. 4 Boer Guns & 1st
        position of Heidelberg
P position of K.R.R. Com^s

- 5 -

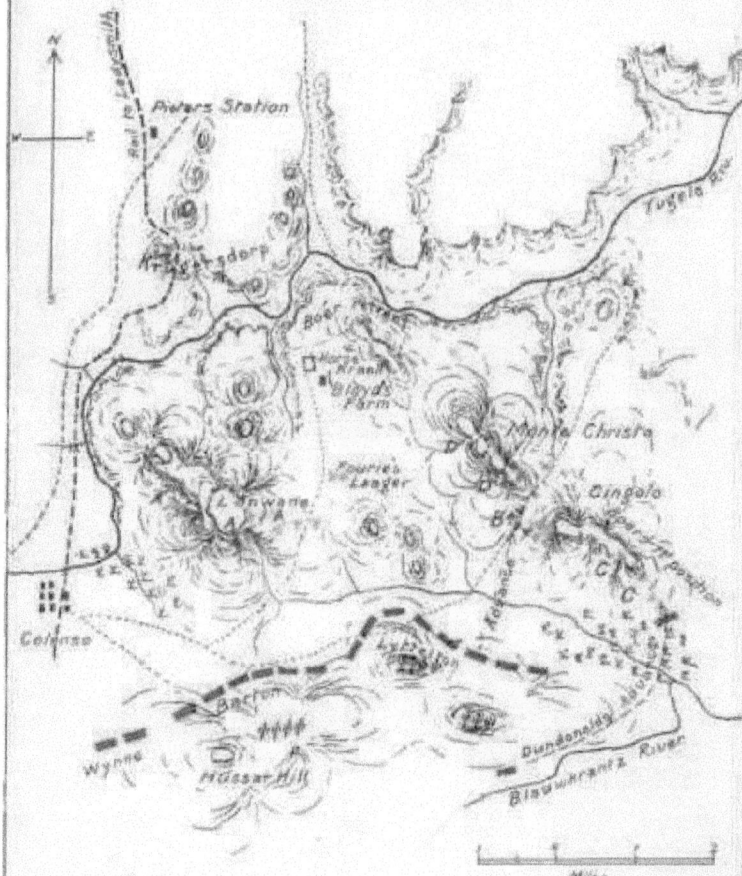

MONTE CHRISTO.

A..A Middelburg Commando
B.. Heidelberg   "
CC..Zoutpansberg   "   1st position
D.D..   "   "   2nd   "

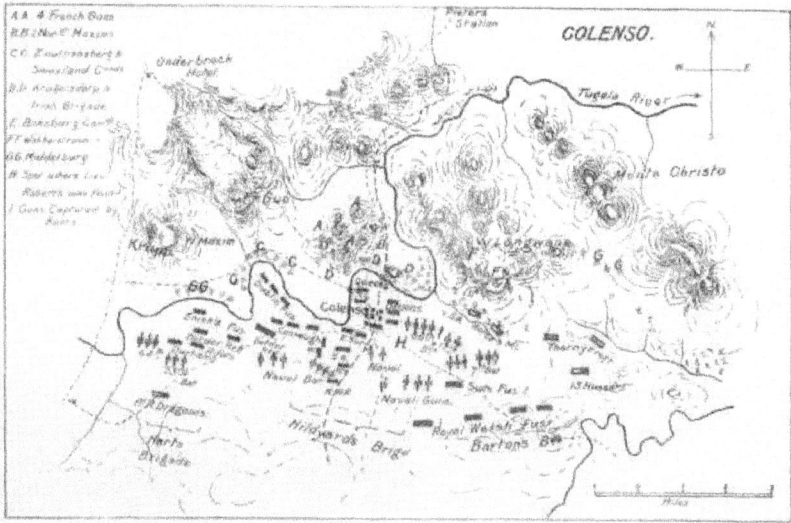

COLENSO.

A.A 4 French Guns
B.B 2 Nord. Maxims
C.C Zwartkopserg &
      Swaziland Guns
D.D Krugersdorp &
      Irish Brigade
E. Boksburg Guns
F.F Wakkerstroom
G.G Middelburg
H Spot where Lieut.
   Roberts was killed
I Guns captured by
   Boers

Tugela River
Pieters Station
Onderbroek Hotel
Hlangwane
Monte Christo
Krupp & Maxim
G.G
Colenso
Naval Bar
Naval Guns
South Fus.
13 Hussars
2 R. Dragoons
Hart's Brigade
Hildyards Brig.
Royal Welsh Fusi.
Barton's Bde.

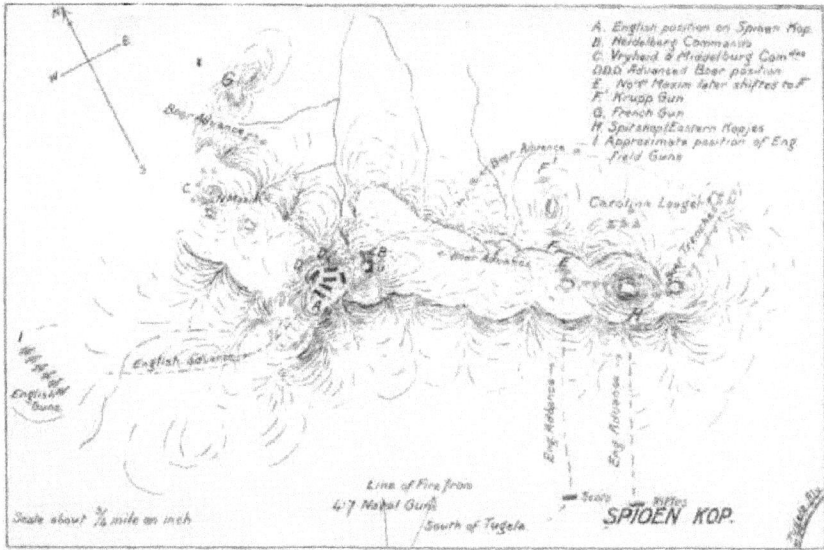

SPIOEN KOP.

A. English position on Spioen Kop.
B. Heidelberg Commando
C. Vryheid & Middelburg Com.do
D.D.D. Advanced Boer position
E. Nord. Maxim later shifted to F
F. Krupp Gun
G. French Gun
H. Spitzkop/Eastern Kopjes
I Approximate position of Eng.
   Field Guns

Boer Advance
Carolina Laager O.L
English advance
English field Guns
Line of Fire from
4:7 Naval Guns
South of Tugela
Scale about ¾ mile an inch
Eng Advance

- 7 -

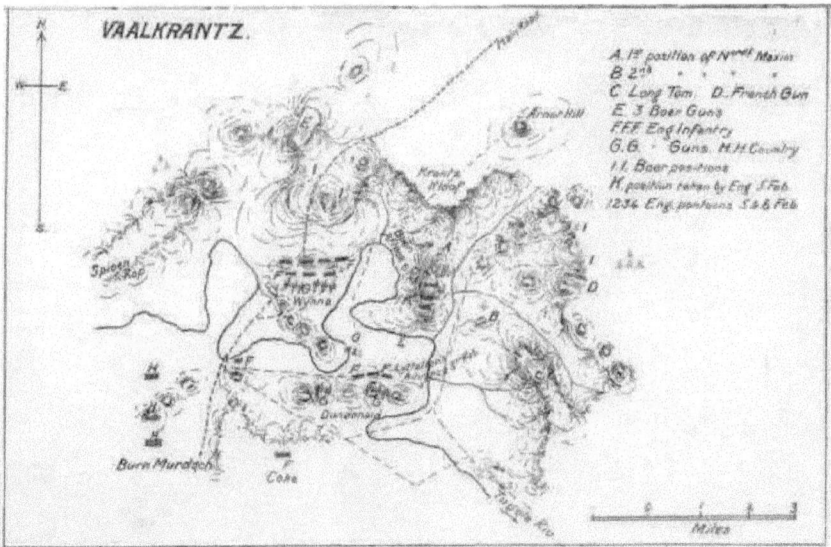

VAALKRANTZ.

A. 1st position of N... Maxim
B. 2nd "
C. Long Tom   D. French Gun
E. 3 Boer Guns
F.F.F. Eng Infantry
G.G. " Guns. M.H Cavalry
1.1. Boer positions
K. position taken by Eng 5 Feb
1234 Eng pontoons 5.6.8 Feb

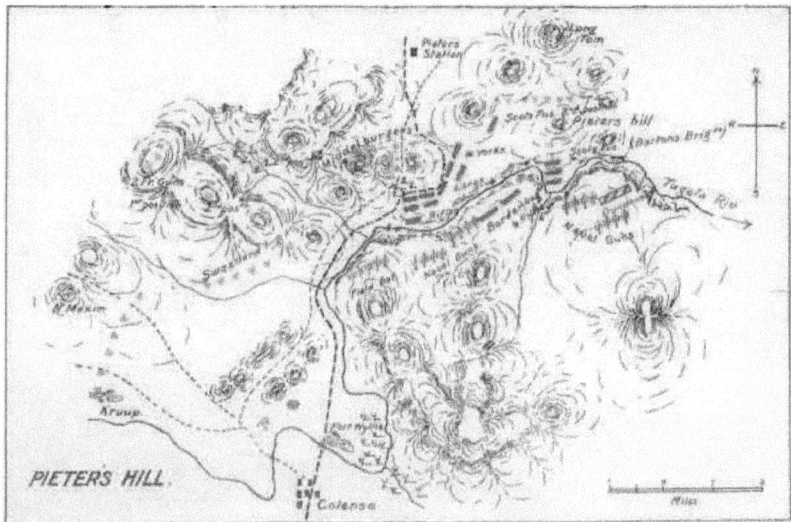

PIETERS HILL.

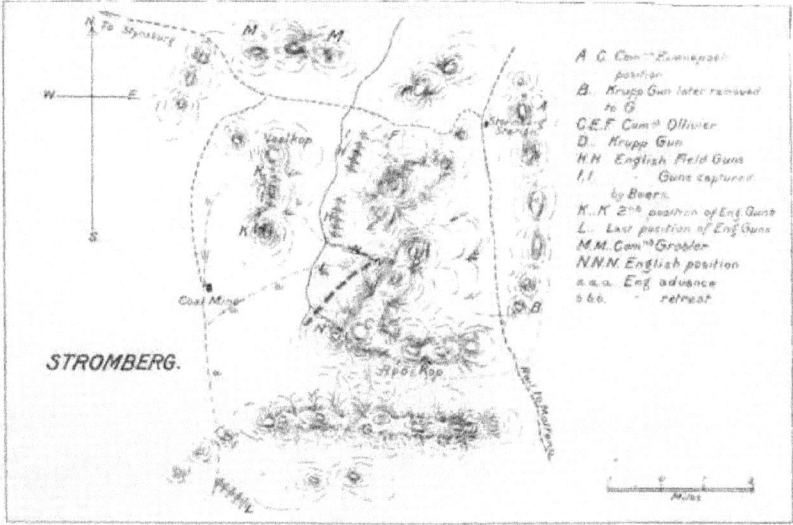

STROMBERG.

A. C. Com^d Esmenpoeb
    position
B. Krupp Gun later removed
    to G
C.E.F. Com^d Olliuier
D. Krupp Gun
H.H. English Field Guns
I.I.   Guns captured
    by Boers.
K..K 2nd position of Eng Guns
L. Last position of Eng Guns
M.M. Com^d Grobler
N.N.N. English position
a.a.a. Eng advance
b.b.b.   retreat

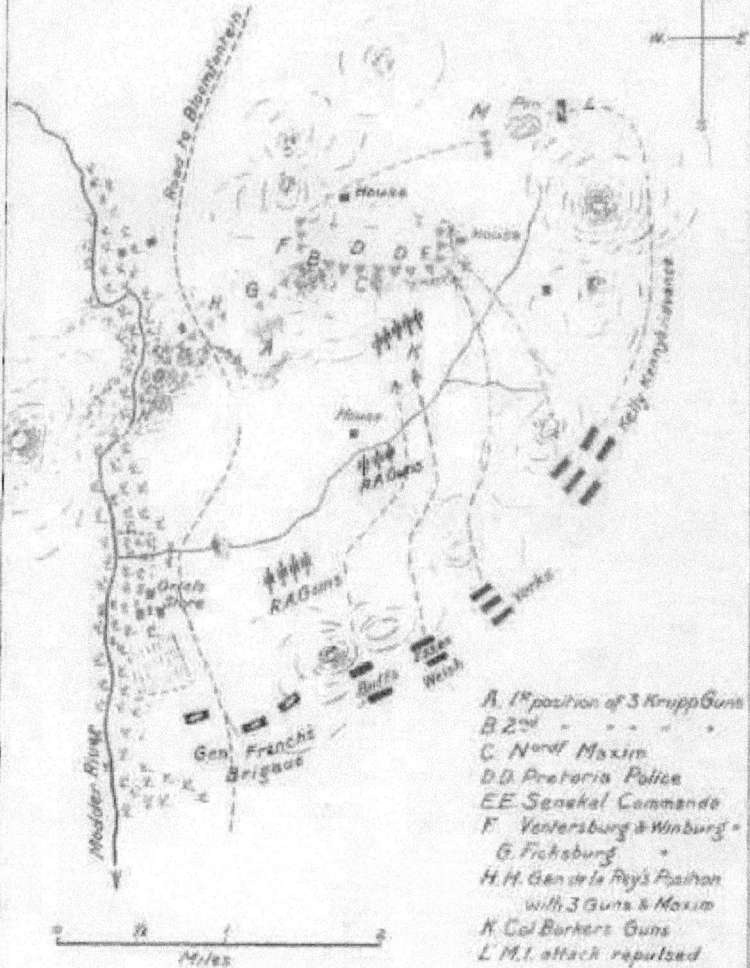

ABRAMSKRAAL.

A. 1st position of 3 Krupp Guns
B. 2nd " " " "
C. Nordf Maxim
D.D. Pretoria Police
E.E. Senekal Commando
F. Ventersburg & Winburg
G. Ficksburg "
H.H. Gen de la Rey's Position
     with 3 Guns & Maxim
K. Col Barkers Guns
L. M.I. attack repulsed

KAPITEL I.

Die Kriegswolken ziehen auf.

Im Jahr 1895 zogen sich die politischen Wolken zusammen und wurden bedrohlicher. Ihre Vorzeichen waren unmissverständlich. Es drohte Krieg, und wir hörten den Kriegsdonner über unseren Köpfen grollen.

Der Sturm brach in Form einer Invasion aus Rhodesien an unseren Westgrenzen aus, ein von Soldaten einer befreundeten Macht geplanter Überfall.

Wie auch immer man versuchen mag, die Hauptursache des südafrikanischen Krieges mit anderen Themen in Zusammenhang zu bringen, es bleibt eine unwiderlegbare Tatsache, dass der Jameson Raid die Hauptursache für die Feindseligkeiten war, die schließlich zwischen Großbritannien und den Burenrepubliken ausbrachen.

Mr. Rhodes, der Sponsor und *Deus ex Machinâ* des Überfalls, konnte sich mit Mr. Paul Kruger nicht einigen und hatte keine freundschaftlichen Beziehungen zu ihm aufgebaut. Mr. Kruger, der ebenso stur und ehrgeizig war wie Mr. Rhodes, hatte kein Vertrauen in dessen freundliche Vorschläge, und das Ergebnis war, dass zwischen den beiden Gideons ein grimmiger Hass entstand und ein Rassenhass fanatische Ausmaße annahm.

Dr. Jamesons dummer Überfall ist nun Geschichte; aber wir Buren datieren die schrecklichen Prüfungen und Leiden, denen unser armes Land ausgesetzt war, auf jenen schicksalhaften Neujahrstag 1896 zurück. Tatsächlich führen wir den jetzt beendeten Kampf direkt auf diesen schändlichen Vorfall zurück.

Auf diese Invasion, die zeitgleich mit einem bewaffneten Aufstand in Johannesburg stattfand, folgte die Verhaftung und Inhaftierung der sogenannten Goldmagnaten von Witwatersrand. Ob diese überaus reichen, aber extrem degenerierten Söhne Albions und Germanias das Todesurteil verdienten, das ihre Anführer in Pretoria wegen Hochverrats verhängten, ist nicht meine Entscheidung.

Ich erinnere mich jedoch noch, wie viele Bitten um Gnade erhoben wurden, wie mitleiderregend die Transvaal-Regierung gebeten und angefleht wurde, bis sie schließlich „vergeben und vergessen" wollte. Dieselbe Fraktion, die jetzt so hartnäckig „keine Gnade" gegenüber den kolonialen Afrikanern fordert, die sich uns angeschlossen haben, flehte damals alle Götter der Buren um Vergebung an.

In der Zwischenzeit wurde die Republik von der Rinderpest heimgesucht, die im ganzen Land unsägliche Verwüstungen anrichtete. Dieser Plage gingen die Dynamitkatastrophe in Vrededorp (in der Nähe von Johannesburg) und die Eisenbahnkatastrophe in Glencoe in Natal voraus. Ihr folgte eine Pockenepidemie, die sich trotz medizinischer Bemühungen von sporadischen zu epidemischen Ausbrüchen entwickelte und alle Schichten des Rand befiel und überall, wo sie sich ausbreitete, Opfer forderte. Zur gleichen Zeit traten in Swasiland Schwierigkeiten auf, die die Entsendung eines starken Kommandos in die unzufriedenen Gebiete und die Aufrechterhaltung einer Garnison in Bremersdorp erforderlich machten. Im folgenden Jahr begannen im Norden der Republik Feindseligkeiten gegen den Magato-Stamm.

Nach einer kostspieligen Expedition, die sechs Monate dauerte, wurde der Aufstand niedergeschlagen. Es bestand kaum ein Zweifel daran, dass die Regierung der untreuen einheimischen Kommissare teilweise für die Schwierigkeiten verantwortlich war, aber es besteht weniger Zweifel daran, dass auch äußere Einflüsse zum Aufstand beitrugen. Dies ist jedoch nicht der richtige Zeitpunkt, um alte Wunden aufzureißen.

Mr. Rhodes ist für immer von der Bühne verschwunden; er starb, wie er gelebt hatte. Sein unerbittlicher Feind Mr. Kruger, der am anderen Ende die Fäden zog, lebt noch. Vielleicht bleibt der alte Mann verschont, um das Ende des blutigen Dramas zu erleben; zweifellos waren es er und Mr. Rhodes, die im Prolog die Hauptrollen spielten.

Welcher dieser beiden „großen Männer" den größten Anteil an der Katastrophe hatte, die Südafrika mit Blut überflutete und in Trauer hüllte, darüber möchte ich zu diesem Zeitpunkt nicht sprechen. Herr Rhodes wurde vor ein höheres Gericht geladen; Herr Kruger muss sich noch dem Urteil des Volkes stellen, dessen Schicksal und Existenz als Nation zum Zeitpunkt des Schreibens dieses Artikels auf dem Spiel stehen.

Wir sind uns gegenseitig an die Gurgel gegangen, und dafür müssen wir unseren „Staatsmännern" danken. Es ist zu hoffen, dass unsere zukünftigen Führer dem menschlichen Leben mehr Wert beimessen und dass Buren und Briten in der Lage sein werden, friedlich Seite an Seite zu leben.

Eine ruhige und staatsmännische Regierung durch Männer, die frei von Ehrgeiz und Rassenhass sind und einen tadellosen Ruf besitzen, wird das einzige Mittel sein, Südafrika zu befrieden und die Befriedung Südafrikas aufrechtzuerhalten.

KAPITEL II.

UND DER KRIEGSSTURM BRICHT AUS.

Es geschah während einer unzusammenhängenden Diskussion während einer ordentlichen Sitzung des Zweiten Volksraads, bei dem ich Johannesburg vertrat, als eines Tages im September 1899 - genauer gesagt am Nachmittag des 28. - der Bote des Hauses mit einer Nachricht zu mir kam und flüsterte: „Eine Nachricht von General Joubert, Sir; sie ist dringend und der General sagt, sie erfordert Ihre sofortige Aufmerksamkeit."

Mit einiger Beklommenheit brach ich das Siegel des Umschlags. Ich erriet den Inhalt, und einige meiner Kollegen im Saal hingen fast sprachlos vor Aufregung über mir und flüsterten neugierig: „Jong, is dit fout?" – „Stimmt das? Ist es Krieg?"

Natürlich war jedem klar, dass wir uns in einer schweren Krise befanden, dass die Beziehungen zwischen Großbritannien und unserer Republik bis zum Zerreißen gespannt waren, dass zwischen den Regierungen beider Länder seit Monaten erbitterte diplomatische Töne ausgetauscht worden waren und dass ein Zusammenstoß, ein bewaffneter Zusammenstoß, früher oder später unvermeidlich war.

Als „Kampfkommandant" der Goldfelder von Witwatersrand und damit als Offizier der Transvaal-Armee erregte mein Verhalten an diesem Tag bei meinen Kollegen im Saal großes Interesse. Nachdem ich General Jouberts Notiz gelesen hatte, sagte ich so ruhig wie möglich: „Ja, die Würfel sind gefallen; ich breche in Richtung der Grenze von Natal auf. Auf Wiedersehen. Ich muss jetzt das Haus verlassen. Wer weiß, vielleicht für immer!"

Das Mandat von General Joubert lautete wie folgt:

„Hiermit wird Ihnen befohlen, morgen, Freitagabend, um 8 Uhr mit dem Johannesburg-Kommando nach Volksrust zu fahren. Ihre Feldkornetts haben bereits die Anweisung erhalten, die erforderliche Anzahl von Bürgern und die erforderlichen Pferde, Wagen und Ausrüstung zu requirieren. Es wurden auch Anweisungen gegeben, die erforderlichen Eisenbahntransportmittel bereitzuhalten. Weitere Anweisungen werden Sie erreichen."

Vor meiner Abreise am nächsten Morgen besuchte ich noch schnell das Büro von Generalkommandant Joubert. Der Vorraum zum Allerheiligsten des Generalissimus war voll mit Offizieren unserer Staatsartillerie in prächtigen Uniformen, und nur durch kräftiges Eingreifen meiner Ellbogen gelang es mir, zu meinem Oberbefehlshaber vorzudringen.

Der alte General schien den Ernst der Lage sehr zu spüren. Er sah abgekämpft und beunruhigt aus: „Guten Morgen, Kommandant", sagte er. „Sind Sie noch nicht weg?"

Ich erklärte ihm, dass ich auf dem Weg zum Bahnhof sei, ihn aber vor meiner Abreise gern noch wegen ein paar Dingen sprechen würde.

„Also, weiter, was ist es?", erkundigte sich General Joubert gereizt.

„Ich möchte wissen, General Joubert", sagte ich, „ob England uns den Krieg erklärt hat oder ob wir die Führung übernehmen. Und noch etwas: Bei was für einem General muss ich mich in Volksrust melden?"

Der alte Krieger zeichnete, ohne aufzublicken oder mir sofort zu antworten, verschiedene kryptische und hieroglyphische Schlaghaken und Figuren auf das Papier vor ihm. Dann hob er plötzlich seine Augen und durchbohrte mich mit einem Blick, bei dem ich erschrak und zitterte.

Er sagte sehr langsam: „Sehen Sie, es gibt noch keine Kriegserklärung, und die Feindseligkeiten haben noch nicht begonnen. Sie und meine anderen Offiziere sollten das sehr genau verstehen, denn möglicherweise können die Differenzen zwischen uns und Großbritannien noch beigelegt werden. Wir werden unsere Grenzen nur deshalb besetzen, weil Englands Haltung äußerst provokativ ist, und wenn England sieht, dass wir vollständig vorbereitet sind und dass wir seine Drohungen nicht fürchten, wird es vielleicht rechtzeitig klug sein und die Situation überdenken. Wir wollen uns auch in die Lage versetzen, eine Wiederholung des Jameson Raids mit mehr Kraft zu verhindern und niederzuschlagen, als wir 1896 eingesetzt haben."

Eine Stunde später saß ich in Begleitung von General Piet Cronje und seiner treuen Frau an Bord eines Zuges nach Johannesburg. General Cronje erzählte mir, dass er in die westlichen Bezirke der Republik reisen würde, um dort das Kommando über die Bürger von Potchefstroom und Lichtenburg zu übernehmen. Seine Aufgabe, sagte er, sei es, die Westgrenze zu schützen.

Ich verließ General Cronje am 29. September 1899 in Johannesburg und sah ihn nie wieder, bis ich ihn fast zweieinhalb Jahre später, am 25. März 1902, auf St. Helena wieder traf. Als ich ihn das letzte Mal sah, begrüßten wir uns als freie Männer, als freie und unabhängige Gesetzgeber und Beamte einer freien Republik. Wir kämpften für unser Recht, als Nation zu leben.

Jetzt treffe ich den Veteranen Cronje, einen gebrochenen alten Mann, Gefangener wie ich, weit weg von unseren Häusern und unserem Land.

Damals und heute!

Dann gingen wir als freie und freiheitsliebende Männer ins Ausland, die vor Patriotismus brannten. Unsere Frauen und unser Frauenvolk sahen uns nach;

voller Kummer und Angst, aber zufrieden, dass wir für die Sache unseres Landes ins Ausland gingen.

Und nun!

Zwei vielversprechende und wohlhabende Republiken wurden zerstört, ihre schönen Gehöfte vernichtet , ihre Bevölkerungen in Trauer und Tausende unschuldiger Frauen und Kinder wurden Opfer eines grausamen Krieges.

Es gibt kaum eine Afrikander-Familie ohne eine unheilbare Wunde. Überall sind die Spuren des blutigen Kampfes zu sehen. Und, ach, die ergreifendste und bedrückendste Tatsache von allem: Bürger, die in den frühen Phasen des Kampfes Seite an Seite mit uns kämpften, sind jetzt in den Reihen des Feindes zu finden.

Diese erbärmlichen Männer ignorierten ihre feierliche Pflicht und ließen ihre Kameraden im Stich, ohne Schamgefühl oder Respekt für die Tapferen, die im Kampf für ihr Land und ihr Volk gefallen waren.

Oh, Tag des Jüngsten Gerichts! Die Afrikander-Nation wird deinen Verrat noch rächen.

KAPITEL III.

DIE INVASION VON NATAL.

Nachdem ich mich am Bahnhof Johannesburg von meinem Freund Cronje verabschiedet hatte, bestand meine erste Aufgabe darin, meine verschiedenen Feldkornette zu besuchen. Gegen vier Uhr nachmittags stellte ich fest, dass mein Kommando so gut wie erwartet bereit war. Wenn ich bereit sage, meine ich nur auf dem Papier bereit, wie die spätere Erfahrung zeigte. Meine drei Feldkornette mussten 900 berittene Männer mit Wagen und Proviant ausstatten, und natürlich hatten sie *freie Hand*, die Truppen zu requirieren. Nur voll wahlberechtigte Bürger der Südafrikanischen Republik konnten requiriert werden, und in Johannesburg gab es eine außergewöhnliche Ansammlung von Kosmopoliten, die für dieses sanfte Rekrutierungsverfahren empfänglich waren.

Es würde zu lange dauern, die Aufregung in Johannesburg an diesem denkwürdigen Tag angemessen zu beschreiben. Tausende von Uitlandern flohen aus ihren Häusern und gaben sich in ihrer Eile, wegzukommen, damit zufrieden, in Kaffern- oder Kohlewagen zu stehen und sich fröhlich der glühenden Sonne und anderen Elementen auszusetzen. Die Straßen waren voller Bürger, die bereit waren, in dieser Nacht zur Grenze aufzubrechen, und voller Flüchtlinge, die zu den Bahnhöfen eilten. Alle waren in einem Zustand intensiver Gefühle. Einer war halbherzig, ein anderer fröhlich und ein dritter dürstete nach Blut, während viele meiner Männer unter Alkoholeinfluss standen.

Als bekannt wurde, dass ich in der Stadt angekommen war, wurde mein Zimmer im North Western Hotel belagert. Ich wurde von allen möglichen Leuten angesprochen, die um Befreiung vom Kommandodienst baten. Ein Bur sagte, er wisse, dass es seine feierliche Pflicht sei, für sein Land und seine Freiheit zu kämpfen, aber er würde lieber ablehnen. Ein anderer erklärte, er könne seine Familie nicht im Stich lassen; während noch ein anderer mit der Geschichte aufwartete, dass von seinen vier Pferden drei beschlagnahmt worden seien und dass diese Pferde seine einzige Lebensgrundlage seien. Ein vierter beschwerte sich, dass seine Wagen und Maultiere heimlich (wenn auch offiziell) weggenommen worden seien. Viele Simulanten entdeckten plötzlich akute Symptome einer Herzkrankheit und brachten leicht erhältliche ärztliche Atteste mit und versicherten mir, dass ihre Entblößung im Feld tragische Folgen haben würde. Damen kamen zu mir und baten um Befreiung für ihre Ehemänner, Schwestern für Brüder, Mütter für Söhne, und alle brachten plausible Gründe vor, warum ihre Lieben vom Kommandodienst befreit werden sollten. Es war sehr schwierig, mit all diesen lauten Besuchern umzugehen. Ich war in der Position von König

Salomon, auch wenn mir seine Weisheit fehlte. Aber ich wage zu behaupten, dass seine alte Majestät selbst verwirrt gewesen wäre, wenn er an meiner Stelle gewesen wäre. Der Leser muss wissen, dass der Großteil der Bevölkerung aus allen Nationalitäten bestand und es ihm an jeder burischen Disziplin mangelte.

Am Abend des 29. September reiste ich mit dem Johannesburg-Kommando in zwei Zügen ab. Zwei Drittel meiner Männer kannten mich nicht persönlich, und deshalb gab es bei der Abfahrt einige Schwierigkeiten. Ein Bürger kam unaufgefordert in mein Privatabteil. Er vergaß offensichtlich seinen Platz, und als ich ihm sagte, das Abteil sei privat und für Offiziere reserviert, sagte er, ich solle zum Teufel gehen, und ich war gezwungen, ihn ziemlich überstürzt aus dem Wagen zu entfernen. Dieser Mann war später einer meiner vertrauenswürdigsten Kundschafter.

Am folgenden Nachmittag erreichten wir Standerton, wo ich von General Joubert die telegrafische Anweisung erhielt, mein Kommando dem von Captain Schiel anzuschließen, der das deutsche Korps befehligte, und mich dem Oberbefehl von Jan Kock zu unterstellen, einem Mitglied des Exekutivrats, der von der Regierung zum General ernannt worden war.

Wir stellten bald fest, dass gut ein Drittel der Pferde, die wir mitgenommen hatten, nicht für den ernsthaften Kampfeinsatz ausgebildet waren und dass viele der neuen Bürger ausländischer Nationalität nicht die geringste Ahnung vom Reiten hatten. Unsere erste Parade oder „Wapenschouwing" sorgte für viel Heiterkeit. Hier sah man Pferde Walzer tanzen und springen, während dort ein Reiter in den Sand biss und gegen Abend die Ärzte mehrere Patienten behandelten. Es sei erwähnt, dass wir, obwohl wir in Sachen Krankenwagen nicht perfekt ausgerüstet waren, drei Ärzte dabei hatten, die Ärzte Visser, Marais und Shaw. Für unser geistiges Wohlergehen sorgten die Reverends Nel und Martins, aber nicht lange, da diese beiden Herren schnell feststellten, dass das Leben als Kommando unangenehm war, und uns geistig uns selbst überließen, so wie die europäischen Mächte uns politisch im Stich ließen. Aber ich wage zu behaupten, dass kein Mitglied meines Kommandos den Verlust der theologischen Herren, die uns hauptsächlich begleiteten, wirklich schmerzte.

DIE KAPERUNG DES ZUGES IN ELANDSLAAGTE.

Am nächsten Tag trafen General Kock und ein großer Stab im Lager ein, und zusammen mit dem deutschen Korps marschierten wir nach Paardakop und Klip River im Oranje-Freistaat, wo wir Botha's Pass besetzen sollten. Mein Konvoi bestand aus etwa hundert Karren, die meisten davon von Maultieren gezogen, und es war amüsant zu sehen, wie viel Proviant meine ehrenwerten Feldkornette zusammengetragen hatten. Es waren drei volle Wagen mit Limettensaft und anderen unnötigen Artikeln, die ich am ersten Rastplatz ausladen ließ, um Platz für brauchbarere Vorräte zu schaffen. Es sollte erwähnt werden, dass von meinen drei Feldkornetten nur einer, der verstorbene Piet Joubert aus Jeppestown, mein Kommando tatsächlich begleitete. Die anderen schickten Ersatz, vielleicht weil sie sich nicht gern dem Luftwechsel aussetzten. Wir ruhten uns einige Tage am Klip River im Oranje-Freistaat aus, und von dort wurde ich von unserem General mit einer kleinen Eskorte von Bürgern nach Harrismith geschickt, um eine Reihe von Offizieren des Freistaats zu treffen. Nach einer zweitägigen Reise traf ich auf den Oberbefehlshaber des Freistaats, Prin Sloo, der später desertierte, und andere Offiziere. Ziel meiner Mission war es, die Kommunikation mit diesen Offizieren zu organisieren. Am 11. Oktober, als ich zu meinem Kommando zurückkehrte, erhielten wir die Meldung, dass unsere Regierung das Ultimatum an England geschickt hatte und dass die für die Antwort auf dieses Dokument festgelegte Frist abgelaufen war. Die Feindseligkeiten hatten begonnen.

Wir erhielten den Befehl, in Natal einzumarschieren, und überquerten noch am selben Abend die Grenze. Ich hatte mit einer Patrouille von 50 Mann die Grenze noch nicht weit überschritten, als einer meiner Späher mit der Meldung ankam, dass auf der anderen Seite des Flusses Ingogo eine große britische Truppe in Sicht sei. Ich sagte mir damals: „Wenn das stimmt, sind die Briten ziemlich schnell vorgerückt, und die Sache wird bald in die Brüche gehen."

Wir marschierten dann in verstreuter Formation und marschierten vorsichtig nach Natal ein. Nach langem Auskundschaften und Verstecken stellten wir jedoch bald fest, dass die „große englische Truppe" nur eine Rinderherde befreundeter Buren war und dass das Lager aus zwei Zelten bestand, die von einigen Engländern und Kaffern bewohnt wurden, die eine kaputte Brücke reparierten. Wir stießen auch auf einen von vier Ochsen gezogenen Karren, der einem Bauern aus Natal gehörte, und ich glaube, dies war die erste Beute, die wir in Natal machten. Der Engländer, der sagte, er wisse nichts von Krieg, erhielt einen Passierschein, um mit seinen Dienern zu den englischen Linien vorzudringen, und er verließ die Truppe mit der Ermahnung, in Zukunft die Zeitungen zu lesen und zu erfahren, wann Krieg bevorstünde. Am nächsten Tag war unser gesamtes Kommando schon weit in Natal eingedrungen. Der anhaltende Regen und die Kälte der Drakenberge machten unsere erste Erfahrung mit dem Leben in der Steppe, wenn nicht unerträglich, so doch sehr entmutigend. Wir waren ein ziemlich großes Kommando, da sich uns auch Kommandant J. Lombard, der das holländische Korps befehligte, angeschlossen hatte. In der Nähe von Newcastle trafen wir auf eine große Anzahl von Kommandos, und unter dem Vorsitz von Generalkommandant Joubert wurde ein allgemeiner Kriegsrat abgehalten. Dabei wurde beschlossen, dass die Generäle Lukas Meyer und Dijl Erasmus Dundee einnehmen sollten, das von einer englischen Garnison besetzt war, während unsere Kommandos unter General Kock angewiesen wurden, den Biggarburg Pass zu besetzen. Von Spähern angeführt, bahnten wir uns unseren Weg in diese Richtung und ließen unser gesamtes unnötiges Gepäck in Form von Proviant- und Munitionswagen in Newcastle zurück.

Einer meiner Feldkornette und die Feldkornette des deutschen Kommandos drangen, aus welchem Grund auch immer, nach Süden vor und erreichten tatsächlich den Bahnhof von Elandslaagte. Ein Güterzug fuhr gerade in den Bahnhof ein und wurde von diesen tollkühnen jungen Moltkes gekapert. Ich war mit dieser Aktion sehr unzufrieden und schickte einen Boten mit dem Befehl, sich zurückzuziehen, nachdem sie die Eisenbahn zerstört hatten. In derselben Nacht erhielt ich von General Kock die Anweisung, mit zweihundert Mann und einer Kanone nach Elandslaagte vorzurücken, und ich erfuhr auch, dass Captain Schiel und sein deutsches Korps in dieselbe Richtung aufgebrochen waren.

Stellen Sie sich vor, wir wären weiter vorgedrungen, als es im Kriegsrat eigentlich beschlossen worden war, und wir drängten noch weiter vor, ohne dass irgendein Versuch unternommen wurde, mit den anderen Kommandos links und rechts von uns in Kontakt zu bleiben. Als ich die Unzweckmäßigkeit dieses Vorgehens erkannte, ging ich zum kommandierenden General und äußerte meine Einwände dagegen. Aber General Kock war fest entschlossen und sagte: „Gehen Sie weiter, mein Junge." Wir erreichten Elandslaagte um Mitternacht; es regnete sehr stark. Nachdem wir in der Dunkelheit um unsere Positionen gekämpft hatten, zogen wir uns zur Ruhe zurück, obwohl ich bereits ausreichend gesehen hatte, dass die Lage des Geländes keine strategischen Operationen nahelegte. Zwei Tage später ereignete sich die schicksalshafte Schlacht.

KAPITEL IV.

In Elandslaagte besiegt.

Im grauen Morgengrauen des 21. Oktober kehrten einige Kundschafter, die ich über Nacht in Richtung Ladysmith ausgesandt hatte, mit der Nachricht zurück, dass „die Khakis kommen". „Wo sind sie und wie viele sind es?", fragte ich. „Kommandant", antwortete der Chefkundschafter, „ich weiß nicht viel über diese Dinge, aber ich schätze, die Engländer zählen ungefähr tausend berittene Männer, und sie haben Gewehre, und sie haben Modderspruit bereits passiert." Für uns Amateursoldaten war diese Meldung keineswegs beruhigend, und ich gestehe, ich hoffte inständig, dass die Engländer noch eine kleine Weile wegbleiben würden.

Bei Sonnenaufgang hörte ich den ersten Schuss in diesem Krieg. Bald darauf waren die Männer, die wir fürchteten, auf den Hügelketten südlich des kleinen roten Bahnhofs von Elandslaagte zu sehen. Einige meiner Männer begrüßten den bevorstehenden Kampf mit Freude; andere, die in der Kriegskunst erfahrener waren, wurden totenbleich. So fühlten sich die Buren in ihrer ersten Schlacht. Die unbeholfene Art, in der viele meiner Männer Deckung suchten, zeigte sofort, wie unerfahren wir jungen Leute in der Kriegsführung waren. Wir begannen mit unseren Gewehren und versuchten ein wenig Schießübungen. Der zweite und dritte Schuss schienen wirksam zu sein; jedenfalls schienen sie, soweit wir es beurteilen konnten, die Gelassenheit der vorrückenden Truppen zu stören. Ich sah einen Munitionswagen, der seines Gespanns beraubt und weitgehend zerstört war.

Die britischen Kanonen schienen tatsächlich von sehr kleinem Kaliber zu sein. Sie erreichten uns jedenfalls nicht und richteten nur Schaden an, indem sie eine Granate durch einen burischen Krankenwagen in Schussweite schickten. Dieser Schuss war, wie ich später feststellte, rein zufällig. Als die Briten feststellten, dass wir seltsamerweise ebenfalls Kanonen hatten und, was noch wichtiger ist, wussten, wie man sie benutzt, zogen sie sich in Richtung Ladysmith zurück. Aber das war nur eine List; sie waren zurückgegangen, um mehr zu holen. Obwohl es eine List war, ließen wir uns geschickt davon täuschen, und während wir absattelten und das Mittagessen zubereiteten, planten sie einen neuen und gewaltigeren Angriff. Von der Abstellgleise Modderspruit schickten sie Truppen, die mit der Bahn herbeigebracht worden waren, und obwohl wir eine hervorragende Chance hatten, die Neuankömmlinge von dem hohen Hügel, den wir besetzten, aus zu beschießen, verweigerte General Kock, der Oberbefehlshaber unseres Korps, aus einem nie erklärten Grund die Erlaubnis, auf sie zu schießen. Ich ging zu General Kock und flehte ihn an, aber er blieb hartnäckig. Das war eine bittere Enttäuschung für mich, aber ich tröstete mich mit dem

Gedanken, dass der General viel älter war als ich und schon seit seiner Kindheit kämpfte. Ich nahm daher an, dass er es besser wusste. Wenn wir jüngeren Kommandeure in den frühen Phasen des Krieges mehr Autorität gehabt hätten und weniger mit arroganten und dummen alten Männern zu tun gehabt hätten, hätten wir es vielleicht bis Durban und Kapstadt geschafft.

Ich muss hier erneut gestehen, dass keiner meiner Männer die kriegerische Entschlossenheit an den Tag legte, mit der sie so schwungvoll von Johannesburg aus vorgerückt waren. Um es ganz offen zu sagen, einige von ihnen waren auf der Flucht, und die englische Kavallerie nutzte dies aus und überflügelte sie rasch. Die britische Taktik war ganz klar. General French hatte seine Infanterie mit drei Feldbatterien (Fünfzehnpfünder) in der Mitte aufgestellt, während seine Kavallerie mit Maxims unsere rechte und linke Seite umschloss. Er bildete einen Halbmond, mit der offensichtlichen Absicht, unsere Position mit seinem rechten und linken Flügel zu umzingeln. Als wir am Ende des Angriffs stürmten, befand sich die Kavallerie, die hauptsächlich aus Lanzenreitern bestand, auf beiden Flanken und verhinderte unseren Rückzug vollständig. Es war nicht leicht, die Stärke der Streitkräfte unseres Angreifers einzuschätzen. Meine Schätzung lag bei 5.000 bis 6.000 Mann, während wir insgesamt 800 Mann zählten und unsere Artillerie lediglich aus zwei Nordenfeldt-Geschützen mit Granaten bestand, aber nicht aus Kartätschen.

Die Briten meinten es an diesem Tag ernst. Es war das Feuer der Taufe der Imperial Light Horse, eines Korps, das hauptsächlich aus Johannesburgern bestand, die politisch und rassisch unsere erbitterten Feinde waren. Und was noch schlimmer war: Unsere Geschütze waren so ungeschützt, dass sie bald verstummen mussten. Lange Zeit taten wir unser Bestes, um unsere Gegner in Schach zu halten, aber sie kamen in erdrückender Zahl, und bald bedeckten tote und verstümmelte Bürger das Veldt. Dann begannen die Gordon Highlanders und die anderen Infanterieabteilungen, unsere Stellungen zu stürmen. Wir brachten sie gut in Reichweite unseres Gewehrfeuers und machten unsere Anwesenheit spürbar; aber sie drängten mit großartiger Entschlossenheit und unbezwingbarem Mut weiter, obwohl ihre Reihen vor unseren Augen dezimiert wurden.

Dies war das erste und letzte Mal im Krieg, dass ich eine britische Band spielen hörte, um angreifende „Tommies" anzufeuern. Ich glaube, es war früher eine britische Kriegstradition, mit lebhafter Musik die Kampfinstinkte zu wecken, aber in diesem Krieg muss irgendetwas mit den Werken schiefgelaufen sein, es muss ein Riss in der Laute aufgetreten sein, denn nach dieser ersten Schlacht von Elandslaagte verzichteten die Briten für immer auf Flaggen, Banner, Bands und andere völlig unnötige Möbel.

Etwa eine halbe Stunde vor Sonnenuntergang war der Feind dicht an unsere Stellungen herangekommen, und auf allen Seiten tobte ein schrecklicher Kampf. Sie zurückzuhalten war nun völlig unmöglich. Sie hatten sich ihren Weg durch eine Schlucht erkämpft, und als ich mit meinen Männern auf sie zustürmte, wurde mein Gewehr von einer Kugel zertrümmert. Ein verwundeter Bürger reichte mir seins, und ich schloss mich Feldkornett Peter Joubert an, der mit sieben anderen Bürgern die Schlucht verteidigte. Wir feuerten heftig auf die Briten, aber sie ließen sich nicht abschütteln. Immer wieder stürmten sie mit unaufhaltsamer Kraft heran, tapfer ermutigt von ihren tapferen Offizieren. Der arme Feldkornett Joubert kam an dieser Stelle ums Leben.

Als die Sonne untergegangen war und die schreckliche Szene in Dunkelheit gehüllt war, bot sich ein furchtbares Schauspiel von verstümmelten Deutschen, Holländern, Franzosen, Iren, Amerikanern und Buren, die auf dem Veldt lagen. Das Stöhnen der Verwundeten war herzzerreißend; die Toten konnten nicht mehr sprechen. Ein weiterer Angriff, und die Briten, ermutigt durch ihren Erfolg, hatten unsere letzte Stellung mitsamt ihren Waffen eingenommen. Meine einzige Möglichkeit war jetzt die Flucht, und die Schlacht von Elandslaagte gehörte der Vergangenheit an.

KAPITEL V.

VON DEN LANZENFÜHRERN VERFOLGT.

Noch ein letzter Blick auf die blutige Szene. Es war sehr hart, einen schmachvollen Rückzug antreten zu müssen, aber noch härter war es, gehen zu müssen, ohne sich um seine verwundeten Kameraden kümmern zu können, die laut und jämmerlich um Hilfe schrien. Sie in den Händen des Feindes zurücklassen zu müssen, war für mich äußerst bedrückend. Aber es gab keinen anderen Ausweg, und ich hoffte, dass ich auf der Flucht vielleicht „überlebe, um an einem anderen Tag kämpfen zu können". Ich entkam, begleitet von Fourie und meinem Kafferndiener. „Lasst uns gehen", sagte ich, „vielleicht können wir hier in der Gegend auf ein paar weitere Bürger treffen und noch einmal auf sie schießen." Hinter uns riefen die britischen Lanzenreiter „Halt, halt, halt, ihr —— Buren!" Sie schossen heftig auf uns, aber unsere kleinen Ponys reagierten tapfer auf den Ansporn, und dank der Dunkelheit ritten wir sicher weiter. Trotzdem gaben die Lanzenreiter die Verfolgung nicht auf und folgten uns ein langes Stück. Von Zeit zu Zeit konnten wir die kläglichen Schreie und Bitten der Bürger hören, die „fertiggemacht" wurden, aber wir konnten nichts sehen. Mein Mann und ich hatten schnelle Pferde in gutem Zustand, die der verfolgenden Lanzenreiter waren groß und schwerfällig.

Mein Adjutant Piet Fourie hatte jedoch nicht so viel Glück wie ich. Er wurde eingeholt und gefangen genommen. Es wurde wahllos mit Revolvern auf uns geschossen, und zeitweise wurde die Distanz zwischen uns und unseren Verfolgern kleiner. Wir konnten sie deutlich rufen hören: „Halt, oder ich erschieße dich!" oder „Halt, du verdammter Bur, oder ich stoße dir meine Lanze durch den verdammten Körper."

Wir hatten wirklich keine Zeit, diese netten Komplimente zur Kenntnis zu nehmen. Es war ein Rennen um Leben und Freiheit. Als ich mich noch einmal verstohlen umsah, konnte ich meine Verfolger erkennen; ich konnte ihre langen Assegais sehen; ich konnte das Schnauben ihrer schwerfälligen Pferde und das Klappern ihrer Schwerter hören. Diese unangenehmen Kombinationen reichten aus, um jedem gewöhnlichen Menschen Angst einzujagen.

Jetzt hing alles von der Schnelligkeit und Ausdauer meines robusten kleinen Burenponys Blesman ab. Er blieb mein treuer Freund, lange nachdem er mich aus dieser Patsche gerettet hatte; er wurde erschossen, der arme kleine Kerl, an dem Tag, als sie mich gefangen nahmen. Armer Blesman, dir verdanke ich mein Leben! Blesman war eindeutig gegen alles Britische verbündet; von Anfang an zeigte er eine äußerst ausgeprägte Anglophobie.

Er hat mir gute Dienste geleistet und liegt nun, sein treues kleines Herz, in einem Graben in Lydenburg begraben.

Auf meinem Rückzug musste der Sunday River überquert werden. Er war tief, aber tief oder nicht, wir mussten hindurch. Wir kamen mit einer solchen Geschwindigkeit voran, dass wir fast das Ufer hinuntergestürzt wären. Der Abgrund muss sehr steil gewesen sein; ich erinnere mich nur daran, dass ich mich mit Blesman an meiner Seite im Wasser befand. Der arme Kerl war mit seinen vier Beinen im Treibsand stecken geblieben. Es gelang mir, ihn zu befreien, und nach langem Klettern und Kämpfen und Waten durch den vier Fuß hohen Bach gelangte ich auf die andere Seite. Am gegenüberliegenden Ufer schossen die Briten immer noch. Ich beschloss daher, mich ins Wasser zu legen, in der Hoffnung, sie glauben zu machen, ich sei tot oder ertrunken. Meine List war erfolgreich. Ich hörte einen meiner Verfolger sagen: „Wir haben ihn erledigt", und nach ein paar weiteren pyrotechnischen Abschiedsgrüßen kehrten sie in Richtung Ladysmith zurück.

Auf der anderen Seite jedoch verfolgten mich weitere Reiter. Zweifellos verfolgten die Briten, angefeuert durch ihren glänzenden Erfolg, ihren Sieg mit großer Kraft, und wieder war ich gezwungen, mich im hohen Gras zu verstecken, in das mein einheimischer Diener mit äthiopischem Instinkt bereits gekrochen war. Während ich zu Fuß weiterreiste, hatte mein Mann mein Pferd vom schlammigen Ufer des Flusses gerettet.

Letzten Endes war ich mit einer ordentlichen Prise davongekommen. Jetzt ging es nach Newcastle. Ich hatte noch mein Gewehr, meinen Revolver und meine Patronen; mein Fernglas hatte ich verloren, wahrscheinlich im Fluss. Wasser gab es reichlich, aber Essen hatte ich nicht. Der Weg nach Newcastle war für einen Fremden wie mich in diesem Teil des Landes schwer zu finden. Zu meiner Verwirrung kam noch hinzu, dass ich nicht wusste, was in Dundee passiert war, wo, wie mir gesagt worden war, eine starke britische Garnison stationiert war. Wenn ich mich also in diese Richtung verirrte, lief ich Gefahr, gefangen genommen zu werden.

Schließlich stieß ich jedoch auf einen Kaffernkraal. Ich wurde kurz in der Kaffernsprache begrüßt, und als ich meine dunkelhäutigen Freunde bat, mir den Weg zu zeigen, erschienen ein halbes Dutzend Eingeborene, bewaffnet mit Assegais, auf der Bildfläche. Ich umklammerte meinen Revolver, da ihre Haltung verdächtig schien. Nachdem sie mich genau in Augenschein genommen hatten, sagte einer der Ältesten der Gemeinde: „Sind Sie einer von den Buren, die weglaufen? Wir haben zugesehen und Sie wurden heute dumm. Jetzt halten wir Sie fest, wir bringen Sie zum englischen Magistrat in die Nähe von Ladysmith." Aber ich kenne meinen Kaffer und maß diesen schwarzen Engländer sofort. „Tatsache ist", sagte ich, „ich bin mit einem Kommando von 500 Mann unterwegs, und wir machen ein bisschen

Erkundungstouren rund um Ihren Kraal. Wenn Sie mir den Weg nach Biggersbergen zeigen, gebe ich Ihnen 5 Schilling als Abschlag." Mein liebenswürdiger und dunkelhäutiger Freund bestand auf 7 Schilling. 6 Pence, aber nachdem ich angedeutet hatte, dass ich, wenn er nicht 5 Pence akzeptierte, sicherlich seine gesamte Ausrüstung verbrennen, alle seine Frauen abschlachten und sein gesamtes Vieh töten würde, willigte er ein. Ein junger Zulu wurde als mein Führer abgestellt, aber ich musste meine Fäuste benutzen und nett mit meinem Revolver spielen und generell auf einen plötzlichen Tod hindeuten, sonst hätte er mich im Stich gelassen. Er murmelte eine Weile vor sich hin und beendete seinen Monolog plötzlich, indem er sich auf dem Absatz umdrehte und in der Dunkelheit verschwand.

Das Licht einer Laterne zeigte mir bald einen Bahnhof, bei dem ich richtigerweise Waschbank vermutete. Hier kamen zwei Engländer, wahrscheinlich Bahnbeamte, auf mich zu, begleitet von meinem verräterischen Führer. Letzterer war offensichtlich so freundlich gewesen, die Beamten am Bahnhof vor meiner Annäherung zu warnen, aber glücklicherweise waren sie unbewaffnet. Einer von ihnen sagte: „Sie haben sich anscheinend verirrt", worauf ich antwortete: „Oh, nein, tatsächlich; ich glaube, ich bin auf dem richtigen Weg." „Aber", beharrte er, „Sie werden hier jetzt keinen Ihrer Leute mehr finden; Sie wurden bei Elandslaagte in Stücke gerissen und Lukas Meyers und Erasmus' Truppen bei Dundee wurden vernichtend geschlagen. Sie sollten lieber mit mir nach Ladysmith kommen. Ich verspreche Ihnen eine anständige Behandlung." Ich achtete darauf, nicht zwischen sie zu geraten, und sagte, in etwas Abstand bleibend, mit dem Revolver in der Hand: „Vielen Dank, das ist sehr nett von Ihnen. Ich habe im Moment nichts in Ladysmith zu erledigen und werde meine Reise nun fortsetzen. Gute Nacht." „Nein, nein, nein, warten Sie eine Minute", erwiderte der Mann, der zuerst gesprochen hatte, „Sie wissen, dass Sie hier nicht durchkommen." „Das werden wir sehen", sagte ich. Sie stürzten sich auf mich, aber bevor sie mich überwältigen konnten, hatte ich meinen Revolver auf sie gerichtet. Der erste Sprecher versuchte, mich zu entwaffnen, aber ich schüttelte ihn ab und schoss auf ihn. Er fiel und wurde, soweit ich weiß oder sehen konnte, nicht tödlich verwundet. Der andere Mann, der dachte, Vorsicht sei besser als Tapferkeit, verschwand in der Dunkelheit, und mein untreuer Führer hatte sich davongeschlichen, sobald er das Glitzern meiner Waffe sah.

Meine Erlebnisse in jener schrecklichen Nacht sollten jedoch nicht mit dieser kleinen Abwechslung enden. Etwa eine Stunde nach Tagesanbruch kam ich zu einer Scheune, auf der die Inschrift „Post Office Savings Bank" eingraviert war. Auf der Schwelle lag ein großer Neufundländer, und obwohl er nicht unfreundlich mit dem Schwanz wedelte, schien er nicht geneigt, mich besonders zu beachten. Zwischen der Scheune und einigen Ställen auf der

Rückseite gab es einen Durchgang, und ich ging hinunter, um mir die letzteren anzusehen. Was für ein Glück, wenn dort ein Pferd für mich gewesen wäre! Natürlich hätte ich es mir nur ausleihen wollen, aber an der Tür hing ein großes Eisenschloss, obwohl ich im Stall die Bewegungen eines Tieres hörte. Ein Pferd bedeutete mir damals erheblich mehr als drei Königreiche für König Richard. Zum ersten Mal in meinem Leben beging ich einen subtilen Einbruch und obendrein einen Einbruch. Aber die Engländer erklären, dass in der Liebe und im Krieg alles erlaubt ist, und sie sollten es wissen.

Ich entdeckte eine Eisenstange, mit der ich das Schloss von der Stalltür lösen konnte, und nachdem ich mit meinem Einbruch so weit gekommen war, betrat ich den Stall vorsichtig, und ich darf sagen, nervös. Ich schlich mich an die Krippe heran und tastete herum, bis ich einen Riemen ergriff, an dem das Tier festgebunden war. Ich schnitt den Riemen durch und führte das Pferd weg. Ich wunderte mich, warum es so langsam ging und dass ich das arme Geschöpf fast hinter mir herziehen musste. Als ich draußen war, stellte ich zu meinem größten Entsetzen fest, dass meine Beute ein ehrwürdiger und gebrechlicher Esel war. Enttäuscht und entmutigt ließ ich meine Beute zurück und ließ das uralte Maultier nachdenklich vor der Stalltür stehen und sich offensichtlich fragen, warum es für einen Mitternachtsausflug ausgewählt worden war. Aber es blieb keine Zeit für Erklärungen oder Entschuldigungen, und da das Maultier mich offensichtlich nicht so schnell tragen konnte wie meine eigenen Beine, überließ ich es seinen Gedanken.

Im Morgengrauen, als die ersten Sonnenstrahlen die Biggersbergen in all ihrer grotesken Schönheit erleuchteten, wurde mir zum ersten Mal bewusst, wo ich war, und ich stellte fest, dass ich deutlich mehr als 12 Meilen von Elandslaagte entfernt war, dem schicksalshaften Schauplatz von gestern. Erschöpft, halb verhungert und so trostlos wie der Esel im Stall setzte ich mich auf einen Ameisenhaufen. 24 Stunden lang hatte ich nichts gegessen und war jetzt völlig erschöpft. Ich verfiel in Träumereien; alle Abenteuer des vergangenen Tages zogen wie in einem Kaleidoskop bildhaft vor meinen Augen vorbei; all die Schrecken und das Blutbad der Schlacht, das Elend meiner verstümmelten Kameraden, die gestern noch voller Kraft und Jugend auf den Schlachtruf geantwortet hatten, das Pathos der Toten, die, in der Blüte ihres Lebens und bei bester Gesundheit niedergestreckt, dort drüben auf dem Veldt lagen, für immer fern von Frauen, Töchtern und Freunden.

Während ich mich in diesem Ameisenhaufen vertiefte, stürmten plötzlich 30 berittene Männer aus der Richtung von Elandslaagte auf mich zu. Ich warf mich flach auf mein Gesicht und suchte im Ameisenhaufen Deckung, bereit, mein Leben teuer zu verkaufen, sollten sie sich als Engländer herausstellen. Sobald sie mich bemerkten, blieben sie stehen und schickten einen von ihnen zu mir. Offensichtlich wussten sie nicht, ob ich Freund oder Feind war, denn sie erkundeten meine ausgestreckte Gestalt hinter dem Ameisenhaufen mit großer Umsicht und Vorsicht; aber ich erkannte schnell meine Waffenbrüder. Ich glaube, der lange Schweif, der dem Basuto-Pony eigen ist, ermöglichte es mir, sie als solche zu identifizieren, und ein Freund, der ihr Außenposten war, brachte mir ein Reservepferd und, was noch besser war, er hatte aus seiner Satteltasche eine Dose mit willkommenem Rinderfleisch geholt, um meinen nagenden Hunger zu stillen. Aber sie brachten traurige Nachrichten, diese guten Freunde. Auf dem Schlachtfeld fielen der stellvertretende Kommandant JC Bodenstein und Major Hall vom Stadtrat von Johannesburg, zwei meiner tapfersten Offiziere, deren Verlust ich noch immer bedaure.

Wir ritten langsam weiter und trafen auf der ganzen Straße auf Gruppen von Bürgern. Es bestand kein Zweifel, dass unsere Reihen demoralisiert und untröstlich waren. Generalkommandant Joubert hatte die Dannhauser Station zu seinem Hauptquartier gemacht, und dorthin zogen wir uns. Aber obwohl wir uns unserem General mit von Kummer bedrücktem Herzen näherten, ist der Charakter der Buren so seltsam und komplex, dass wir, als wir ihn erreichten, 120 Nachzügler zusammengetrieben und unsere Lebensgeister und unseren Mut wiedergefunden hatten. Ich genoss eine äußerst erholsame Rast auf einem unbewohnten Bauernhof und schickte einen Boten zu Joubert, um ihn um einen Termin für den nächsten Morgen zu bitten, um meinen Bericht über die unglückselige Schlacht abzugeben. Der Bote brachte jedoch eine mündliche Antwort zurück, in der er sagte, dass der General äußerst wütend sei und keine Antwort geschickt habe. Als ich mich in dieser Nacht zurückzog, stellte ich fest, dass mein linkes Bein an mehreren Stellen durch Granatsplitter und Steine verletzt war. Um die Kleidungsstücke ausziehen zu können, musste ich sie in Wasser einweichen, aber nachdem ich meine Wunden sorgfältig gereinigt hatte, heilten sie sehr schnell.

Am nächsten Morgen wartete ich auf den Generalkommandanten. Er empfing mich sehr kühl, und bevor ich ein Wort wagen konnte, sagte er vorwurfsvoll: „Warum haben Sie nicht den Befehlen Folge geleistet und auf dieser Seite des Biggarsbergen angehalten, wie der Kriegsrat beschlossen hatte?" Er ließ dem Vorwurf eine Reihe von Fragen folgen: „Wo ist Ihr General?" „Wie viele Männer haben Sie verloren?" „Wie viele Engländer haben Sie getötet?" Ich sagte respektvoll: „Nun, General, Sie wissen, dass ich mich nicht so einschüchtern lasse. Sie wissen, dass Sie mich in eine untergeordnete Position unter dem Kommando von General Kock versetzt haben, und jetzt schieben Sie mir die ganze Schuld für die gestrige Katastrophe auf die Schultern. Leider muss ich Ihnen mitteilen, dass General Kock verwundet und in britischer Hand ist. Ich weiß nicht, wie viele Männer wir verloren haben; ich schätze etwa 30 oder 40 Tote und ungefähr 100

Verwundete. Die Briten müssen erheblich mehr verloren haben, aber ich gebe keine Schätzung ab."

Der graubärtige Generalissimus kühlte sich ein wenig ab und sprach freundlicher, obwohl er mir zu verstehen gab, dass er nicht viel von dem Johannesburg-Kommando hielt. Ich antwortete, dass sie sehr tapfer gekämpft hätten und dass sie durch ihren Rückzug hofften, ihr Glück eines Tages wieder zu gewinnen. „Hm", erwiderte der General, „einige Ihrer Bürger haben sich so meisterhaft zurückgezogen, dass sie bereits Newcastle erreicht haben, und ich habe gerade dem Feldkornett Pienaar, der das Kommando hat, telegrafiert, dass ich ihm vorschlagen solle, dort ein wenig zu warten, da ich vorschlage, ihm einige Eisenbahnwaggons zu schicken, damit er sich noch weiter zurückziehen kann. Was die Deutschen und Holländer angeht, die bei Ihnen sind, können sie nach Johannesburg gehen; ich will sie hier nicht mehr haben."

„General", protestierte ich, „das ist nicht ganz fair. Diese Leute haben sich freiwillig gemeldet, für und mit uns zu kämpfen; wir können ihnen in dieser Angelegenheit keinen Vorwurf machen. Es ist höchst bedauerlich, dass Elandslaagte verloren gegangen ist, aber soweit ich sehen kann, war das nicht zu ändern." Der alte General schien in Gedanken versunken; er schien kaum Notiz von dem zu nehmen, was ich sagte. Schließlich blickte er auf und fixierte mich mit seinen kleinen glitzernden Augen, als wolle er meine innersten Gedanken lesen.

"Ja", sagte er, "darüber weiß ich Bescheid. In Dundee ist es genauso schlimm gelaufen. Lukas Meyer hat einen schwachen Angriff gestartet und Erasmus hat ihn im Stich gelassen. Die beiden sollten gleichzeitig angreifen, aber Erasmus hat ihn im entscheidenden Moment im Stich gelassen, was einen Verlust von 130 Toten und Verwundeten bedeutet und Lukas Meyer auf dem Rückzug über den Buffalo River. Und jetzt noch Elandslaagte! Und das alles nur wegen des Ungehorsams und der Nachlässigkeit meiner Vorgesetzten."

Der alte Mann sprach eine Zeit lang in diesem Ton, bis ich müde wurde und ging. Aber gerade als ich im Begriff war, sein Zelt zu verlassen, sagte er: „Sehen Sie, Kommandant, reorganisieren Sie Ihr Kommando so schnell wie möglich und melden Sie sich bei mir, sobald Sie bereit sind." Er gab mir auch die Erlaubnis, verschiedene herumlungernde Holländer und deutsche Nachzügler in das reorganisierte Kommando aufzunehmen, obwohl er ein unverrückbares Vorurteil gegen das holländische und deutsche Korps zu hegen schien.

Der Kommandant des Holländerkorps, Volksraadmitglied Lombard, kam unverletzt aus der Schlacht hervor; sein Hauptmann, Herr BJ Verselewel de Witt Hamer, wurde gefangen genommen; der Kommandant des deutschen Korps, Hauptmann A. Schiel, fiel verwundet in die Hände der Briten und unter den im Kampf getöteten Offizieren möchte ich Dr. HJ Coster erwähnen, den tapfersten Holländer, den Transvaal je gesehen hat, das brillanteste Mitglied der Anwaltskammer von Pretoria, der sein Leben ließ, weil Kruger ihn und seine Landsleute in einem dummen Moment der Feigheit bezichtigt hatte.

KAPITEL VI.

Das Risiko, Jouberts Zorn auf sich zu ziehen, besteht darin.

Nach dem oben beschriebenen unangenehmen, aber ziemlich erfolgreichen Gespräch mit unserem Oberbefehlshaber ließ ich die Männer, die ich um mich versammelt hatte, in der Obhut eines Feldkornetts zurück und fuhr mit dem Zug nach Newcastle, um die verstreuten Überreste meiner Bürger einzusammeln und Maultiere und Wagen für meinen Konvoi zu besorgen. Denn wie ich bereits erwähnte, hatten wir in Newcastle alle unsere Verpflegungswagen und unser Zugvieh unter starker Eskorte zurückgelassen. Bei meiner Ankunft rief ich die Bürger zusammen und wies sie in wenigen Worten darauf hin, dass wir den Marsch so bald wie möglich wieder aufnehmen sollten, um ohne Verzögerung die Kampflinie zu erreichen und dort den Stolz und die Ehre unseres Kommandos wiederherzustellen.

„Unser geliebtes Land", sagte ich, „sowie unsere toten, verwundeten und vermissten Kameraden verlangen von uns, dass wir bei dieser ersten Niederlage nicht den Mut verlieren, sondern den gerechten Kampf auch gegen eine überwältigende Übermacht fortsetzen", und so weiter in diesem Ton.

Ich kann ehrlich gesagt nicht verstehen, warum man uns in der Schlacht von Elandslaagte Feigheit vorwerfen sollte, obwohl viele von uns das zu befürchten schienen. Wir hatten einen guten Kampf geführt, wurden aber von einer organisierten Streitmacht disziplinierter Männer, die acht- oder zehnmal so stark war wie wir, überwältigt und besiegt, und die Briten waren die ersten, die zugaben, dass wir unsere Stellungen mannhaft und ehrenhaft verteidigt hatten. Unsere Niederlage falsch zu interpretieren, war eine Beleidigung all derer, die tapfer gekämpft hatten, und ich ärgerte mich darüber. Es gibt so etwas wie Kriegsglück, und da nur eine Seite gewinnen kann, kann es nicht immer dieselbe sein. Ich stellte jedoch bald fest, dass eine kleine Anzahl unserer Bürger nicht geneigt zu sein schien, sich an der Verlängerung des Kampfes zu beteiligen. Sie zu zwingen, sich uns wieder anzuschließen, hätte keinen Zweck erfüllt, also dachte ich, die beste Strategie wäre, sie auf Heimaturlaub zu schicken, bis sie ihre Lebensgeister und ihren Mut wiedergefunden hätten. Zweifellos würde der Spott und Hohn, dem sie von ihren Frauen und Schwestern ausgesetzt sein würden, sie bald dazu bewegen, wieder zu den Waffen zu greifen und die Pflichten zu erfüllen, die ihr Land von ihnen verlangte. Ich forderte daher diejenigen, die weder den Mut noch die Neigung hatten, an die Front zurückzukehren, auf, auszurücken, und etwa dreißig Männer zogen sich zurück und senkten beschämt ihre Köpfe. Sie wurden von ihren Kameraden verhöhnt und verspottet, von denen die meisten beschlossen hatten, weiterzugehen. Aber der Schock von Elandslaagte war zu viel für die schwächeren Brüder gewesen, die für jedes Argument taub zu sein schienen und nur nach Hause wollten. Ich gab jedem von ihnen einen Passierschein, mit der Bahn nach Johannesburg weiterzufahren, der wie folgt lautete:

„Erlaubnis......................................, aus Feigheit auf Kosten der Regierung nach Johannesburg zu reisen."

Ohne etwas von dem Inhalt zu ahnen, steckten sie die Genehmigung in die Tasche und machten sich mit ihrer Ausrüstung auf den Weg zum Bahnhof, um den ersten verfügbaren Zug zu erwischen.

Der Leser wird sich jetzt eine Vorstellung von den verheerenden moralischen Auswirkungen dieser Niederlage gemacht haben und davon, wie schwierig es war, ein Kommando wieder auf seine ursprüngliche Kampfstärke zu bringen. Aber trotz allem bin ich stolz, sagen zu können, dass sich die weitaus größere Zahl der Johannesburger um mich versammelt hatte und bereit war, erneut in die Schlacht zu ziehen, um dem Feind entgegenzutreten.

Mein Wagen und sein gesamter Inhalt waren in Elandslaagte vom Feind erbeutet worden, und ich musste mir in Newcastle neue Ausrüstung usw. besorgen. Das war keine leichte Angelegenheit, da einige Ladenbesitzer den größten Teil ihrer Waren an einen sichereren Ort gebracht hatten, während sich einige Kommandos den Großteil des Restes angeeignet hatten. Was übrig blieb, war von Mr. J. Moodie beschlagnahmt worden, einem Günstling von General Joubert, der sich dort als Friedensrichter ausgab; und er fühlte sich nicht geneigt, irgendetwas von diesen Waren aus seinem Besitz zu geben. Durch abwechselndes Kaufen und Plündern, oder anders gesagt Stehlen, gelang es mir, bis zum nächsten Morgen eine Ausrüstung zu besorgen, und bei Tagesanbruch brachen wir zur Dannhauser Station auf, wo wir am selben Abend ohne weitere nennenswerte Zwischenfälle ankamen.

Am nächsten Tag, als das Johannesburger Korps ausrückte, zählten wir 485 berittene Männer, alle voll ausgerüstet. Bei meiner Ankunft an der Glencoe Station erhielt ich ein Telegramm von General Joubert, der mich darüber informierte, dass er an diesem Tag (30. Oktober 1899) den Feind bei Nicholson's Nek in der Nähe von Ladysmith besiegt und 1.300 Gefangene gemacht hatte, die am nächsten Morgen in Glencoe eintreffen würden. Er forderte mich auf, sie unter starker Eskorte nach Pretoria zu bringen. Was für ein schmeichelhafter Befehl! Kriegsgefangene zu bringen, die von anderen Bürgern gemacht wurden! Waren wir dann zu nichts anderem als dem Polizeidienst taugt?

Befehle müssen jedoch befolgt werden, also schickte ich einen meiner Offiziere mit 40 Mann los, um die Gefangenen nach Pretoria zu bringen. Ich meldete dem Generalkommandanten per Telegramm, dass sein Befehl ausgeführt worden sei, und bat ihn um Anweisungen, wohin ich mit meinem Kommando gehen sollte. Die Antwort, die ich erhielt, lautete wie folgt:

„Schlagen Sie Ihr Lager in der Nähe von Dundee auf und sorgen Sie für Ruhe und Ordnung in der Provinz. Unterstützen Sie außerdem den Friedensrichter bei der Weiterleitung erbeuteter Waren, Munition, Proviant usw. nach Pretoria und sorgen Sie dafür, dass Sie nicht ein zweites Mal angegriffen werden."

Das war mehr, als Fleisch und Blut ertragen konnten; mehr, als ein „weißer Mann" ertragen konnte. Es war nicht weniger als eine persönliche Beleidigung, die ich zutiefst übel nahm. Offenbar hatte mein Chef beschlossen, uns im Hintergrund zu halten; er wollte unserem Kommando in der Kampflinie nicht vertrauen. Kurz gesagt, er wollte sein Wort nicht halten und uns keine weitere Chance geben, unsere Verluste wieder wettzumachen.

Ich hatte mich jedoch entschieden und befahl dem Kommando, nach Ladysmith zu marschieren. Wenn der General mich nicht an der Front haben wollte, würde ich aufhören, Offizier zu sein . Und obwohl ich keine einflussreichen Freunde hatte, die mir helfen konnten, beschloss ich, den Stier bei den Hörnern zu packen und den Rest dem Schicksal zu überlassen.

Am 1. November 1899 erreichten wir die Hauptarmee in der Nähe von Ladysmith, und ich ging sofort zu General Joubert, um ihm persönlich mitzuteilen, dass meine Männer kämpfen und nicht im Hinterland der Armee Polizisten spielen wollten. Nachdem ich den Befehl zum Absteigen gegeben hatte, begab ich mich zu Jouberts Zelt, trat mit so viel Mut ein, wie ich aufbringen konnte, und grüßte den General, der glücklicherweise allein war. Ich legte sofort meine Sachen offen und erklärte ihm, wie unfair es sei, uns im Hinterland zu halten, und dass die Bürger lautstark gegen eine solche Behandlung protestierten. Diese Bitte wurde im Allgemeinen während des gesamten Feldzugs verwendet, wenn ein Offizier verlangte, dass ihm etwas gewährt werde. Zuerst war der alte General sehr zornig. Er sagte, ich hätte seinen Befehlen nicht gehorcht und er wolle mich wegen Disziplinverstoßes erschießen lassen. Nachdem er jedoch mit seiner schönen Bassstimme viel getobt hatte, wurde er ruhiger und befahl mir mit stentorhafter Stimme, mich vorerst General Schalk Burger anzuschließen, der bei der Belagerung von Ladysmith in der Nähe von Lombard's Kop operierte.

Am selben Abend kam ich mit meinem Kommando dort an und meldete mich bei Generalleutnant Burger. Einer seiner Adjutanten, Herr Joachim Fourie, der sich später mehrfach ausgezeichnet hatte und in der Nähe seines Hauses im Carolina-Bezirk im Kampf getötet wurde, zeigte mir einen Lagerplatz. Wir schlugen unsere Zelte an derselben Stelle auf, an der einige

Tage zuvor die Generäle White und French besiegt worden waren, und warteten dort die weitere Entwicklung ab.

An dieser Stelle hatten die Briten während der Schlacht am Nicholson's Nek eine große Menge Munition für Gewehre und Geschütze in einem Loch im Boden versteckt und es mit Gras bedeckt, was ihm das Aussehen eines Schutthaufens verlieh. Einer der Bürger, der befürchtete, dass dies der Gesundheit unserer Männer im Lager schaden könnte, steckte das Gras in Brand, und dies drang bald bis zur Munition vor. Es kam zu einer gewaltigen Explosion, und es schien, als wäre eine echte Schlacht im Gange. Von allen Seiten stürmten Bürger zu Pferd heran, um zu erfahren, wo die Kämpfe stattfanden. General Joubert schickte einen Adjutanten, um zu fragen, ob die Johannesburger sich jetzt zur Abwechslung gegenseitig umbrachten und warum ich meine Männer nicht besser unter Kontrolle halten könne. Ich bat diesen Herrn, so freundlich zu sein, sich selbst anzusehen, was vor sich ging, und dem Generalkommandanten zu sagen, dass ich es gut genug hinbekomme, meine Männer in Ordnung zu halten, aber nicht wisse, wo genau der Feind seine Munition versteckt habe.

Inzwischen wurde mir täglich klarer, wie sehr Joubert mein Kommando herabwürdigte und dass wir uns sehr gut benehmen und sehr tapfer kämpfen mussten, um seine Gunst zurückzugewinnen. Auch andere Kommandos schienen keine bessere Meinung zu haben und sprachen von uns als dem Lager, das in Elandslaagte zurückweichen musste. Dabei vergaßen sie, dass selbst General Meyers riesiges Kommando in Dundee in größter Verwirrung zurückweichen musste. Wenn alle Einzelheiten dieses Gefechts in Dundee veröffentlicht würden, würde sich herausstellen, dass es sich um eine burische Katastrophe handelte, die der von Elandslaagte nur in nichts nachstand.

Jetzt waren wir jedenfalls an der Front. Ich schickte meine Vorposten los und richtete meine Positionen ein, die alles andere als gut waren; aber ich beschloss, mich nicht zu beschweren. Wir hatten uns vorgenommen, unser Bestes zu tun, um unsere Ehre zu verteidigen und zu beweisen, dass unsere Ankläger keinen Grund hatten, uns Feiglinge oder Taugenichtse zu nennen.

KAPITEL VII.

DER ABERGLAUBE DES BUREN-GENERALS.

Wenige Tage nach unserer Ankunft vor Ladysmith schlossen wir uns einer Expedition zur Erkundung der britischen Verschanzungen an, und mein Kommando wurde in die Nähe einiger Forts im Nordwesten der Stadt beordert. Von beiden Seiten wurde mit kleiner und schwerer Artillerie geschossen. Wir näherten uns bis auf 800 Schritte einem Fort; es war heller Tag, und der Feind konnte uns daher deutlich sehen, kannte die genaue Entfernung und empfing uns mit einem regelrechten Feuerhagel. Unsere einzige Chance bestand darin, hinter Hügelkuppen und in Gräben Deckung zu suchen, denn jedem Buren, der seinen Kopf zeigte, pfiffen die Kugeln um die Ohren. Hier wurden zwei meiner Bürger schwer verwundet, und wir hatten erhebliche Mühe, sie durch die Schusslinie zu unserem Krankenwagen zu bringen. Schließlich kam am späten Nachmittag der Befehl zum Rückzug, und wir zogen uns zurück, ohne etwas erreicht zu haben.

Ich kann bis heute nicht erkennen, was diese Erkundung eigentlich nützte, aber in Ladysmith war alles genauso geheimnisvoll und verwirrend. Vielleicht war mein Wissen in militärischen Angelegenheiten zu begrenzt, um die subtilen Manöver jener Tage zu verstehen. Aber ich habe mich entschlossen, die militärische Strategie unseres Anführers nicht zu kritisieren, obwohl ich an dieser Stelle sagen muss, dass die gesamte Belagerung von Ladysmith und die Art und Weise, wie die belagerte Garnison mehrere Monate lang wirkungslos mit unseren großen Kanonen beschossen wurde, mir ein unergründliches Mysterium zu sein scheint, das aufgrund von Jouberts frühem Tod nie zufriedenstellend erklärt werden wird. Aber ich wage es, Jouberts Politik außerhalb von Ladysmith als dumm und primitiv zu beschreiben, und in einem anderen Kapitel werde ich noch einmal darauf zurückkommen.

Nach weiteren vierzehn Tagen oder so wurden wir abkommandiert, um eine andere Stellung südwestlich von Ladysmith zu bewachen, da das Freistaatskommando unter Kommandant Nel und, wenn ich mich nicht irre, unter Feldkornett Christian de Wet (der später der weltberühmte Oberbefehlshaber des Oranje-Freistaats wurde und auf den alle Afrikander zu Recht stolz sind) in die Kapkolonie gehen musste.

Hier stand ich unter dem Kommando von Dijl Erasmus, der damals General und ein Günstling von General Joubert war. Wir hatten viel zu tun. Gräben mussten ausgehoben und Festungen gebaut und umgebaut werden. Zu dieser Zeit wagte sich eine Expedition unter General Louis Botha, der General L. Meyer ersetzte, der wegen Krankheit nach Hause geschickt wurde, nach

Estcourt. Mein Kommando schloss sich der Expedition unter Feldkornett J. Kock an, der mir später viel Ärger bereitete.

Ich kann nur wenig über diese Expedition nach Estcourt sagen, außer dass der Oberbefehlshaber sie begleitete. Wäre er nicht bei uns gewesen, bin ich überzeugt, dass General Botha zumindest bis Pietermaritzburg weitergerückt wäre, denn die Engländer waren zu diesem Zeitpunkt nicht in der Lage, unseren Vormarsch aufzuhalten. Aber nachdem wir Estcourt praktisch ohne Widerstand erreicht hatten, befahl uns Joubert den Rückzug, obwohl unsere Bürger eine Schlacht nach der anderen siegreich hinterlassen hatten. Die einzige Erklärung, die General Joubert jemals für den Rückruf dieser Expedition gab, war, dass bei einem schweren Gewitter, das seit zwei Nächten nahe Estcourt gewütet hatte, zwei Buren vom Blitz getroffen worden waren, was seiner Doktrin zufolge ein untrügliches Zeichen Gottes war, dass die Kommandos nicht weiter vordringen sollten. Es scheint unglaublich, dass wir in diesen aufgeklärten Tagen einen solchen Mann am Kommando über eine Armee finden; Es ist jedoch eine Tatsache, dass der Verlust von zwei Bürgern unseren Generalkommandanten dazu veranlasste, siegreiche Kommandos zurückzurufen, die alles vor sich her trugen. Die Engländer in Pietermaritzburg und sogar in Durban zitterten, wir könnten bis zur Küste vorstoßen, denn sie wussten genau, dass sie unseren Vormarsch auf keinen Fall hätten aufhalten können. Und was für eine Verbesserung unserer Lage das bedeutet hätte! Tatsächlich ermutigte unser Rückzug die Briten, ihre Kampflinie bis zur Chieveley Station in der Nähe des Tugela-Flusses vorzurücken, und die Kommandos mussten in den „Randjes" am Westufer des Tugela Stellung beziehen.

KAPITEL VIII.

DIE „GROSSEN MÄCHTE" INTERGRUNDIEREN.

Während des Rückzugs unserer Armee an die Grenze der Republik Transvaal geschah nichts Wichtiges. Auch hier herrschte Chaos, und keiner der Kommandosoldaten war übermäßig darauf erpicht, Nachhuten zu bilden. Unsere Hollander Railway Company legte Wert darauf, einen respektvollen Abstand zwischen ihren Waggons und dem Feind zu wahren, und bereitete, da sie darauf bedacht war, so wenig Waggons wie möglich zu verlieren, unzählige Schwierigkeiten, als sie gebeten wurde, unsere Männer, Proviant und Munition zu transportieren. Unsere Generäle waren inzwischen mit der Bahn nach Laing's Nek gefahren, um neue Positionen zu suchen, und es gab niemanden, der für Ordnung und Disziplin sorgte.

Etwa 150 Natal-Afrikaner, die sich unseren Kommandos angeschlossen hatten, als diese unter dem verstorbenen General Joubert die Gebiete um Newcastle und Ladysmith besetzten, befanden sich nun in einer misslichen Lage. Sie beschlossen, mit uns zu kommen, begleitet von ihren Familien und ihrem Vieh, und boten einen äußerst herzzerreißenden Anblick. Lange Reihen von Karren und Wagen zogen müde ihren Weg entlang der Straße nach Laing's Nek. Frauen in Tränen, mit ihren Kindern und Kleinkindern auf dem Arm, warfen uns vorwurfsvolle Blicke zu, als seien wir die Ursache ihres Elends. Andere beschäftigten sich sinnvoller damit, ihr Vieh zu treiben. Insgesamt war es eine Szene, wie ich sie hoffentlich nie wieder erleben werde.

Die Kaffern aus Natal hatten nun Gelegenheit, ihren Hass auf die Buren zu zeigen. Sobald wir eine Farm verlassen hatten und die männlichen Bewohner fort waren, fielen sie über den Ort her und richteten Verwüstung und Zerstörung an, plünderten und raubten, so viel sie konnten. Einige griffen sogar Frauen und Kinder an, und es wurden die schrecklichsten Gräueltaten begangen. Ich gebe den Weißen, die diese Plündererbanden ermutigten, mehr Schuld, insbesondere einigen kaiserlichen Truppen und Männern aus Natal im Militärdienst. Da sie die bestialische Natur der Kaffern nicht verstanden, benutzten sie sie, um ihr Zerstörungswerk auszuführen, und obwohl sie ihnen keine wirklichen Befehle gaben, die Menschen zu belästigen, unternahmen sie keine geeigneten Schritte, um dies zu verhindern.

Als unser Kommando durch Newcastle kam, fanden wir den Ort fast völlig verlassen vor, mit Ausnahme einiger britischer Staatsbürger, die den Buren einen Neutralitätseid geschworen hatten.

Leider muss ich feststellen, dass während unseres Rückzugs eine Reihe unverantwortlicher Personen die Regierungsgebäude in dieser Stadt in Brand gesteckt haben. Es heißt, ein italienischer Offizier habe ohne vernünftigen

Vorwand eine öffentliche Halle niedergebrannt; er habe jedenfalls nie einen entsprechenden Befehl erhalten. Wie man es von einer Invasionsarmee erwarten kann, plünderten und zerstörten einige unserer Bürgerpatrouillen und andere isolierte Truppenteile eine Reihe von Häusern, die vorübergehend verlassen waren. Aber mit Ausnahme dieser wenigen Fälle kann ich feststellen, dass wir in Natal keine Verbrechen begangen haben und kein Eigentum unnötig zerstört wurde.

Bei unserer Ankunft in Laing's Nek wurde sofort ein Kriegsrat einberufen, um über unsere Zukunftspläne zu entscheiden.

Wir befanden uns nun wieder auf den alten Schlachtfeldern von 1880 und 1881, wo sich Buren und Briten vor 20 Jahren getroffen hatten, um durch Waffengewalt zu entscheiden, wer Herrscher der südafrikanischen Republik werden sollte. Die Spuren dieses verzweifelten Kampfes waren noch deutlich sichtbar, und die historische Anhöhe von Majuba stand dort wie ein isolierter Wachposten und erinnerte uns an die Schlacht, in der der unglückliche Colley sowohl den Tag als auch sein Leben verlor.

Ich wurde angewiesen, eine Position im Nek einzunehmen, wo die Wagenstraße nach Osten über den Eisenbahntunnel verläuft, und hier trafen wir Vorbereitungen, um Gräben auszuheben und unsere Geschütze aufzustellen. Bald nachdem wir unsere Verschanzungen fertiggestellt hatten, sahen wir den Feind erneut. Sie lagen in Schuinshoogte am Ingogo und hatten ein berittenes Korps mit zwei Geschützen zum Nek geschickt. Obwohl wir keine Ahnung von der Stärke des Feindes hatten, waren wir voll und ganz auf den Angriff vorbereitet; die Lager Pretoria, Lydenburg und andere waren links auf dem Gipfel des Majuba-Hügels postiert, und andere Kommandos hielten gute Positionen im Osten. Aber der Feind dachte offensichtlich, wir wären den ganzen Weg zurück nach Pretoria geflohen, und da er nicht erwartete, den Nek besetzt vorzufinden, rückte er ganz unbekümmert vor. Wir feuerten ein paar Salven auf sie ab, was sie in großer Überraschung anhalten ließ, und sie antworteten mit etwas Artilleriefeuer und kehrten schnell nach Schuinshoogte zurück. Allerdings mussten wir Tag und Nacht auf der Hut sein, denn es war bitterkalt und es wehte ein starker Ostwind.

Am nächsten Tag geschah etwas, das die Monotonie unserer Situation veränderte, nämlich die Ankunft von Herrn John Lombaard, Mitglied des Ersten Volksraads für Bethel, aus Pretoria. Er bat um Erlaubnis, zu uns sprechen zu dürfen, und teilte uns mit, dass wir nur noch vierzehn Tage durchhalten müssten, da aus Europa Nachrichten eingetroffen seien, denen zufolge die Großmächte beschlossen hätten, den Krieg zu beenden. Diese Mitteilung aus einer so halboffiziellen Quelle wurde von einigen unserer Männer geglaubt, aber ich glaube, sie trug kaum dazu bei, die Stimmung der

Mehrheit aufzuhellen oder sie aus der Lethargie zu reißen, in die sie verfallen zu sein schienen. Vierzehn Tage und ein Monat vergingen, ohne dass wir etwas weiter von dieser erwarteten Intervention hörten, und ich konnte nie herausfinden, mit wessen Autorität und auf wessen Befehl Herr Lombaard uns diese bemerkenswerte Mitteilung machte.

In der Zwischenzeit schien General Buller überhaupt nicht darauf erpicht zu sein, uns anzugreifen. Vielleicht fürchtete er eine Wiederholung der „Unfälle" am Tugela; oder vielleicht hielt er unsere Position für zu stark. Aus irgendeinem Grund wurde Laing's Nek daher nie angegriffen, und Buller durchbrach später, nachdem er einen großen „Umweg" gemacht hatte, Botha's Pass. In der Zwischenzeit marschierten Lord Roberts und seine Truppen ohne Widerstand durch den Oranje-Freistaat, und ich wurde angewiesen, mit meinem Kommando nach Vereeniging vorzurücken. Wir verließen Laing's Nek am 19. Mai und fuhren mit der Bahn zur Grenze des Freistaats.

KAPITEL IX.

COLENSO UND SPION KOP KÄMPFEN.

Acht Tage nachdem mein Kommando unter General Erasmus in meiner neuen Position stationiert worden war, erhielt ich die Anweisung, nach Potgietersdrift am oberen Tugela in der Nähe von Spion Kop zu marschieren und mich dort Andries Cronje zur Verfügung zu stellen. Dieser Herr war damals General in der Armee des Oranje-Freistaats und obwohl er ein sehr ehrwürdiges Erscheinungsbild hatte, war er als Kommandant nicht sehr erfolgreich. Bis zum 14. Dezember 1899 ereignete sich kein nennenswerter Zwischenfall, und es wurde nichts unternommen, außer ein wenig planlose Erkundung entlang des Tugela und das Ausheben von Schützengräben.

Endlich kam der willkommene Befehl, der uns zum Kampf aufrief. Wir wurden aufgefordert, mit 200 Mann auf die Colenso Heights zu marschieren, um die Reihen aufzufüllen, da ein Kampf unmittelbar bevorstand. Wir brachen unter General Cronje auf und kamen am nächsten Morgen bei Tagesanbruch an. Wenige Stunden später begann die Schlacht, die heute weltweit als die Schlacht von Colenso bekannt ist (15. Dezember 1899).

Später hörte ich, dass die Kommandos unter General Cronje den Fluss überqueren und die linke Flanke des Feindes angreifen sollten. Dies geschah jedoch nicht, da aufgrund der verschiedenen widersprüchlichen Befehle der Generäle größte Verwirrung herrschte. Ich selbst erhielt beispielsweise innerhalb von zehn Minuten vier widersprüchliche Befehle von vier Generälen. Ich ergriff jedoch die Initiative und bewegte meine Männer zum Fluss, um zu versuchen, eine Batterie von Geschützen auf der linken Flanke des Feindes zu erobern, die ungeschützt geblieben war, wie es bei den zehn Geschützen der Fall war, die uns später am Tag in die Hände fielen. Ich hatte mich dem Feind bis auf 1.400 Schritt genähert, und meine Bürger folgten mir dicht auf den Fersen, als ein Adjutant von General Botha (begleitet von einem Herrn namens C. Fourie, der damals ebenfalls als General aufmarschierte) auf uns zugaloppierte und uns befahl, uns sofort dem Ermelo-Kommando anzuschließen, das angeblich zu schwach war, um den Angriffen des Feindes standzuhalten. Wir eilten so schnell wir konnten dorthin, um die Rückseite der Kampflinie herum, wo wir absatteln und zu Fuß zur Stellung der Bürger von Ermelo gehen mussten. Das war keine leichte Aufgabe; die Schlacht war jetzt in vollem Gange, die Granaten des Feindes explodierten zu Dutzenden um uns herum, und in der brennenden Sonne mussten wir einige Meilen rennen.

Als wir an unserem Ziel ankamen, waren Herr Fourie (der Pseudogeneral) und sein Adjutant nirgends zu finden. Was die Bürger von Ermelo betrifft, so sagten sie, es gehe ihnen recht gut und sie hätten um keine Hilfe gebeten.

Nicht eine einzige Granate hatte sie erreicht, denn etwa hundert Meter entfernt stand eine Gruppe Aloe-Bäume, die die Engländer angesichts des schrecklichen Bombardements, dem diese Bäume ausgesetzt waren, vermutlich für Buren hielten.

ENTLANG DES TUGELA – PLÖTZLICH STOßEN WIR AUF EINEN ENGLISCHEN AUßENPOSTEN.

Zu diesem Zeitpunkt war der Angriff abgewehrt und General Buller befand sich auf dem Rückzug nach Chieveley, obwohl unser Kommando nicht aktiv an den Kämpfen teilnehmen konnte, was uns sehr enttäuschte. Es ist sehr zu bedauern, dass der Rückzug des Feindes nicht sofort verfolgt wurde. Wäre dies geschehen, hätte der Feldzug in Natal einen ganz anderen Verlauf genommen und wäre sehr wahrscheinlich zu einem günstigeren Ende gekommen. Ich halte mich selbst nicht für einen Propheten, aber das weiß ich; und wenn wir damals und bei späteren Gelegenheiten an unsere Erfolge angeknüpft hätten, wäre das Ergebnis des Feldzugs für uns weitaus zufriedenstellender gewesen.

Nachdem ich dabei geholfen hatte, die erbeuteten Waffen über den Fluss wegzubringen, und mich um andere Angelegenheiten gekümmert hatte, die meine sofortige Aufmerksamkeit erforderten, wurde mir befohlen, beim Ermelo-Kommando in Colenso in der Nähe von Toomdrift zu bleiben und dort auf weitere Anweisungen zu warten.

Es folgten ein paar Wochen der Untätigkeit. Die Engländer schickten uns jeden Tag ein paar Proben ihrer Granaten aus ihren 4,7-Marinegeschützen. Leider waren unsere Geschütze von viel kleinerem Kaliber, und wir konnten ihnen keine angemessene Antwort schicken. Normalerweise lagen wir in den Schützengräben, und ein Bürger hielt Ausschau. Sobald er das Aufblitzen eines englischen Geschützes sah, rief er: „Da ist eine Granate!", und dann suchten wir Deckung, so dass es dem Feind nur selten gelang, uns zu schaden.

Eines Tages fiel eine dieser großen Granaten in eine Gruppe von vierzehn Bürgern, die beim Abendessen saßen. Die Granate traf einen scharfen Felsen, der in Stücke zersplitterte und ihren gelben Lyddit ausstieß. Glücklicherweise brannte die Zündschnur nicht durch und die Granate explodierte nicht, so dass wir an diesem Tag nur knapp einer kleinen Katastrophe entgingen.

Mein Lager war die ganze Zeit in Potgietersdrift und wir konnten vorläufig unsere Zelte nicht verlassen. Wir waren daher nicht traurig, als wir den Befehl erhielten, Colenso zu verlassen und in unser Lager zurückzukehren.

Einige Tage später wurden wir angewiesen, eine Position an der Kreuzung des Little und des Big Tugela zwischen Spion Kop und Colenso einzunehmen. Hier feierten wir unser erstes Weihnachtsfest im Feld; unsere Freunde in Johannesburg hatten uns durch einen Freund, Rechtsanwalt Raaff, eine Menge Geschenke geschickt, darunter Kuchen, Zigarren, Zigaretten, Tabak und andere Genüsse. An diesem Teil des Tugela fanden wir eine beträchtliche Menge Gemüse und Geflügel, und da ihre jeweiligen Besitzer geflohen waren, konnten wir nicht bezahlen, was wir hatten. Wir waren daher gezwungen, all diese Dinge für das dem Anlass angemessene Bankett „auszuleihen".

Aber General Buller war noch nicht ganz fertig mit uns. Er marschierte auf Spion Kop zu, aber mit Ausnahme eines Scheinangriffs geschah dort nichts Wichtiges. Eines Tages überquerte ich mit einer Patrouille den Fluss, um herauszufinden, was der Feind tat, als wir plötzlich auf neun englische Spione stießen, die flohen, sobald sie uns sahen. Wir galoppierten hinter ihnen her und versuchten, sie von der Haupttruppe abzuschneiden, die sich in geringer

Entfernung von uns befand und sie zweifellos eingeholt hätte, aber als wir mit halsbrecherischer Geschwindigkeit über einen Bergkamm ritten, sahen wir uns plötzlich einem starken englischen berittenen Korps gegenüber, das offenbar mit Exerzieren beschäftigt war. Wir waren nur 500 Schritte von ihnen entfernt, sprangen von unseren Pferden und eröffneten das Feuer. Aber wir waren nur ein Dutzend, und der Feind begann bald, uns ein paar Granaten zuzuwerfen, und bereitete sich darauf vor, uns mit seiner gesamten Streitmacht anzugreifen. Ungefähr hundert berittene Männer mit Pferden in bestem Zustand machten sich auf, uns zu verfolgen.

Wir mussten auf demselben Weg zurückreiten, auf dem wir gekommen waren. Das war für uns ein Glücksfall, denn wir kannten den Weg und konnten ohne Zögern durch Spalten und Schluchten reiten. Auf diese Weise konnten wir unseren Verfolgern schnell entkommen.

Bullers Truppen schienen zunächst die Absicht zu haben, sich in der Nähe von Potgietersdrift durchzukämpfen, und sie nahmen alle „Randts" auf ihrer Seite des Flusses ein, was uns dazu veranlasste, die Stellung auf unserer Seite zu verstärken. Wir mussten unser Kommando also erneut nach Potgietersdrift verlegen, wo bald die feindlichen Marinegeschütze unsere Stellungen unter Beschuss nahmen. Dies dauerte eine ganze Woche lang Tag und Nacht.

Es schien, als sei General Buller entschlossen, alle Buren mit seinen Lydditgranaten zu vernichten, damit die Soldaten in aller Ruhe zur Befreiung von Ladysmith marschieren konnten. Wir litten jedenfalls beträchtlich unter den Lydditdämpfen.

Als nächstes führten die Briten einen Scheinangriff in der Nähe von Potgietersdrift durch und rückten mit großem Lärm vor, bis sie bis auf 2.000 Schritt an uns herangekommen waren. Dort besetzten sie verschiedene „Randts" und Kopjes, immer unter dem Schutz ihrer Artillerie. Einmal kamen sie unseren Stellungen etwas zu nahe, und wir eröffneten plötzlich das Feuer auf sie. Das Ergebnis war, dass ihre Sanitätswagen anscheinend sehr beschäftigt waren, hin und her zu fahren.

Diese „Finte" wurde jedoch nur gemacht, um unsere Aufmerksamkeit abzulenken, während Buller seine Truppen und Waffen auf Spion Kop konzentrierte. Die List war weitgehend erfolgreich und am 21. Januar begann die denkwürdige Schlacht von Spion Kop (in der Nähe des Upper Tugela).

General Warren, der meines Wissens hier das Kommando hatte, hatte einen weiteren Scheinangriff vom äußersten rechten Flügel aus angeordnet. General Cronje und die Free Staters hatten bei Spion Kop Stellung bezogen, unterstützt von den Kommandos von General Erasmus und Schalk Burger.

Der Kampf dauerte den ganzen Tag und den nächsten und wurde immer heftiger. Glücklicherweise erschien General Botha rechtzeitig auf der Bühne und ordnete die Lage so gut und mit so viel Energie, dass der Feind gut eingesetzt wurde und an allen Punkten in Schach gehalten wurde.

Ich hatte den Befehl, die Stellung bei Potgietersdrift zu verteidigen, aber die Kämpfe um Spion Kop wurden so heftig, dass ich gezwungen war, einen Feldkornett mit seinen Männern als Verstärkung hochzuschicken, dem bald ein zweites Kontingent folgte, sodass insgesamt 200 Johannesburger im Kampf waren, von denen neun getötet und 18 verwundet wurden. Der Feind hatte am Abend des zweiten Kampftages die Spitze des „Kop" erreicht, allerdings nicht ohne erhebliche Verluste erlitten zu haben. Zu diesem Zeitpunkt fühlte sich einer unserer Generäle so entmutigt, dass er seine Karren wegschickte und selbst das Schlachtfeld verließ.

Aber General Botha hielt mannhaft Stellung, umgeben von der treuen kleinen Truppe, die bereits die Hauptlast dieser wichtigen Schlacht getragen hatte. Und man kann sich unsere Freude vorstellen, als wir am nächsten Morgen feststellten, dass die Engländer sich zurückgezogen hatten und dieses riesige Schlachtfeld, übersät mit Hunderten von Toten und Verwundeten, in unseren Händen zurückließen.

„Warum sind sie letzte Nacht so plötzlich abgereist?", war die Frage, die wir uns damals stellten und die bis heute unbeantwortet bleibt.

General Warren hat angegeben, der Grund für seinen Rückzug sei Wassermangel gewesen, aber ich kann dieser Aussage kaum Glauben schenken, da es bis zur Spitze des Spion Kop Wasser gab; und selbst wenn es Wassermangel gegeben hätte, ist es unwahrscheinlich, dass die Stellung nach dem Verlust von 1.200 bis 1.300 Menschenleben allein aus diesem Grund aufgegeben worden wäre. Unser Sieg war zweifellos ein Zufall.

KAPITEL X.

DIE SCHLACHT VON VAALKRANTZ.

Bald nach seiner Niederlage bei Spion Kop versuchte General Buller, bewegt durch Ladysmiths inständige Bitten um Hilfe und unter dem Druck von Lord Roberts, ein drittes Mal, unsere Linien zu durchbrechen. Diesmal musste meine Stellung dem Ansturm seiner gesamten Streitkräfte standhalten. Seit einigen Tagen war mir klar, was der Feind vorhatte, aber ich telegrafierte vergeblich an den Oberbefehlshaber, er solle mir Verstärkung schicken, und so musste ich mit etwa 400 Mann eine anderthalb Meilen lange Front verteidigen. Nach vielen Bitten bewegte ich General Joubert schließlich dazu, mir eines der als „Long Toms" bekannten Geschütze zu schicken, das im hinteren Teil unserer Stellung aufgestellt wurde und es uns ermöglichte, die Vaalkrantz- oder, wie wir sie nannten, „Pontdrift"-Kopjes zu befehligen. Doch statt der erforderlichen Verstärkung schickte der Kommandant ein Telegramm an General Meyer nach Colenso mit der Aufforderung, zu mir zu kommen und mit mir zu sprechen, und mir Mut zu machen, denn es scheine, sagte er, „als hätte ich den Glauben verloren".

General Meyer kam und ich erklärte ihm, wie die Lage war und dass ich mit meinem Kommando allein nicht in der Lage sein würde, die enorme Angriffsmacht aufzuhalten. Die Briten waren zu diesem Zeitpunkt nur 7.000 Schritte von uns entfernt. Die erforderliche Hilfe kam jedoch nie, obwohl ich dem General sagte, dass ein Glaube, der stark genug wäre, um den Majuba Hill zu bewegen, ohne eine ausreichende Anzahl von Männern nichts nützen würde.

Am frühen Morgen des 5. Februar 1900 wurde meine Stellung schwer bombardiert, und noch vor Sonnenaufgang waren vier meiner Bürger *außer Gefecht gesetzt* worden. Der Feind hatte seine Marinegeschütze am Rande des Waldes „Zwartkop" postiert, um unsere Stellung aus einer Höhe von etwa 400 Fuß kontrollieren zu können. Ich befand mich zufällig mit 95 Bürgern und einem Pompom auf der rechten Flanke; mein Assistent, Kommandant Jaapie du Preez, kommandierte die linke Flanke.

Die Angreifer errichteten zwei Pontonbrücken über den Fluss und ab 10 Uhr morgens strömten immer mehr Truppen herbei. Das gesamte Feuer der Geschütze war nun auf meine Stellung konzentriert, und obwohl wir mit gezieltem Feuer antworteten, griffen sie immer wieder an.

Die Zahl meiner Kämpfer nahm rapide ab. Ich kann wohl sagen, dass dies der schwerste Beschuss war, den ich während des gesamten Feldzugs erlebte. Es kam mir vor, als ob alle Geschütze der britischen Armee auf uns abgefeuert würden.

Ihre großen Lydditkanonen feuerten gewaltige Granaten ab, die alle Bäume auf dem Hügel niedermähten, während etwa fünfzig Feldgeschütze aus kürzerer Entfernung unaufhörlich bellten. Conan Doyle gibt in seinem Buch „Der Große Burenkrieg" an, dass die Briten nicht weniger als dreiundsiebzig Kanonen auf diesem Hügel konzentriert hatten. Vergeblich flehte ich die nächsten Generäle um Verstärkung an und bat unsere Artillerie in Gottes Namen, auf die Kanonen des Feindes zu zielen. Schließlich jedoch begann „Long Tom" mit dem Einsatz, aber die verantwortlichen Artilleristen hatten vergessen, das Pulver an einem sicheren Ort aufzubewahren, und bald wurde es von einer Lydditgranate getroffen, die es vollständig in Brand setzte. Dies zwang uns, zum Hauptlager in der Nähe von Ladysmith zu schicken, um frisches Pulver nachzuholen.

Als ich mich umsah, um zu sehen, wie es meinen Bürgern ging, stellte ich fest, dass viele um mich herum getötet und andere verwundet waren. Die Kleidung der letzteren war verbrannt und sie schrien in großer Qual um Hilfe.

Unser Pom-Pom war vom Feind schon lange zum Schweigen gebracht worden, und dreißig meiner Bürger waren aus dem Kampf genommen worden. Die feindliche Infanterie rückte immer näher und es blieb nicht viel Zeit zum Nachdenken. Ich kniete zusammen mit einigen der Männer hinter einem Hügel nieder, und wir feuerten weiter auf 400 Schritt, aber obwohl wir viele in die ewige Ruhe schickten, war das Feuer der wenigen verbliebenen Bürger zu schwach, um dem Ansturm dieser überwältigenden Zahl Einhalt zu gebieten.

Plötzlich explodierte eine Lydditgranate direkt über unseren Köpfen. Vier Bürger, die bei mir waren, wurden in Stücke gerissen und mein Gewehr zertrümmert. Es kam mir vor, als ob ein riesiger Kessel mit kochendem Fett über uns ausgebrochen wäre, und für einige Minuten musste ich das Bewusstsein verloren haben. Man gab mir einen Schluck Brandy mit Wasser (was ich immer bei mir trug), der mich etwas erholte, und als ich die Augen öffnete, sah ich den Feind auf drei Seiten von uns den Hügel hinaufklettern, einige von ihnen nur hundert Schritte von mir entfernt.

Ich befahl meinen Männern, sich zurückzuziehen, und übernahm die Kontrolle über den Pom-Pom. Dann zogen wir uns unter schwerem Gewehr- und Kanonenfeuer zurück. Einige englische Schriftsteller haben viel Aufhebens um die Art und Weise gemacht, wie unser Pom-Pom gerettet wurde, aber es war nichts Ungewöhnliches. Von den 95 Bürgern, die mich begleiteten, waren 29 getötet und 24 verwundet worden.

Als ich mich ein paar Minuten ausgeruht hatte, spürte ich einen stechenden Schmerz in meinem Kopf und das Blut begann aus meiner Nase und meinen Ohren zu strömen.

Wir hatten eine weitere Position in 1.700 Schritt Entfernung eingenommen und feuerten mit unserer Pom-Pom auf den Feind, der nun unsere Position von vor wenigen Minuten besetzt hatte. Auch unsere anderen Geschütze wurden abgefeuert, was den Briten eine spannende Viertelstunde bescherte. Rechts und links der von ihnen eingenommenen Positionen hielten unsere Bürger noch immer die „Randten"; rechts hielt Jaapie du Preez mit dem Verlust von nur vier Verwundeten mit dem Rest meines Kommandos seine Stellung.

Am nächsten Morgen wurde der Kampf erneut aufgenommen und unser „Long Tom" übernahm nun die Führung im Kanonenkonzert und schien sich dem Feind gegenüber sehr unangenehm zu machen.

Der ganze Tag war hauptsächlich eine Schlacht der großen Kanonen. Meine Kopfschmerzen wurden unerträglich und ich hatte starkes Fieber. General Botha war inzwischen mit Verstärkung eingetroffen und gegen Abend besserte sich die Lage.

Aber ich war vorübergehend erledigt, verlor erneut das Bewusstsein und wurde in den Krankenwagen gebracht. Dr. Shaw tat sein Bestes, wie ich hörte, für mich; aber ich war mehrere Tage bewusstlos, und als ich wieder zu mir kam, sagte mir der Arzt, ich hätte einen leichten Schädelbruch, verursacht durch eine explodierende Granate. Die Verletzungen konnten jedoch erst zehn Tage später, nachdem ich das Bett verlassen konnte, sehr schwerwiegend gewesen sein. Dann hörte ich, dass die Briten in der Nacht, in der ich ins Krankenhaus gebracht worden war, erneut gezwungen worden waren, sich über den Tugela zurückzuziehen, und dass unsere Bürger am frühen Morgen des 7. Februar wieder im Besitz des Hügels „Vaalkrantz" waren, um den so erbitterte Kämpfe tobten und für dessen Besitz so viel Blut vergossen worden war.

Soweit ich den offiziellen englischen Berichten entnehmen konnte, verloren sie etwa 400 Mann, während sich die Zahl unserer Toten und Verwundeten auf lediglich 62 belief.

Wenn man die Entschlossenheit bedenkt, mit der General Buller uns angegriffen hatte, und den hohen Preis, den er für diesen dritten fehlgeschlagenen Versuch zahlen musste, ist mir der Rückzug seiner Truppen immer noch ein ebenso großes Rätsel wie der bei Spion Kop.

Unser „Long Tom" war ein voller Erfolg und erwies sich als äußerst nützlich.

Die Schlacht am „Vaalkrantz"-Küstenkopf war für mich und das Johannesburger Kommando zweifellos der wichtigste und erbittertste Kampf in diesem Krieg, und obwohl ein Punkt unserer Stellungen eingenommen wurde, denke ich, dass ich im Großen und Ganzen stolz auf unsere Verteidigung sein kann. Ungefähr zwei Drittel der Verteidiger wurden getötet oder verwundet, bevor der Feind diesen Ort einnahm, und alle, die später den Küstenkopf besuchten, wo unser Kampf stattgefunden hatte, mussten zugeben, dass es eindeutige Beweise dafür gab, dass es einer der erbittertsten Kämpfe des Natal-Feldzuges war. Alle Bäume waren von Granaten zerrissen oder zertrümmert, große Felsblöcke waren zersplittert und vom Lyddit gelb gefärbt; überall lagen verstümmelte Leichen – Briten und Buren Seite an Seite; denn während der kurzen Zeit, in der „Vaalkrantz" in ihrer Gewalt war, hatten die Engländer keine Gelegenheit gehabt, die Leichen von Freunden oder Feinden zu begraben.

Ich denke, ich kann einige Absätze aus dem zitieren, was Dr. Doyle in seinem Buch über diese Verlobung sagt:

„Das Artilleriefeuer (der „Zwartkop"-Geschütze und anderer Batterien) wurde dann eilig auf das isolierte „Vaalkrantz" (das eigentliche Angriffsziel) gerichtet und hatte eine furchtbare Wirkung. Es ist fraglich, ob jemals zuvor eine Stellung einem so schrecklichen Bombardement ausgesetzt war. Das Gewicht der Munition, die von einigen der Kanonen abgefeuert wurde, war größer als das einer ganzen deutschen Batterie während des Deutsch-Französischen Krieges."

Prinz Kraft bezeichnet die 4- und 6-Pfünder im Vergleich zu Maschinengewehren und 4,7-mm-Geschützen als bloße Spielzeuge.

Dr. Doyle ist sich jedoch über die Wirkung dieser mächtigen Waffen nicht sicher, denn er sagt:

„Obwohl die Ränder des Hügels mit Lyddit- und anderen Bomben beschossen wurden, ist es fraglich, ob dieses fürchterliche Feuer großen Schaden beim Feind angerichtet hat, da sieben englische Offiziere und 70 Mann tot auf dem Hügel lagen, während nur wenige Buren verwundet waren."

Über den Pompon, den ich aus den Händen des Feindes retten konnte, sagt derselbe Autor:

„Während dieses Angriffs geschah etwas von malerischerer und romantischerer Natur, als es normalerweise in der modernen Kriegsführung der Fall ist; hier ging es nicht darum, dass Kämpfer und Waffen unsichtbar waren oder eine große Menschenmasse vernichtet wurde. In diesem Fall handelte es sich um eine von den britischen Truppen abgeschnittene Burenkanone, die plötzlich aus ihrem Versteck kam und davonhuschte wie ein verschreckter Hase aus seinem Lager. Sie floh so schnell vor der Gefahr, wie es die Beine der Maultiere zuließen, kippte fast um und prallte und prallte gegen die Felsen, während sich der Fahrer so weit wie möglich nach vorne beugte, um sich vor dem Kugelhagel zu schützen, der ihm aus allen Richtungen um die Ohren pfiff. Britische Granaten rechts von ihm,

Granaten links von ihm, die explodierten und knatterten, Lyddit-Schrapnelle, die rauchten und zischten und die Splitter durch die Luft flogen. Aber über dem „Randtje" verschwand die Kanone, und wenige Minuten später war sie wieder in Position und brachte Tod und Zerstörung unter die Britische Angreifer."

Während ich in Dr. Shaws Krankenwagen behandelt wurde, wurde mir General Joubert mit einem Besuch geehrt. Er kam, um mir zu der seiner Meinung nach hervorragenden Verteidigung von Vaalkrantz zu gratulieren und sein Bedauern über die schweren Verluste unseres Kommandos auszudrücken. Ich hörte von Dr. Shaw, dass man nach der Schlacht das Stöhnen und Schreien der verwundeten Bürger in der unmittelbaren Nachbarschaft der englischen Außenposten hören konnte. Einige Bürger meldeten sich freiwillig, um im Schutz der Dunkelheit nachzusehen, ob sie diese verwundeten Männer retten könnten. Sie schlichen vorsichtig bis zum Fuß der Hügel, von wo aus sie die englischen Wachen deutlich sehen konnten, und fanden etwas weiter unten in einem Graben zwei unserer Verwundeten namens Brand und Liebenberg. Dem ersten waren ein Arm und ein Bein zertrümmert, der letztere hatte eine Kugel im Oberschenkel.

Man kann sich vorstellen, in welch schrecklicher Lage sie sich befanden, nachdem sie zwei Nächte und einen Tag dort gelegen hatten, der bitteren Kälte der Nacht und der sengenden Sonne des Tages ausgesetzt. Ihre Wunden verwesten bereits und der Geruch war höchst unangenehm.

Die beiden Unglücklichen wurden sofort ins Lager gebracht und mit größter Sorgfalt versorgt. Der arme Liebenberg erlag bald darauf seinen Verletzungen. Brand, der jüngste Sohn des verstorbenen Präsidenten Brand aus dem Oranje-Freistaat, erholte sich, wenn ich mich recht erinnere, bald wieder.

Auch auf die Gefahr hin, dass ich mir durch die folgende Ergänzung meiner Beschreibung der Schlacht von Vaalkrantz den Unmut vieler Leute zuziehe, fühle ich mich verpflichtet zu sagen, dass Generalkommandant Joubert nach unseren Erfolgen bei Colenso, Spion Kop und Vaalkrantz die beiden Staatspräsidenten Kruger und Steyn bat, die Dringlichkeit von Friedensangeboten an die englische Regierung zu erwägen. Er wies darauf hin, dass die Republiken im Krieg zweifellos den Gipfel ihres Ruhms erreicht hätten. Der Vorschlag lautete wie folgt: Die republikanischen Truppen sollten sofort das britische Territorium räumen, Entschädigungen für die von unseren Kommandos angerichteten Sachschäden usw. zahlen, wobei die britische Regierung garantieren sollte, dass die Republiken von weiteren Einfällen oder Angriffen britischer Truppen verschont bleiben, und auf ihren Anspruch auf Oberhoheit verzichten sollte; und die britische Regierung sollte sich verpflichten, sich nicht in die inneren Angelegenheiten und

Rechtsverfahren der beiden Republiken einzumischen und den Kolonialrebellen eine Generalamnestie zu gewähren.

Oberbefehlshaber Joubert verteidigte diese Vorschläge mit dem Hinweis, dass England sich derzeit in Schwierigkeiten befinde und wiederholt schwere Niederlagen erlitten habe. Die Gelegenheit müsse genutzt werden, drängte der General.

Er wurde von mehreren Offizieren unterstützt, doch andere Burenführer waren der Meinung, dass Natal, das ursprünglich burische Territorium, nie wieder an den Feind abgetreten werden dürfe. Da wir von diesen Vorschlägen nichts mehr hörten, nehme ich an, dass die beiden Staatspräsidenten sie ablehnten.

KAPITEL XI.

Die Wende des Blattes.

Nachdem die englischen Truppen sich von Vaalkrantz über den Tugela zurückgezogen hatten, gelang es einer Patrouille meines Kommandos unter meinem treuen Adjutanten J. Du Preez, der vorläufig meinen Platz eingenommen hatte, einen Trupp von fünfzig Lanzenreitern, ich glaube des 17. Regiments, bei Zwartkop, östlich des Tugela, zu überraschen und sie nach einem kurzen Gefecht gefangen zu nehmen. Unter diesen Männern, die später nach Pretoria geschickt wurden, war ein gewisser Leutnant Thurlington. Es war ein seltsamer Anblick, unsere Patrouille mit ihren Opfern zurückkehren zu sehen, wobei jeder Bur eine erbeutete Lanze schwang.

Da ich mich noch immer in einem schwachen Zustand im Krankenhaus befand und keine Aussicht auf eine baldige Genesung hatte, befolgte ich den Rat des Arztes und ging nach Hause nach Rondepoort in der Nähe von Krugersdorp, wo meine Familie zu dieser Zeit wohnte. Dort kam ich dank der sorgfältigen Behandlung meines freundlichen Arztes und der liebevollen Fürsorge meiner Frau bald wieder zu Kräften.

Am 25. Februar erhielt ich von meinem Kommando die Nachricht, dass General Buller seine Truppen erneut auf Colenso konzentriert hatte und schwere Kämpfe im Gange waren. Am selben Abend erhielt ich auch ein Telegramm von Präsident Kruger, in dem er mich drängte, so schnell wie möglich zu meinem Kommando zurückzukehren, da die Lage eine kritische Wendung genommen zu haben schien. Der Feind schien es diesmal ernst zu meinen, und unser Kommando war bereits gezwungen, einige sehr wichtige Stellungen zu räumen, darunter Pieter's Heights.

Dann kam die Nachricht aus der Kapkolonie, dass General Piet Cronje bei Paardeberg eingekesselt worden war und dass er, da er sich hartnäckig weigerte, seinen Konvoi aufzugeben und sich zurückzuziehen, bald von einer überlegenen Streitmacht zur Kapitulation gezwungen werden würde.

Am nächsten Morgen saß ich in Begleitung meines treuen Adjutanten Rokzak in einem Schnellzug nach Natal. Mein anderer Adjutant, Du Preez, hatte inzwischen den Befehl erhalten, eine Verstärkung von 150 Mann nach Pietershöhen zu bringen, und war bald in einen verzweifelten Kampf in der Gegend zwischen den Stellungen der Krugersdorpers und der Middleburgers verwickelt. Die Lage galt allgemein als sehr ernst, als ich am späten Abend des 27. Februar in der Nähe des Hauptlagers in Modderspruit ankam, ohne zu wissen, welche ungünstige Wendung die Dinge im Laufe des Tages in Paardeberg, in der Kapkolonie und am Tugela genommen hatten. Wir ritten in dieser Nacht weiter zu meinem Lager in Potgietersdrift, aber da wir einen Umweg nehmen mussten, dauerte es bis zum frühen nächsten Morgen, bis wir unser Ziel erreichten. Das erste, was ich bei meiner Ankunft sah, war ein Karren mit zehn verwundeten Männern, die gerade aus der Kampflinie hereingebracht worden waren, alle gelb vom Lyddit.

Feldkornett P. van der Byl, der frisch aus dem Kampf bei Pietershöhe kam, erzählte mir, dass diese Bürger dort verwundet worden seien. Ich fragte sie, was geschehen sei und wie die Lage sei. "Ah, Kommandant", antwortete er, "die Dinge stehen sehr schlecht! Kommandant Du Preez und ich wurden vor drei Tagen nach Pietershöhen gerufen, da der Feind sich einen Weg freikämpfen wollte. Wir waren in einer sehr misslichen Lage, der Feind stürmte uns immer wieder; aber wir hielten stand und schossen aus 50 Schritten Entfernung auf die Soldaten. Die Engländer jedoch richteten ununterbrochenes Feuer auf unsere Kommandos und richteten großes Chaos an. Am frühen Sonntagmorgen bat die andere Seite um einen Waffenstillstand, damit sie ihre Toten begraben konnten, die zu nahe an unseren Stellungen lagen, um während des Kampfes an sie heranzukommen. Viele ihrer Verwundeten lagen ebenfalls dort, und 24 Stunden lang war die Luft von ihrem qualvollen Stöhnen zerrissen, das schrecklich anzuhören war. Wir gewährten daher einen Waffenstillstand bis 18 Uhr." (Dies fiel merkwürdigerweise zeitlich mit Lord Roberts' Weigerung zusammen, General Piet Cronje in Paardeberg seine Toten zu begraben).

"Der Feind", fuhr der Feldkornett fort, "brach durch mehrere Stellungen, und während wir von den vorrückenden Truppen beschossen wurden, wurden wir auf unserer linken Flanke und im Rücken angegriffen. Der stellvertretende Kommandant Du Preez und der Feldkornett Mostert wurden beide schwer verwundet, sind aber jetzt in sicheren Händen. Außerdem wurden 42 unserer Bürger getötet, verwundet oder gefangen genommen; wir konnten nur 16 unserer Verwundeten mitnehmen. Auch die Krugersdorpers haben schwer gelitten. Der Feind ist durchgebrochen, und ich nehme an, meine Bürger nehmen jetzt eine Stellung im "Randten" in der Nähe von Onderbroekspruit ein."

Das war eine schöne Lage! Als ich mein Kommando 15 Tage zuvor verlassen hatte, hatten wir in der Schlacht von Vaalkrantz schwere Verluste erlitten, und jetzt waren meine Bürger erneut schwer verwundet worden. Wir hatten in einem Monat über 100 Mann verloren.

Aber ich hatte keine Zeit, über diese Dinge zu klagen, denn ich hatte gerade die Nachricht erhalten, dass General P. Cronje mit 4.000 Mann gefangen genommen worden war. Die nächste Meldung besagte, dass der Feind bei Onderbroekspruit durchbrach und dass sich einige Bürger hinter Ladysmith zurückzogen. Ich stand noch immer in telegrafischer Verbindung mit dem

Hauptlager und telegraphierte sofort an den Generalkommandanten, um Anweisungen zu erhalten. Die Antwort lautete:

„Schicken Sie Ihre Karren zurück nach Modderspruit (unserem Hauptquartier) und halten Sie die Position mit Ihren berittenen Kommandos."

Die angegebene Position befand sich am oberen Tugela, auf einer Linie mit Colenso. Mein Lager war etwa 20 Meilen vom Hauptlager entfernt; der Feind war durch Onder Broekspruit gezogen und rückte mit aller möglichen Geschwindigkeit vor, um Ladysmith zu entsetzen, so dass ich nun in einer schrägen Linie mit dem Rücken des Feindes stand. Ich schickte meine Karren nach Südwesten, um Ladysmith herum in Richtung Modderspruit. Einer meiner Späher meldete mir, dass die Kommandos des Freistaats, die Ladysmith im Süden belagert hatten, alle in Richtung Van Reenens Pass gegangen waren; ein anderer brachte die Information, dass der Feind sich dem Dorf nähern gesehen worden sei und dass eine große Kavallerieeinheit direkt auf uns zusteuerte.

Die Anweisungen von General Joubert waren mir daher unerklärlich, und wenn ich sie befolgt hätte, wäre ich wahrscheinlich vom Feind abgeschnitten worden. Auch meine Bürger wurden unruhig und fragten mich, warum wir uns nicht bewegten, während sich alle anderen Kommandos zurückzogen. Cronjes Kapitulation hatte eine äußerst entmutigende Wirkung auf sie gehabt; tatsächlich herrschte unter ihnen eine regelrechte Panik. Ich bestieg einen hohen Hügel, von dem aus ich die gesamte Armee des Oranje-Freistaats sehen konnte, gefolgt von einer langen Reihe von fast 500 Karren und viel Vieh, auf dem Rückzug, eingehüllt in große Wolken aus rotem Staub. Rechts von Ladysmith bemerkte ich ebenfalls eine ähnlich melancholische Prozession. Als ich mich umdrehte, sah ich die Engländer in großer Zahl sehr vorsichtig näher kommen, so langsam, dass es einige Zeit dauern würde, bis sie uns erreichen konnten. Eine weitere und große Streitmacht stürmte hinter ihnen heran, ebenfalls in Richtung Ladysmith.

Es muss ein Wettrennen um den Distinguished Service Order oder das Victoria-Kreuz gewesen sein, das derjenige gewinnen musste, der als Erster Ladysmith betrat. Wir wussten, dass die britische Infanterie, unterstützt von der Artillerie, den Weg zur Entsatztruppe geebnet hatte, und ich bemerkte die irischen Füsiliere bei dieser Gelegenheit wie immer an der Spitze. Aber Lord Dundonald eilte herbei und wurde zum Helden des Anlasses erklärt.

Bevor ich dieses Kapitel abschließe, möchte ich auf einige Vorfälle eingehen, die sich während der Belagerung von Ladysmith zugetragen haben. Es ist unnötig, die Zerstörung von „Long Tom" in Lombardskop oder die Sprengung eines weiteren Geschützes westlich von Ladysmith, das dem Pretoria-Kommando gehörte, detailliert zu beschreiben. Die Gegenseite hat genug darüber geschrieben und genug daraus Kapital geschlagen; und viele DSOs und VCs wurden dafür vergeben.

Leider kann ich nichts vorbringen, was unsere Schande mindern würde. Was die Sprengung der „Long Tom" betrifft, so war dies ein Akt reinen Verrats und ein schockierendes Versäumnis. Kommandant Weilbach, der dieses Geschütz mit seinem gesamten Heidelberg-Kommando hätte verteidigen sollen, war seinem Schützling untreu. Die Heidelberger erwiesen sich jedoch später unter einem besseren Offizier als hervorragende Soldaten. Ein gewisser Major Erasmus war ebenfalls schuld. Er stand ständig unter dem Einfluss eines Getränks, das man nicht als „Aqua pura" bezeichnen konnte; und daher erwarteten wir wenig von ihm. Aber obwohl die Planung und Ausführung des Plans, die „Long Tom" in die Luft zu sprengen, ein kluges Werk war, verschwendeten die Briten Zeit und Gelegenheit, indem sie sich den Spaß machten, die Buchstaben „RA" (Royal Artillery) in das Geschütz zu schneiden, und die Explosion hatte nur zur Folge, dass ein Teil des Laufs beschädigt wurde. Nach einer kleinen Operation in den Werkstätten der Niederländisch-Südafrikanischen Eisenbahngesellschaft in Pretoria unter der Leitung von Herrn Uggla, unserem Waffenarzt, war „Long Toms" Mund geheilt und er konnte wieder genauso gut Feuer spucken wie zuvor. Was die Explosion der Haubitze kurz darauf angeht, so möchte ich sagen, dass der Vorfall General Erasmus keine Ehre machte, da er durch das, was in der Nähe von Lombardskop passierte, gewarnt worden sein und die entsprechenden Vorkehrungen hätte treffen müssen, um einer Gruppe hungernder und leidender Soldaten keine Gelegenheit zu geben, in seine Linien einzudringen und direkt bis zu seinen Geschützen vorzurücken.

Beide Vorfälle werden ein hässlicher Schandfleck in der Geschichte dieses Krieges sein, und ich muss leider sagen, dass die beiden Burenoffiziere nie die ihnen gebührende Strafe erhalten haben. Sie hätten jedenfalls vor den Generalkommandanten geladen werden müssen, um ihr Verhalten zu erklären.

Auch der Sturm auf Platrand (Cäsars Lager), südöstlich von Ladysmith, am 6. Januar 1900 endete aus vielen Gründen schlecht. Der Angriff wurde aufgrund von Eifersucht unter einigen Generälen nicht richtig durchgeführt und es kam nicht zur richtigen Zusammenarbeit.

Die Bürger, die am Angriff teilnahmen und mehrere Forts eroberten, leisteten hervorragende Arbeit, auf die sie durchaus stolz sein konnten, aber sie wurden nicht so unterstützt, wie sie es hätten sein sollen. Der Feind wusste, dass Ladysmith kapitulieren müsste, wenn er Platrand verlieren würde; deshalb verteidigten sie jeden Zoll Boden, mit dem Ergebnis, dass unsere Männer schließlich nachgeben mussten. Und als Belohnung für unsere Mühen erlitten wir enorme Verluste an Männern, was den gebrochenen Geist unserer Bürger in keinster Weise besserte.

KAPITEL XII.

DER GROSSE RÜCKZUG DER BUREN.

Es war offensichtlich nicht mehr zu ändern, wir mussten uns zurückziehen. Ich befahl, aufzusatteln und dem Beispiel der anderen Kommandos zu folgen, und meldete dies dem Generalkommandanten. Eine Antwort kam – diesmal nicht aus Modderspruit, sondern von der Station hinter Elandslaagte –, dass ein allgemeiner Rückzug angeordnet worden sei, da die meisten Kommandos bereits Ladysmith passiert hätten und General Joubert voraus nach Glencoe gegangen sei. Bei Einbruch der Dunkelheit verließ ich die Tugela-Stellungen, die wir so lange erfolgreich gehalten hatten, wo wir den Feind daran gehindert hatten, zur Entlastung von Ladysmith zu marschieren, und wo so viele Kameraden ihr Leben für ihr Land und ihr Volk geopfert hatten.

Es war ein trauriger Anblick, die Kommandos in völligem Chaos und Unordnung in alle Richtungen zurückweichen zu sehen. Ich fragte viele Offiziere, welche Anweisungen sie erhalten hatten, aber niemand schien zu wissen, was die Befehle tatsächlich waren; ihre einzige Idee schien zu sein, so schnell wie möglich wegzukommen.

Schließlich erreichten wir um 9 Uhr abends den Klip River, wo sich eine seltsame Szene abspielte. Die Ufer waren mit Hunderten von berittenen Männern überfüllt, Karren und Vieh drängten sich in völliger Verwirrung zwischen den Kanonen und warteten alle darauf, an die Reihe zu kommen, den Fluss zu überqueren. Mit unendlicher Mühe wurden alle Karren einzeln überführt. Nach ein paar Minuten Ruhe beschloss ich nach Rücksprache mit meinen Offizieren, dass wir mit unseren Männern den Fluss über eine weitere Schlucht weiter oben überqueren sollten. Eine Reihe anderer Kommandos folgten unserem Beispiel.

Ich möchte hier darauf hinweisen, dass wir uns beim Rückzug nach links bewegten und uns damit in gefährliche Nähe von Ladysmith begaben. Die Kommandos, die die Stadt umzingelt hatten, waren alle weg; und Bullers Truppen hatten sie bereits von der Ostseite her erreicht, und es gab wirklich nichts, was den Feind daran hindern konnte, uns den Rücken zu kehren, der auf seinem Weg vom Tugela zwangsläufig an Ladysmith vorbei musste. Als wir am späten Abend endlich durch die Schlucht gekommen waren, erreichte uns ein Gerücht, dass die Briten Modderspruit besetzt hatten, und was diese Straße betraf, war unser Rückzug praktisch abgeschnitten.

Kurz vor dem Krieg hatten die Engländer jedoch eine neue Straße gebaut, die dem Lauf des Klip River bis zu den Drakensbergen folgte und dann durch die Biggarsbergen nach Newcastle führte. Diese Straße wurde, glaube ich, für militärische Zwecke gebaut; aber sie war für uns sehr nützlich, und unsere Wagen konnten auf ihr sicher weggebracht werden.

Kommandant D. Joubert vom Carolina-Kommando schickte daraufhin eine Nachricht mit der Bitte um Verstärkung für das Lager Pretoria, das nordwestlich von Ladysmith liegt. Es war eine dunkle Nacht und es regnete in Strömen, was es sehr schwierig machte, die nötigen Bürger für diesen Zweck zusammenzurufen.

Es gelang mir jedoch, genügend Männer zusammenzurufen, und wir ritten zurück. Als ich mich jedoch dem Lager Pretoria näherte, stellte ich zu meinem Entsetzen fest, dass nur noch 22 von uns übrig waren. Was war zu tun? Diese Handvoll Männer war von sehr geringem Nutzen; doch umzukehren wäre feige gewesen, und außerdem wäre unser Lager inzwischen weitergezogen und würde nun mehrere Stunden Ritt vor uns liegen. Ich schickte einige Bürger voraus, um zu sehen, was mit dem Lager Pretoria geschah. Es kam mir seltsam vor, dass der Ort noch in den Händen unserer Männer war, da sich alle anderen Kommandos längst zurückgezogen hatten. Nachdem wir eine volle Stunde gewartet hatten, kamen unsere Späher mit der Nachricht zurück, dass das Lager voller englischer Soldaten war und dass sie sie über die von den Bürgern zurückgelassene Beute streiten gehört hatten.

Es war jetzt zwei Uhr morgens. Unsere Kameraden aus Pretoria waren anscheinend in Sicherheit, und sehr erleichtert beschlossen wir, nach Elandslaagte zu reiten, wo meine Männer zu diesem Zeitpunkt sicher angekommen sein würden. Unsere Karren mussten früher oder später dort ankommen, da sie von einem Feldkornett befehligt wurden, den wir als einen unserer besten „Rückzugsoffiziere" kannten. Ich denke, es war unter den gegebenen Umständen eine hervorragende Strategie, einen solchen Herrn mit einer solchen Aufgabe zu betrauen; ich war überzeugt, dass der Feind ihn niemals einholen und seine Karren erbeuten würde. Wir folgten der Hauptstraße, die glücklicherweise nicht vom Feind besetzt war, wie man uns berichtet hatte. Unterwegs begegneten uns mehrere Karren und Wagen, die von den Besitzern weggeworfen worden waren, aus Angst, von den verfolgenden Truppen eingeholt zu werden. Natürlich war das Gerücht, dass diese Straße in englischer Hand sei, falsch, aber es steigerte die Panik unter den Bürgern. Es waren nicht nur Karren zurückgelassen worden, sondern, wie wir stellenweise fanden, auch Mehlsäcke, Kaffeedosen, Matratzen und anderer überflüssiger Kram, der aus den Karren geworfen worden war, um die Last zu erleichtern.

Als wir uns Elandslaagte näherten, holten wir die Nachhut der fliehenden Kommandos ein. Hier erfuhren wir, dass die Generäle Botha und Meyer mit ihren Kommandos noch immer hinter uns waren, in der Nähe von

Lombardsdorp. Wir sattelten erschöpft und halb verhungert ab. Glücklicherweise waren einige der Vorräte unseres Verpflegungslagers, die während der Belagerung von Ladysmith hier gelagert worden waren, nicht weggeschwemmt worden. Zu unserem Entsetzen stellten wir jedoch fest, dass der Verpflegungskommissar alles angezündet hatte, sodass wir unseren Hunger stillen mussten, indem wir halb verbrannte Kartoffeln aus dem Feuer holten.

Um 7 Uhr am nächsten Morgen kamen General Botha und seine Männer in Elandslaagte an und sattelten ab in der Hoffnung, etwas zu essen zu bekommen. Auch sie wurden enttäuscht. Diese mutwillige Zerstörung von Gottes Gaben wurde lautstark verurteilt, und wäre Herr Pretorius, der Kommissar für Vorräte, nicht so diskret gewesen, sich aus dem Staub zu machen, wäre er zweifellos einer schweren „Schlägerei" ausgesetzt gewesen. Später am Tag wurde Kriegsrat gehalten und es wurde beschlossen, dass wir alle für den Tag dort bleiben sollten, um den Feind aufzuhalten, falls er uns verfolgen sollte. In der Zwischenzeit wollten wir den Konvois die Möglichkeit geben, auf die andere Seite des Sunday River zu gelangen.

Die Briten müssen über die Befreiung von Ladysmith so überglücklich gewesen sein, dass die Generäle Buller und White es zumindest eine Zeit lang nicht für nötig hielten, uns zu verfolgen, wofür wir zutiefst dankbar waren. Ich glaube, General Buller muss gespürt haben, dass er für die Befreiung von Ladysmith einen hohen Preis bezahlt hatte, denn sie muss ihn viel mehr Leben gekostet haben, als er befreit hatte. Aber an diesem Ort gab es wohl ein paar Jingos (Natal Jingos), die freigelassen werden mussten, nehme ich an, um jeden Preis.

Meine Bürger und ich hatten weder Kochutensilien noch Lebensmittel und wollten unbedingt weiter vorrücken und unsere Konvois finden, denn wir hatten noch nicht gelernt, ohne Karren und Verpflegung zu leben. Bei Einbruch der Dunkelheit befahlen uns die Generäle – ich habe keine Ahnung, wer sie waren –, die „Randjes" südlich des Sunday River bis zum nächsten Tag zu halten und dass kein Bürger den Fluss überqueren sollte. Dieser Befehl schien der Mehrheit nicht zu gefallen, aber die Generäle hatten eine Wache in der Nähe der Brücke postiert, mit der Anweisung, alle Bürger und ihre Pferde zu erschießen, die versuchten, auf die andere Seite zu gelangen; sie mussten also notgedrungen dort bleiben, wo sie waren. Jetzt hatte ich nur 22 Männer unter meinem Kommando und ich dachte nicht, dass diese einen nennenswerten Unterschied für unsere Kampftruppe ausmachen würden, also sagte ich mir: „Heute Abend werden wir ausnahmsweise mal ein kleines Spiel mit den Generälen spielen."

Wir ritten zur Brücke, und natürlich drohte die Wache dort, auf uns zu schießen, wenn wir nicht sofort umkehrten. Mein Adjutant ritt jedoch heran und sagte: „Zurücktreten, Sie ——! Dies ist Kommandant Viljoen, der den Befehl erhalten hat, eine Patrouille in ——" (er erwähnte einen Ort ein paar Meilen entfernt) „zu beschleunigen, die in unmittelbarer Gefahr ist, gefangen genommen zu werden."

Die Wachen waren ziemlich zufrieden, traten zurück und beehrten uns mit einem militärischen Salut, als wir vorbeiritten. Als wir ein Stück geritten waren, hörte ich jemanden sie fragen, was für „Leute" das seien, die über die Brücke gekommen seien, und ich verstand die Worte: „Jetzt werden Sie sehen, dass sie alle hinüber wollen."

Ich behaupte nicht, dass ich mit meinem aufsässigen Verhalten ganz richtig lag, aber wir hatten entschiedene Einwände dagegen, von einem verantwortungslosen General unter die Bewachung anderer Kommandos gestellt zu werden. Ich ging in dieser Nacht weiter, bis wir die Biggarsbergen erreichten, und schickte am nächsten Tag Kundschafter in Richtung der Drakensberge aus, um nach den verstreuten Überresten meines Kommandos zu suchen. Die Berge waren mit Vieh aus den Lagern um die Glencoe Station bedeckt . Die Buren dort kochten Essen, beschlagen ihre Pferde oder flickten ihre Kleidung; tatsächlich war es ihnen sehr bequem und sie waren sehr beschäftigt. Sie bemerkten: „Dort drüben sind noch viele weitere Bürger beim General; dessen sind wir ganz sicher." ... „Der Generalkommandant ist in der Nähe von Glencoe und wird die zurückweichenden Männer aufhalten."

Kurz gesagt, wie es im Krieg immer wieder geschah, wurde alles dem Zufall und dem Allmächtigen überlassen. Glücklicherweise hatte General Botha es für seine Pflicht gehalten, eine Nachhut zu bilden und unseren Rückzug zu decken; sonst hätten die Engländer eine große Zahl von Lagern und viele Bürger gefangen genommen, deren Pferde angeschnallt waren. Aber während wir zu wenig Disziplin hatten, hatten die Engländer offensichtlich zu viel. Es ist nicht meine Aufgabe zu sagen, warum General Buller uns nicht verfolgen ließ; aber es scheint, dass die Briten eine großartige Chance verpasst haben.

Einige Tage vergingen, ohne dass etwas Nennenswertes geschah. Meine Späher kehrten am dritten Tag zurück und berichteten, dass mein Kommando und sein Lager sicher durchgekommen waren und am nächsten Tag erwartet werden konnten. Inzwischen hatte ich in Glen Coe einige Vorräte besorgt, und vorläufig hatten wir nichts zu beklagen.

Ich war sehr amüsiert, als ich am nächsten Tag per Kurier die Kopie eines Telegramms aus Glencoe erhielt, das General Joubert an General Prinsloo in Harrismith (Oranje-Freistaat) geschickt hatte. Darin wurde um Informationen zu mehreren vermissten Kommandos und Offizieren gebeten, unter denen auch mein Name auftauchte. Das Telegramm enthielt außerdem die erschreckende Nachricht, dass mein Kommando am Klip River zerstückelt worden war und ich im Kampf gefallen war! Das war das zweite Mal, dass ich getötet wurde, aber an so etwas gewöhnt man sich mit der Zeit.

Ich schickte durch den Kurier diese Antwort:

„Ich und mein Kommando sind noch am Leben!" Und fügte hinzu: „Sagen Sie dem General, wir wollen vier Schlachtochsen."

Am nächsten Tag erhielt ich den Befehl, an einem Kriegsrat teilzunehmen, der in Glencoe Station stattfinden sollte. Der Hauptzweck dieser Versammlung bestand darin, weitere Operationspläne zu besprechen, zu entscheiden, wo unsere nächsten Positionen eingenommen und wo die neue Kampflinie gebildet werden sollte.

GENERAL JOUBERT ERÖFFNET EINEN KRIEGSRAT MIT EINEM GEBET.

Wir trafen uns alle zur vereinbarten Zeit in einem großen, unbesetzten Saal in der Nähe der Glencoe Station, wo General Joubert den letzten Rat eröffnete, den er auf dieser Welt abhalten sollte. Über 50 Offiziere waren anwesend und das Interesse war aus mehreren Gründen sehr groß. Erstens wünschten wir alle offizielle Informationen über das Schicksal von General Cronje und seinen Bürgern in Paardeburg, und zweitens erwarteten einige, etwas Konkretes über die Intervention zu hören, über die in letzter Zeit so viel gesagt und geschrieben worden war. Tatsächlich dachten viele, dass Russland, Frankreich, Deutschland oder die Vereinigten Staaten von Amerika sicherlich eingreifen würden, sobald sich das Kriegsglück gegen uns zu wenden begann. Meine persönliche Meinung wurde kurz vor dem Krieg bei einer öffentlichen Versammlung in Johannesburg geäußert, bei der ich sagte: „Wenn wir in den Krieg getrieben werden, dürfen wir uns nicht auf ausländische Mächte verlassen, sondern müssen auf Gott und die Mauser vertrauen."

Einige Offiziere waren der Meinung, wir sollten uns an unsere Grenzen bis Laing's Nek zurückziehen, und man war allgemein der Meinung, dass dieser Vorschlag angenommen würde. Nach unserer Gewohnheit eröffnete General Joubert die Beratung mit einer Ansprache, in der er die Situation im Detail beschrieb. Es war offensichtlich, dass unser Generalkommandant sehr niedergeschlagen und melancholisch war und sehr unter jener schmerzhaften inneren Krankheit litt, die seiner Karriere so bald ein Ende bereiten sollte.

Nicht weniger als elf unterstützende Kommandanten und kämpfende Generäle waren anwesend, und doch konnte keiner sagen, wer der nächste Befehlshaber nach General Joubert war. Ich sprach mit einigen Freunden über die Unregelmäßigkeiten, die während unseres Rückzugs von Ladysmith auftraten: dass alle Generäle außer Botha und Meyer abwesend waren, während letzterer seit dem unglücklichen Angriff auf Platrand alles andere als gut mit General Joubert auskam. Dies war zweifellos auf die mangelnde Zusammenarbeit der verschiedenen Generäle zurückzuführen, und ich beschloss, wenn möglich, unsere Armee enger zusammenzuführen. Ich schlug daher einen Antrag vor:

„Dass alle Generäle zum Rücktritt aufgefordert werden, mit Ausnahme eines stellvertretenden Generalkommandanten und eines kämpfenden Generals."

Kommandant Engelbrecht hatte versprochen, meinen Vorschlag zu unterstützen, aber als er verlesen wurde, verließ ihn der Mut. Der Antrag wurde außerdem nicht sehr gut aufgenommen, und als darüber abgestimmt wurde, stellte ich fest, dass ich allein dastand, da sogar mein Unterstützer mich im Stich gelassen hatte. Sobald sich eine Gelegenheit bot, fragte ich General Joubert, wer der zweite Kommandant sein sollte. Meine Frage wurde nicht direkt beantwortet, aber von meinen Kollegen angestachelt, fragte ich, ob General Botha der nächste Kommandant sein würde. Darauf antwortete er: „Ja, das ist, was ich verstehe –."

Und wenn ich mich nicht irre, war dies die erste Ankündigung der wichtigen Tatsache, dass Botha unser künftiger Anführer sein würde.

Es wurde noch viel mehr gesagt und vieles vereinbart; einige der Kommandos sollten zur Kapkolonie gehen und versuchen, Lord Roberts aufzuhalten, der nach Cronjes Kapitulation stetig nach Norden marschierte. Schließlich wurde jedem Offizier eine Position in der Bergkette zugewiesen, die wir Biggarsbergen nennen. Ich wurde General Meyer in Vantondersnek in der Nähe von Pomeroy unterstellt, und wir brachen sofort zu unserem Ziel auf. Von hier aus führt ein Pass durch die Biggarsbergen, etwa 18 Meilen von der Glencoe Station entfernt.

KAPITEL XIII.

AUS DEN BIGGARSBERGEN VERTRIEBEN.

Wir verbrachten die nächsten Wochen damit, unsere neuen Stellungen zu verschanzen und zu befestigen. General Botha war mit einigen Männern in den Oranje-Freistaat aufgebrochen, durch den Lord Roberts, der Kimberley abgelöst hatte, marschierte. General Joubert starb etwa zu dieser Zeit in Pretoria, nachdem er 21 Jahre lang Generalkommandant der Südafrikanischen Republik gewesen war. Er war ohne Zweifel eine der bedeutendsten Figuren im südafrikanischen Drama.

General Botha übernahm nun den Oberbefehl und erwies sich bald als würdig, die Zügel in der Hand zu halten. Er genoss das Vertrauen und die Wertschätzung unserer gesamten Armee, ein sehr wichtiger Vorteil unter unseren schwierigen Umständen.

Mit der Hilfe von De Wet war er bald damit beschäftigt, die Kommandos im Oranje-Freistaat zu organisieren und versuchte, den Briten, die nun in überwältigender Zahl durch das Land marschierten, irgendwie Widerstand zu leisten. In dieser Republik standen die Bürger unter dem Kommando des betagten Generals Prinsloo, der nun jedoch so entmutigt war, dass ihm der Oberbefehl entzogen und General De Wet übertragen wurde. Prinsloo kapitulierte bald darauf und erwies seinem Volk damit den größten Dienst; es war jedoch bedauerlich, dass es ihm gelang, 900 Bürger in die Hände des Feindes zu führen.

In Biggarsbergen hatten wir nichts zu tun, außer zu schlafen, zu essen und zu trinken. Bei zwei verschiedenen Gelegenheiten wurde uns jedoch befohlen, gemeinsam mit anderen das feindliche Lager in Elandslaagte anzugreifen. Dies geschah mit viel Aufhebens, aber ich möchte lieber nichts über die Art und Weise sagen, in der die Angriffe durchgeführt wurden. Es genügt zu sagen, dass beide kläglich scheiterten und wir gezwungen waren, uns erheblich schneller zurückzuziehen, als wir gekommen waren.

Unsere Generäle waren inzwischen sehr damit beschäftigt, unzählige Rundschreiben an die verschiedenen Kommandos zu verschicken. Es ist mir unmöglich, mich an den Inhalt all dieser merkwürdigen Manifeste zu erinnern, aber eines lautete wie folgt:

"Täglich ist ein Appell aller Bürger durchzuführen; wöchentlich sind Berichte an die Hauptquartiere der einzelnen Kommandos zu senden, und darin ist die Mindestzahl der Bürger anzugeben, die ein Feldkornett bilden. Jeweils 15 Mann eines Feldkornetts sind einem Korporal unterstellt; und diese Korporale müssen täglich einen Appell durchführen und wöchentlich detaillierte Berichte über ihre Männer an den Feldkornett und

Kommandanten senden, der seinerseits dem General Bericht erstatten muss."

Ein weiteres langes Rundschreiben enthielt ausführliche Anweisungen und Vorschriften für die Gewährung von „Urlaub" an Bürger, eine komplizierte Regelung, die den Offizieren eine Menge Ärger bereitete. Das System war als „Urlaubssystem " bekannt und war ein Versuch, die wichtige Angelegenheit der Urlaubsgewährung so zu organisieren, dass es organisierter wirkte. Es verfehlte jedoch völlig den gewünschten Effekt. Es sah vor, dass ein Zehntel jedes Kommandos für zwei Wochen Urlaub erhielt und dann zurückkehrte, um einem weiteren Zehntel seinerseits Urlaub zu gewähren. Im Falle eines Krankenurlaubs war ein ärztliches Attest erforderlich, das die Gegenunterschrift des Feldkornetts tragen musste; sein Besitzer durfte dann nach Hause statt ins Krankenhaus gehen. Außerdem durfte ein Teil der Bauern von Zeit zu Zeit nach Hause gehen und sich um dringende Angelegenheiten auf ihren Höfen kümmern, wie Ernte, Schafscheren usw. Die Bauern wählten Männer aus, die nicht nur für sich selbst, sondern auch für andere Bauern in ihren Bezirken tätig waren. Das Endergebnis all dessen war, dass, als jeder, der unter irgendeinem Vorwand Urlaub bekommen konnte, dies getan hatte, ungefähr ein Drittel jedes Kommandos fehlte. Meine Bürger, die größtenteils aus den Goldfeldern von Witwatersrand stammten, konnten natürlich keinen Urlaub für landwirtschaftliche Zwecke bekommen, und es herrschte große Unzufriedenheit. Ich wurde mit Beschwerden über ihre unfaire Behandlung in dieser Hinsicht überhäuft und konnte die Angelegenheit nur mit erheblichem Aufwand regeln.

Ich stimme zu, dass diese Angelegenheit irgendwie geregelt werden musste, und ich mache den Behörden keine Vorwürfe für ihre Unfähigkeit, mit dieser Schwierigkeit fertig zu werden. Es schien jedoch sehr schade, dass die Kommandos so stark geschwächt und der Kampfgeist auf diese Weise zerstört werden sollte. Natürlich war es unser erster großer Krieg und unsere Vorkehrungen waren natürlich sehr primitiver Natur.

Es war Anfang Mai, bevor unsere Freunde, der Feind, bei Ladysmith und Elandslaagte Anzeichen von Aktivität zeigten. Wir entdeckten unverkennbare Anzeichen dafür, dass eine große Vorwärtsbewegung im Gange war, konnten aber nicht herausfinden, auf welchen Punkt der Angriff gerichtet sein sollte. Buller und seine Männer marschierten auf der Straße entlang Vantondersnek, und ich witterte erneut schwere Kämpfe für uns. Ich sammelte eine starke Patrouille und machte mich auf den Weg, um die Stellung zu erkunden. Wir stellten fest, dass der Feind sein Lager in großer Stärke hinter Waschbank aufgeschlagen hatte und Abteilungen in östlicher Richtung aussandte. Daraus schloss ich, dass sie nicht vorhatten, durch Vantondersnek zu marschieren, sondern dass sie beabsichtigten, unsere linke

Flanke bei Helpmakaar anzugreifen. Dies schien mir jedenfalls General Bullers sicherster Plan zu sein.

Helpmakaar lag östlich von meiner Position; es ist ein kleines Dorf, das in einen Pass in den Biggarsbergen eingebettet ist. Die Einnahme dieses Punktes konnte den Schlüssel zu unserer gesamten erweiterten Verteidigungslinie in der Hand halten, wie sich später nur allzu deutlich zeigte. Ich wies einige unserer Generäle darauf hin, aber die Meinung eines Kommandanten hatte damals nicht viel Gewicht; ebenso wenig wurde eine ähnliche Warnung von Kommandant Christian Botha beachtet, der mit den Swasiland-Bürgern eine Position in der Nähe meiner Position innehatte.

kam es wiederholt zu Scharmützeln mit den englischen Außenposten und einmal trafen wir plötzlich auf zwanzig Männer der South African Light Horse.

Wir bemerkten sie in einem „Donk" (einer Senke), die dicht mit Bäumen und Büschen bewachsen war, aber nicht bevor wir mitten unter ihnen waren. Offenbar hielten sie uns für Engländer, während wir zuerst dachten, sie seien Mitglieder von Colonel Blakes irischer Brigade. Viele von ihnen schüttelten uns die Hand, und ein Bürger namens Vivian Cogell fragte sie auf Niederländisch: „Wie geht es euch, Jungs?"

Worauf ein Engländer, der ein wenig Niederländisch verstand, antwortete: „Oh, alles klar; woher kommen Sie?"

Vivian antwortete: „Von Viljoens Kommando. Wir sind auf Aufklärung."

Dann entdeckte der Engländer, wer wir waren, doch Vivian ließ dem Mann keine Zeit zum Nachdenken. Er ritt auf ihn zu und fragte: „Zu welchem Regiment gehören Sie?"

„Zur South African Light Horse", antwortete der Engländer.

„Hände hoch!", erwiderte Vivian, und der Englisch-Afrikaner warf seine Waffe hin und hob die Hände.

„Hände hoch! Hände hoch!" war der Ruf, den man nun überall hörte, und obwohl einige entkamen, wurde die Mehrheit entwaffnet und gefangen genommen. Es war eine Regel erlassen worden, dass ein Bürger, der einen britischen Soldaten gefangen nahm, ihn nach Pretoria bringen durfte, wo er dann ein paar Tage Urlaub bekam, um seine Familie zu besuchen. Dies trug viel dazu bei, unsere Bürger zu ermutigen, Gefangene zu machen, obwohl viele bei dem Versuch ihr Leben verloren.

Am nächsten Tag marschierte General Buller auf Helpmakaar und kam dabei dicht an unserer Position vorbei. Wir feuerten ein paar Schüsse aus unserem Creusot-Geschütz ab und hatten mehrere leichte Gefechte. Der Feind konzentrierte jedoch das Feuer einiger Batterien auf uns, und unsere Geschütze wurden bald zum Schweigen gebracht.

General L. Meyer war mit einigen Verstärkungen in der Nähe von Helpmakaar eingetroffen, aber die Stellung war nie verstärkt worden, und die einzige Verteidigungstruppe bestand aus den Piet-Retief-Bürgern, bekannt als die „Piet Retreaters", zusammen mit einem kleinen deutschen Korps. Das Ergebnis war leicht vorhersehbar. Der Angriff wurde durchgeführt, und wir verloren die Stellung, ohne ernsthaft zu versuchen, sie zu verteidigen. Buller war nun also im Besitz des Schlüssels zur burischen Stellung in Natal, einer Stellung, die wir seit zwei Monaten besetzt hatten – und daher perfekt hätten befestigen können – und deren strategische Bedeutung bis ins kleinste Detail bekannt sein sollte. Ich denke, unsere Generäle, die über eine ausreichende Streitmacht verfügten, deren Beweglichkeit weltberühmt geworden ist, hätten ein solches Fiasko verhindern können, wie es unsere Besetzung der prächtigen Zaunlinie in den Biggarsbergen war.

Hier nutzte General Buller zum ersten Mal im Krieg seinen Erfolg und folgte unseren Männern, als sie sich nach Dundee zurückzogen. Er kam über den Hauptwagenweg von Helpmakaar und trieb die Kommandos wie Schafe vor sich her. Ich selbst war gezwungen, in aller Eile wegzugehen und mich dem allgemeinen Rückzug anzuschließen. Ein- oder zweimal versuchten unsere Männer, Widerstand zu leisten, aber mit wenig Erfolg.

Als wir Dundee erreichten, ließ der Feind allmählich von der Verfolgung ab, und bei Einbruch der Dunkelheit waren wir vor ihnen. Die Engländer waren mit ihrem Erfolg vom Vortag zufrieden, wurden aber durch ihre riesigen Konvois leider behindert und erlaubten uns nun, in aller Ruhe weiterzuziehen.

KAPITEL XIV.

Entmutigt und demoralisiert.

Unsere erste Absicht war, nach Vereeniging weiterzuziehen, um uns dort den Truppen von General Botha anzuschließen. An der Klip River Station, die Vereeniging vorausging, wurde mir jedoch befohlen, meine Karren zurückzulassen und mit meinen Männern nach Vaalbank weiterzuziehen, da der Feind mit Gewaltmärschen vorrückte und alle anderen Kommandos gezwungen hatte, sich nach Vereeniging zurückzuziehen.

Auf unserem Weg trafen wir Gruppen von zurückweichenden Bürgern, von denen uns jeder eine andere Version der Lage schilderte. Einige sagten, der Feind sei bereits an Vereeniging vorbeigefegt, andere, er könne nicht mehr aufgehalten werden, bis er Johannesburg erreicht habe. Weiter unterwegs hatten wir das Glück, General Botha und seinem Stab zu begegnen. Der General befahl mir, am Gatsrand in der Nähe des Nek bei Pharaohsfontein Stellung zu beziehen, da die Briten ihre Streitkräfte in zwei Teile aufgeteilt hatten und einen Teil zum Überqueren des Vaal-Flusses bei Lindeque's Drift schicken würden, während die anderen Abteilungen der Eisenbahnlinie an Vereeniging vorbei folgen würden. Die Generäle Lemmer und Grobler waren bereits am Gatsrand postiert, um den Vormarsch des Feindes zu behindern.

Ich fragte General Botha, wie es um uns stand. Er seufzte und antwortete: „Wenn die Bürger nur kämpfen würden, könnten wir sie leicht genug aufhalten; aber ich kann keinen einzigen Bürger dazu bringen, zu kämpfen. Ich hoffe, ihre Fluchtstimmung wird sich bald in Kampfstimmung verwandeln. Behalten Sie Ihren Mut und lassen Sie uns unsere Pflicht tun."

„In Ordnung, General", antwortete ich und wir schüttelten uns herzlich die Hände.

Wir ritten den ganzen Abend weiter und machten um Mitternacht auf einem Bauernhof Halt, um unseren Pferden Ruhe und Futter zu geben. Der Besitzer des Bauernhofs war abwesend und hatte seine Familie zurückgelassen. Als wir uns näherten, hielten uns die Frauen für Engländer und waren zu Tode erschrocken. Sie erinnerten sich an die Gräueltaten und Schrecken, die in Natal beim Vormarsch der kaiserlichen Truppen begangen worden waren, und erwarteten die Ankunft der Engländer mit größter Angst. Als der Feind näher kam, verließen viele Frauen und Kinder ihre Häuser und irrten tagelang in Höhlen und Wäldern umher, jeder Entbehrung und Unbilden des Wetters ausgesetzt und den Angriffen wandernder Banden plündernder Kaffern ausgesetzt.

Frau van der Merwe, die wir hier trafen, war außerordentlich freundlich zu uns und gab uns reichlich Futter für unsere Pferde. Wir kauften einige Schafe, schlachteten sie und genossen noch vor Sonnenaufgang eine gute Mahlzeit. Und jeder von uns nahm ein großes Stück Hammelfleisch als Proviant für die Zukunft mit nach Hause.

Pharaohsfontein im Gatsrand Stellung bezogen hatten und dass die Engländer mit einer gewaltigen Streitmacht im Anmarsch waren.

Um neun Uhr morgens hatten wir unsere Stellungen bezogen, und mittags kam der Feind in Sicht. Unser Kommando war erheblich dezimiert worden, da viele Bürger, die sich in der Nähe ihrer Häuser befanden, 24-stündigen Urlaub beantragt hatten, der ihnen gewährt wurde, um ihnen die Möglichkeit zu geben, ihre Angelegenheiten zu regeln, bevor der Vormarsch der Engländer auf ihre Bauernhöfe dies unmöglich machte. Einige waren auch vorläufig desertiert, da sie der Versuchung nicht widerstehen konnten, ihre Familien in der Nachbarschaft zu besuchen.

Einige alte Bürger kamen auf uns zu und grüßten uns mit dem üblichen „Morgen, Jungs! Zu welchem Kommando gehört ihr?"

„Viljoens."

„Wir möchten Ihren Kommandanten sprechen", antworteten sie.

Ich stellte mich vor und fragte: „Wer sind Sie, woher kommen Sie und wohin gehen Sie?"

Sie antworteten: „Wir sind Späher von General Lemmer und wir sind gekommen, um herauszufinden, wer diese Position innehat."

„Aber General Lemmer weiß doch sicher, dass ich hier bin?"

EINE ÜBERRASCHUNG. – COYELL TRIFFT DIE IMPERIAL LIGHT HORSE.

„Sehr wahrscheinlich", antworteten sie, „aber wir wollten es selbst wissen; wir dachten, wir könnten einige unserer Freunde unter euch finden. Ihr kommt doch aus Natal, nicht wahr?"

„Ja", antwortete ich traurig. „Wir sind gekommen, um die anderen zu verstärken, aber ich fürchte, wir können wenig ausrichten. Mir scheint, hier wird es genauso sein wie in Natal: nur rennen und kein Kämpfen."

"Leider!", sagten sie, "werden die Freistaatler nicht an ihrer Position festhalten, und wir müssen zugeben, dass auch die Transvaaler sehr entmutigt sind. Wenn die Briten jedoch einmal unsere Grenzen überschreiten, werden Sie feststellen, dass die Bürger bis zum bitteren Ende kämpfen werden."

Getröstet durch dieses schöne Versprechen beschlossen wir, unser Bestes zu geben, aber unsere Außenposten brachten bald die Nachricht, dass die Briten nach rechts abbogen und sich der Position von General Grobler näherten und die von General Lemmer umgangen hatten. Während sie General Groblers Position angriffen, griffen wir ihre Flanke an, konnten aber keinen großen Schaden anrichten, da wir keine Waffen hatten. Bald darauf richtete der Feind schweres Artilleriefeuer auf uns, dem wir, da wir uns auf ebenem Boden befanden, gefährlich ausgesetzt waren.

Gegen Abend hatte der Feind General Groblers Stellung besetzt und überquerte den Gatsrand, sodass wir zurückblieben. Ich befahl meinem Kommando, sich auf den Klipriversberg zurückzuziehen, während ich mit einigen Adjutanten davonritt, um zu versuchen, mit den anderen Kommandos Kontakt aufzunehmen.

Die Nacht war dunkel und bewölkt, was es uns ziemlich schwer machte, uns sicher fortzubewegen. Gelegentlich gerieten wir in Gräben und Schützengräben und hatten große Probleme mit Stacheldraht. Schließlich trafen wir jedoch auf General Lemmers Nachhut, die uns mitteilte, dass der Feind, nachdem er den schwachen Widerstand von General Grobler überwunden hatte, nach Norden vorgerückt war und alle Bürger in aller Eile vor ihnen zurückwichen.

Wir ritten am Feind vorbei, um General Grobler und seine Pläne zu erfahren. Wir ritten ganz nah am englischen Lager vorbei, da wir wussten, dass sie selten weit von ihren Zelten entfernt Wachen postierten. Bei dieser Gelegenheit hatten sie jedoch eine Wache in einem alten „Klipkraal" postiert, für sie eine ungeheure Entfernung von ihrem Lager, und ein „Tommy" rief uns aus der Dunkelheit zu.—

"Halt, wer ist da?"

Ich antwortete: „Freund", woraufhin der arglose Soldat antwortete:

„Pass auf, Freund, alles ist gut."

Ich hatte jedoch meine Zweifel. Er könnte ein burischer Außenposten sein, der unbedingt wissen wollte, ob wir Engländer waren. Aus Angst, in einen Hinterhalt meiner eigenen Männer zu reiten, rief ich auf Niederländisch:

"Wessen Männer seid ihr?"

Tommy verlor die Fassung, weil er so lange wach gehalten wurde, und erwiderte gereizt: „Ich verstehe Ihr scheußliches Holländisch nicht; kommen Sie her und lassen Sie sich ausweisen." Aber wir warteten nicht auf die Identifizierung, und ich ritt davon und rief zurück: „Danke, meine Empfehlungen an General French, und sagen Sie ihm, dass seine Außenposten schlafen."

Das war zu viel für den „Tommy" und seine Freunde, die mit einer Salve Gewehrfeuer antworteten, das von der gesamten Linie der britischen Außenposten aufgenommen wurde. Es entstand jedoch kein Schaden, und wir ritten bald außer Reichweite. Ich gab die Suche nach General Grobler auf und traf am nächsten Morgen wieder auf meine Männer in Klipriversberg.

Es war gar nicht so einfach, die genaue Lage herauszufinden . Unsere Späher berichteten, dass der linke Flügel des Feindes, nachdem er General Groblers Stellung durchbrochen hatte, nun entlang Van Wijks Rust marschierte. Über den rechten Flügel konnte ich jedoch keine genauen Informationen erhalten, noch konnte ich den General ausfindig machen, dem ich mich unterstellen sollte. General Lemmer litt außerdem an einer akuten Nierenerkrankung, die ihn gezwungen hatte, sein Kommando an Kommandant Gravett abzugeben, der sich als ausgezeichneter Offizier erwiesen hatte.

General Grobler hatte die Mehrheit seiner Männer verloren, oder, was wahrscheinlicher war, sie hatten ihn verloren. Er erklärte, er habe nichts von General Bothas oder Herrn Krugers Plänen gewusst und es sei absurd, weiter zu fliehen, aber er fühlte sich offensichtlich nicht mehr in der Lage, weiter zu kämpfen, obwohl er nicht den moralischen Mut hatte, dies offen zu sagen. Von diesem Zeitpunkt an leistete dieser Gentleman seinem Land keinen weiteren Dienst und wurde kurz darauf entlassen. Der Leser kann sich nun eine Vorstellung von der enormen Veränderung machen, die unsere Truppen durchgemacht hatten. Sechs Monate zuvor waren sie fröhlich und heiter gewesen, überzeugt vom endgültigen Erfolg ihrer Sache; jetzt waren sie niedergeschlagen und in der schlechtesten Stimmung. Ich muss zugeben, dass unsere Offiziere darin keine Ausnahme waren.

Das waren dunkle Tage für uns. Jetzt begannen die wirklichen Kämpfe, und zwar unter den schwierigsten und bedrückendsten Umständen. Und ich glaube, wenn unsere Führer auch nur einen flüchtigen Blick auf die Schwierigkeiten und Härten gehabt hätten, die vor uns lagen, hätten sie nicht den Mut gehabt, den Kampf fortzusetzen.

Früh am nächsten Morgen (29. Mai 1900) erreichten wir Klipspruit und fanden dort mehrere andere Kommandos vor, die in erweiterter Formation bis hinauf nach Doornkop postiert waren.

Unter ihnen befand sich General De la Rey, der von der Westgrenze unserer Republik gekommen war, und General Snyman, den ich als den wahren Verteidiger und Befreier von Mafeking betrachte, da er Angst hatte, eine Garnison von 1.000 Mann mit der doppelten Zahl an Bürgern anzugreifen.

Bevor wir Zeit hatten, unsere Stellung richtig zu befestigen, wurden wir auf der rechten Flanke von General Frenchs Kavallerie angegriffen, während wir auf der linken Flanke einer starken gegnerischen Kavallerieeinheit standhalten mussten. Beide Angriffe wurden erfolgreich abgewehrt, ebenso wie ein dritter in der Mitte unserer Kampflinie.

Die Briten marschierten nun auf Doornkop, wobei ihr eigentliches Angriffsziel unser äußerster rechter Flügel war, aber sie führten auf unserer linken Seite eine Finte aus. Unsere Verteidigungslinie war sehr ausgedehnt und geschwächt durch den Abzug einer Gruppe von Männern, die nach Natal Spruit geschickt worden waren, um die andere feindliche Gruppe daran zu hindern, sich ihren Weg entlang der Eisenbahnlinie zu bahnen und uns den Rückzug nach Pretoria abzuschneiden.

Der Kampf dauerte bis zum Sonnenuntergang und war besonders heftig auf unserer rechten Seite, wo die Krugersdorpers standen. Am frühen Abend musste unser rechter Flügel einer überwältigenden Streitmacht weichen, und während der Nacht mussten alle Kommandos zurückweichen. Mein Kommando, das aus etwa 450 Mann hätte bestehen sollen, zählte während dieses Gefechts nur 65 Mann; unsere Verluste betrugen zwei Tote. Ich wurde auch leicht am Oberschenkel durch ein Granatsplitter verwundet, aber ich hatte keine Zeit, mich um solche Dinge zu kümmern, da wir uns in Eile zurückziehen mussten und die Wunde bald heilte.

Am nächsten Tag befanden sich unsere Truppen erneut auf dem Rückzug nach Pretoria, wo wir, wie ich begriff, verzweifelt Widerstand leisten mussten. Gegen sieben Uhr passierten wir Fordsburg, einen Vorort von Johannesburg.

Wir waren gewarnt worden, Johannesburg nicht zu betreten, da Dr. Krause, der mir das Kommando über die Stadt abgenommen hatte, sie bereits an Lord Roberts übergeben hatte, der sie möglicherweise beschießen würde, wenn er dort Kommandos vorfände. Unser größeres Verpflegungspersonal war nach Pretoria weitergezogen, aber wir brauchten mehrere Lebensmittel, und seltsamerweise wollte uns der Verpflegungsbeamte in Johannesburg nichts geben, aus Angst, Lord Roberts' Missfallen auf sich zu ziehen!

Ich war sehr wütend. Der Feind hatte die Stadt gar nicht in seiner Gewalt und deshalb hätte man mich in dieser Angelegenheit zu Rate ziehen müssen. Doch diese verantwortungslosen Beamten weigerten sich sogar, uns das Nötigste zum Leben zu geben.

Zu dieser Zeit gab es eine starke Bewegung, die wichtigsten Minen um Johannesburg zu sprengen, und ein verantwortungsloser junger Mann namens Antonie Kock hatte sich an die Spitze einer Konföderation gestellt, die dieses Ziel verfolgte. Aber dank der ausdrücklichen Befehle von General L. Botha, die von Dr. Krause gewissenhaft ausgeführt wurden, konnte Kocks Plan glücklicherweise vereitelt werden, und ich stimme Botha voll und ganz zu, dass es höchst unklug gewesen wäre, diese Zerstörung zuzulassen. Ich wünschte mir jedoch später oft, die britischen Militärbehörden hätten ebenso viel Rücksicht auf unser Eigentum genommen.

Wir brauchten auf jeden Fall etwas zu essen, und da der Beamte zögerte, uns zu versorgen, bedienten wir uns aus den Regierungsvorräten und machten uns auf den Weg in die Hauptstadt. Die Straßen nach Pretoria waren voll mit Männern, Waffen und Fahrzeugen aller Art, und Niedergeschlagenheit und Verzweiflung waren auf jedem menschlichen Gesicht deutlich zu erkennen.

Fünfzehntes Kapitel.

BESETZUNG VON PRETORIA.

Der Feind nutzte unsere Verwirrung natürlich aus, um uns noch stärker zu verfolgen. Die Aussichten, die sich uns boten, waren traurig, und wir fragten uns: „Wie wird das alles enden und was wird aus unserem armen Volk? Werden wir den Kampf verlängern können, und wie lange?"

Unseren Feinden schien jedoch keine Verlängerung des Kampfes in den Sinn gekommen zu sein. Sie dachten offensichtlich, der Krieg sei nun in seiner letzten Phase angelangt, und sie waren ebenso begeistert wie wir niedergeschlagen waren. Sie sorgten dafür, dass die Buren vollständig besiegt und ihrem Widerstand wirksam ein Ende bereitet wurde. Zu diesem Zeitpunkt schrieb Conan Doyle, nachdem er darauf hingewiesen hatte, welche herrliche Freiheit und welcher Fortschritt den Buren unter der britischen Flagge zuteil werden würden:

„Wenn sie das erfahren, kann es sein, dass sie ab jenem 5. Juni, an dem das Symbol ihrer Nation für immer von den Flaggen der Welt verschwand, ein glücklicheres Leben und größere Freiheit führen werden."

So verkündete nicht nur Lord Roberts der Welt, dass „der Krieg nun praktisch vorbei sei", sondern Conan Doyle zögerte nicht, dasselbe in noch eloquenterem Stil zu sagen.

Wie England die Entschlossenheit der Buren völlig unterschätzt hat, haben die nachfolgenden Ereignisse deutlich gezeigt. Es ist ebenso klar, dass wir selbst die Stärke unserer Entschlossenheit nicht kannten, wenn man den Pessimismus und die Verzweiflung berücksichtigt, die uns in diesen dunklen Tagen niederdrückten. Und als der Union Jack über unseren Regierungsgebäuden wehte, hätten wir ausrufen können: „England, wir kennen unsere Stärke nicht, aber ihr kennt sie noch weniger!"

Fast alle Kommandos befanden sich nun in der Nähe von Pretoria. General Botha bildete eine Nachhut, und wir beschlossen, die Hauptstadt so gut wie möglich zu verteidigen. Doch zu diesem Zeitpunkt soll ein Burenoffizier eine Mitteilung von der Regierung erhalten haben, in der uns mitgeteilt wurde, dass man sich entschieden habe, die Stadt nicht zu verteidigen. Ein Radfahrer überbrachte diese Mitteilung an die verschiedenen Kommandos, doch der Generalkommandant schien nichts davon zu wissen, und wir versuchten vergeblich, ihn zu finden, um herauszufinden, was seine Pläne waren. Natürlich herrschte größte Verwirrung, und da alle Generäle unterschiedliche Befehle gaben, wusste niemand, was geschehen würde. Ich glaube, General Botha beabsichtigte, die Truppen um Pretoria herum zu konzentrieren und dort den siegreichen Streitkräften des Feindes Widerstand zu leisten, und wir waren alle davon ausgegangen, dass die Hauptstadt bis zum letzten Mann verteidigt werden würde; doch diese Mitteilung änderte die Lage erheblich. Kurz darauf trafen sich sämtliche burischen Offiziere auf dem Anwesen Irene in der Nähe von Pretoria zu einem Kriegsrat. Dort wurden sie darüber informiert, dass die Regierung die Stadt bereits aufgegeben hatte und nur ein paar „federleichte Patrioten" übrig geblieben waren, die die Stadt formell den Engländern übergaben.

Ich hielt diese Entscheidung für eine leichte Kapitulation für lächerlich und unerklärlich, und viele Offiziere schlossen sich mir an und verurteilten sie lautstark. Ich erinnere mich nicht genau an alles, was damals geschah, aber ich weiß, dass ein Telegramm des Generalkommandanten eintraf, in dem stand, dass eine Menschenmenge die Gebäude des Kommissariats in Pretoria aufgebrochen und geplündert hatte. Ein Adjutant wurde nach Pretoria geschickt, um Alarm zu schlagen, dass die Engländer in die Stadt einmarschierten, und dies hatte zur Folge, dass alle Plünderer aus der Stadt vertrieben wurden. Einige meiner eigenen Männer waren an diesen Rauboperationen beteiligt, und ich sah sie erst drei Tage später wieder.

Die Engländer näherten sich Pretoria sehr vorsichtig und richteten einige große Marinegeschütze auf unsere um die Stadt herum errichteten Forts, worauf wir eine Zeit lang mit unseren Geschützen vom „Randten" südwestlich der Stadt antworteten; aber unsere Offiziere waren nicht in der Lage, organisierten Widerstand zu leisten, und so fiel die Hauptstadt der Südafrikanischen Republik am 5. Juni 1900 ohne viel Aufhebens in die Hände des Feindes. Bloemfontein, die Hauptstadt des Oranje-Freistaats, hatte Monate zuvor das gleiche Schicksal erlitten, und Tausende von Freistaatlern hatten sich den Engländern ergeben, als sie von Bloemfontein nach Transvaal marschierten. Glücklicherweise waren Präsident Steyn und General De Wet im Freistaat jedoch noch hellwach, und Lord Roberts entdeckte sehr bald, dass seine langen Kommunikationswege ihm große Sorgen bereiteten. Die Kommandos wurden inzwischen neu organisiert; die vergrabenen Mausergewehre und die Munition wurden wieder ausgegraben, und bald wurde klar, dass der Oranje-Freistaat noch lange nicht erobert war.

Der Fall Pretorias war für den Feind tatsächlich nur ein Scheinsieg. Eine Reihe von Regierungsbeamten blieb dort zurück und ergab sich zusammen mit einer Reihe von Bürgern, unter diesen kleinmütigen Brüdern befanden sich sogar Mitglieder des Volksrats und Männer, die in der Geschichte der Republik eine herausragende Rolle gespielt hatten; während zur ewigen Schande für sie und ihre Rasse eine Reihe anderer Buren sofort in den englischen Dienst traten und fortan mit ihren Gewehren auf ihre eigenen Landsleute schossen und sie verstümmelten.

KAPITEL XVI.

SCHLACHT VON DONKERHOEK („DIAMOND HILL").

Unsere ersten und besten Positionen waren nun offensichtlich die Kopjes, die sich von Donkerhoek über Waterval und Wonderboompoort erstreckten. Diese Gebirgskette erstreckt sich etwa 12 Meilen östlich und nordöstlich von Pretoria, und unsere Positionen hier würden alle wichtigen Straßen nach Pietersburg, Middelburg sowie die Delagoa Bay-Eisenbahn abschneiden. Wir postierten uns daher entlang dieser Bergkette, wobei General De la Rey den rechten Flügel bildete, einige unserer anderen kämpfenden Generäle die Mitte besetzten, während Generalkommandant Botha selbst das Kommando über den linken Flügel übernahm.

Am 11. Juni 1900 rückte Lord Roberts mit einer Streitmacht von 28.000 bis 30.000 Mann und etwa 100 Kanonen an, um, wie es in den offiziellen Depeschen hieß, „die Buren aus der Umgebung von Pretoria zu vertreiben". Ihre rechten und linken Flanken bestanden aus Kavallerie, während die Mitte aus Infanterieregimentern bestand; ihre großen Kanonen waren in guten Positionen platziert und ihre Feldgeschütze waren gleichmäßig auf die verschiedenen Armeedivisionen verteilt.

Gegen Sonnenuntergang begannen sie, unsere gesamte 21 Kilometer lange Verteidigung unter Beschuss zu nehmen. Unsere Artillerie antwortete von allen Seiten mit hervorragenden Ergebnissen auf ihr Feuer, und als die Nacht hereinbrach, zog sich der Feind unter erheblichen Verlusten ein wenig zurück.

Am nächsten Tag wurde die Schlacht wieder aufgenommen. Der Feind versuchte, mit einer starken Flankenbewegung unsere rechte Seite zu umgehen, wurde jedoch vollständig zurückgeschlagen. Unterdessen hatte ich in Donkerpoort das Privileg, mehrere Stunden lang unbehelligt zu bleiben. Der Zweck dieser Aktion wurde bald klar. Ein kleiner, von zwei Pferden gezogener Karren mit einer weißen Fahne kam die Straße von Pretoria herunter. Aus ihm stiegen zwei Personen, die Herren Koos Smit, unser Eisenbahnkommissar, und Herr JF de Beer, Oberinspektor der Ämter, beide hohe Beamte der Südafrikanischen Republik. Ich rief sie aus der Ferne an.

„Halt, du kannst nicht vorbei. Was willst du?"

Smit sagte: „Ich möchte Botha und Präsident Kruger sprechen. Dr. Scholtz ist auch bei uns. Wir werden von Lord Roberts geschickt."

Ich antwortete Herrn Smit, dass Verräter nicht auf unser Grundstück gelassen würden und dass er dort bleiben müsse, wo er sei. Ich wandte mich an einige Bürger, die in der Nähe standen, und gab ihnen die Anweisung, die Kerle festzuhalten.

Nun begann Herr Smit, „klein zu singen", und fragte, totenbleich werdend, mit zitternder Stimme, ob es eine Möglichkeit gäbe, Botha zu sehen.

„Ihre Anfrage", antwortete ich, „wird weitergeleitet." Was auch geschah.

Eine Stunde verging, bevor General Botha seine Ankunft melden konnte. Inzwischen tobte die Schlacht weiter und eine ganze Menge Lyddit-Bomben flogen in unsere Richtung. Die „Weiße-Flagge-Anhänger" schienen sehr gespannt zu sein, ob der General noch lange auf sich warten ließe und ob ihre Flagge nicht an einer auffälligeren Stelle gehisst werden könnte. Die Bürger, die sie bewachten, wiesen jedoch darauf hin, dass die Bomben von ihren eigenen britischen Freunden stammten.

Nach einer Weile ritt General Botha heran. Er hieß die Delegation alles andere als herzlich willkommen.

Dr. Scholtz legte ein Stück Papier vor und sagte, Lord Roberts habe ihn geschickt, um nachzufragen, warum Botha auf weiterem unnötigen Blutvergießen bestehe, warum er nicht gekommen sei, um Frieden zu schließen und ähnliche Dinge.

Botha fragte, ob Scholtz einen offiziellen Brief oder ein offizielles Dokument des englischen Generals besitze, was der Doktor verneinte.

Smit schlug nun vor, ihm zu erlauben, Mr. Kruger zu sehen, doch Botha erklärte mit beträchtlichem Nachdruck: „Sehen Sie, Ihr Verhalten ist nichts weniger als abscheulich, und ich werde Ihnen nicht erlauben, Mr. Kruger zu sehen. Sie sind ein paar verachtenswerte Schurken, und was Dr. Scholtz betrifft, so sieht sein Zeugnis ziemlich zweifelhaft aus. Sie werden zurückgehen und Lord Roberts die folgende Nachricht überbringen:

"Das ist nicht das erste Mal, dass mir derartige Botschaften inoffiziell zugesandt werden; diese Annäherungsversuche wurden manchmal auch in beleidigender Form gemacht, aber immer ebenso inoffiziell. Ich muss meine Überraschung über derartige Taktiken eines Mannes in Lord Roberts' Position zum Ausdruck bringen. Seine Lordschaft mag denken, dass unser Land für uns verloren ist, aber ich werde trotzdem meine Pflicht ihm gegenüber erfüllen. Sie können mich dafür erschießen oder einsperren oder verbannen, aber meine Prinzipien und meinen Charakter können sie nicht angreifen."

Man konnte deutlich sehen, wie die von Gewissensbissen geplagten Boten unter dem Vorwurf zusammenzuckten. Kein weiteres Wort wurde gesagt, und das edle Trio machte auf dem Absatz kehrt und nahm seine weiße Fahne mit zurück nach Pretoria.

Ob Botha Recht hatte, als er diesen „Hände-Uppern" die Rückkehr erlaubte, ist eine Frage, die ich nicht diskutieren möchte, aber viele Bürger hatten ihre eigene Meinung dazu. Wenn sie jedoch von uns festgenommen und wegen Hochverrats erschossen worden wären, was hätten diejenigen nicht alles gesagt, die nicht zögerten, unsere eigenen untreuen Bürger zu uns zu schicken, um uns zur Kapitulation zu bewegen.

Ich kann nicht sagen, ob Lord Roberts persönlich für das Senden dieser Boten verantwortlich war, aber dass ein solches Vorgehen äußerst ungehörig war, kann niemand leugnen. Es war eine besonders ungeheuerliche Unverschämtheit seitens dieser Männer, JS Smit und JF de Beer, beide Bürger und hochrangige Beamte der südafrikanischen Republik. Sie hatten ihre Waffen niedergeworfen und einem Feind Treue geschworen und damit Hochverrat im wahrsten Sinne des Wortes begangen. Sie kamen nun durch die Kampflinien ihrer ehemaligen Kameraden, um von den Kommandeuren der republikanischen Armee zu erfahren, warum die ganze Nation ihrem Beispiel nicht folgte, warum sie ihre Freiheit und ihre Existenz als Volk nicht aufgeben und die verabscheuungswürdigste Tat begehen wollten, die die Menschheit je erlebt hat.

"Pretoria war in britischer Hand!" Als ob die Existenz unserer Nationalität in Pretoria begann und endete! Pretoria war schließlich nur ein Dorf, wo sich "Patrioten" vom Schlage Smits und de Beers jahrelang an Staatsgeldern gütlich getan hatten und durch fragwürdige Machenschaften ihre Taschen füllten und so dazu beitrugen, den Ruf einer jungen und virilen Nation zu schädigen.

Sie hatten nicht nur die Vorzüge eines hohen Staatsdienstes genossen, mit dem eine sagenhafte Vergütung verbunden war, sondern gehörten auch der burischen Aristokratie an, Mitgliedern ehrenhafter Familien, deren hohe Geburt und Qualitäten ihnen Vorrang vor Tausenden anderer Männer und das uneingeschränkte Vertrauen des Staatsoberhauptes gesichert hatten. Kein Wunder, dass diese Herren den Fall Pretorias als das Ende des Krieges betrachteten!

Der Kampf dauerte den ganzen Tag an; am heftigsten war er auf unserer linken Flanke, wo General French und seine Kavallerie immer wieder die Stellungen der Bürger von Ermelo und Bethel angriffen und jedes Mal unter schweren Verlusten zurückgeschlagen wurden. Einmal griffen die Lanzenreiter so tapfer an, dass es zu einem Nahkampf kam. Der Kommandant der Bürger von Bethel erzählte mir später, dass während des Angriffs sein Kafferndiener unter die Lanzenreiter geriet und ihnen zurief: „Hände hoch!" Der unbedarfte Eingeborene hatte so viel über „Hände hoch" und „Hands-Uppers" gehört, dass er dachte, die gesamte englische Sprache bestehe aus diesen beiden einfachen Wörtern, und als ein Lanzenreiter ihm „Hände hoch" zurief, wiederholte er „Hände hoch". Der britische Kavallerist stieß seine Lanze durch den Arm des Nigger und rief immer noch „Hände hoch", während der Schwarze zurückwich und ebenfalls lautstark „Hände hoch, Boss; Hände hoch!" schrie.

Als sein Herr ihn fragte, warum er so hartnäckig „Hände hoch" gerufen habe, obwohl er weglief, antwortete er: „Ach, Chef, ich höre jeden Tag Leute ‚Hände hoch' sagen. Jetzt glaube ich, das bedeutet Kaffer ‚Soebat' (betteln). Ich dachte, es hieße ‚Hör auf, bitte', aber je öfter ich ‚Hände hoch' rief, desto mehr stieß mich der englische Chef trotzdem mit seinem Assegai an."

Auf unserer rechten Seite hatte General De la Rey eine ebenso schwierige Position; auch hier unternahmen die Briten mehrere entschlossene Versuche, seine Flanke zu umgehen, wurden aber jedes Mal zurückgeschlagen. Einmal kam ihr Konvoi während eines Angriffs auf unserer rechten Seite unserer Position so nahe, dass unsere Artillerie und unsere Mauser sie so unter Beschuss nehmen konnten, dass die Maultiere, die die Karren zogen, wahllos durch das Veldt rasten und größte Verwirrung entstand. Britische Maultiere waren während des gesamten Krieges „burenfreundlich". Das Gelände war jedoch für unsere Operationen nicht günstig, und wir konnten das allgemeine Chaos nicht ausnutzen. Gegen Abend des zweiten Tages beging General Tobias Smuts einen unverzeihlichen Fehler, indem er mit seinen Kommandos zurückwich. Der Rückzug war nicht notwendig, aber er zeigte den Briten, dass es eine Schwachstelle in unserem Waffenarsenal gab. Tatsächlich wurde am nächsten Tag der Angriff mit aller Macht auf diesen Punkt durchgeführt. Die Briten hatten in der Zwischenzeit weiterhin Verstärkungen, sowohl Männer als auch Waffen, nachgeschickt.

Gegen zwei Uhr nachmittags forderte Smuts dringend Verstärkung an, und ich wurde vom Generalkommandanten angewiesen, zu seiner Stellung zu gehen. Ein Ritt von anderthalb Meilen brachte uns in die Nähe von Smuts; unsere Pferde wurden hinter ein „Randje" gestellt, während die Kugeln und Granaten des Feindes in der Zwischenzeit über ihre Köpfe hinwegflogen, ohne großen Schaden anzurichten. Dann eilten wir zu Fuß zur Kampflinie, aber bevor wir die Stellung erreichen konnten, hatten General Smuts und seine Bürger sie verlassen. Zuerst war ich ziemlich im Dunkeln, was das alles zu bedeuten hatte, bis wir entdeckten, dass die Briten Smuts' Stellung erobert hatten und von dort aus auf uns schossen. Wir ließen uns hinter den nächsten „Klips" flach nieder und erwiderten das Feuer, waren aber im Nachteil, da die Briten über uns waren. Ich habe nie erfahren, wohin General Smuts und seine Bürger schließlich gelangten. Auf unserer linken Seite hatten wir Kommandant Kemp mit den Krugersdorpers; auf der rechten Seite Feldkornett Koen Brits. Die Briten versuchten abwechselnd, zwischen einem meiner Nachbarn und mir durchzukommen, aber trotz ihres heftigen Ansturms gelang es uns jedes Mal, sie zurückzuschlagen. Wir konnten jedoch nur bis zum Einbruch der Dunkelheit durchhalten. Dann wurde befohlen, alle unsere Karren und anderen Transportmittel zu „verspannen", da sich alle Kommandos zurückziehen mussten.

Ich kenne das Ausmaß der britischen Verluste bei diesem Gefecht nicht. Mein Freund Conan Doyle sagt klugerweise nichts darüber, aber wir wussten, dass sie wirklich sehr schwer gelitten hatten. Unsere Verluste waren nicht schwer; aber wir mussten den Tod des tapferen Feldkornetts Roelf Jansen und einiger anderer tapferer Bürger bedauern. Dr. Doyle sagt über das Gefecht:

„Der zwei Tage andauernde Kampf (Diamond Hill) zeigte, dass in der Bürgerschaft noch genügend Kampfgeist steckte. Lord Roberts hatte sie nicht in die Flucht geschlagen" usw.

Damit endete die Schlacht von Donkerhoek und am nächsten Tag zogen sich unsere Kommandos nach Norden zurück.

KAPITEL XVII.

ICH WERDE GENERAL.

Bei unserem Rückzug nach Norden verfolgten uns die Engländer nicht. Sie begnügten sich damit, die Stellung zu befestigen, die wir zwischen Donkerhoek und Wonderboompoort geräumt hatten. In der Zwischenzeit marschierten unsere Kommandos entlang der Delagoa Bay Railway, bis wir den Bahnhof Balmoral erreichten, während andere kleine Divisionen von uns in Rhenosterkop, nördlich von Bronkhorst Spruit, lagen.

Ich möchte anmerken, dass dieser allgemeine Rückzug einigen unserer schwächeren Brüder den Mut raubte. Hunderte von Buren ritten mit der weißen Flagge an den Läufen ihrer Mausergewehre nach Pretoria. In Pretoria gab es viele prominente Bürger, die die neuen Bedingungen bereitwillig akzeptiert hatten, und diese wurden von den Briten dazu benutzt, andere Buren in Reichweite durch allerlei fadenscheinige Versprechungen dazu zu bewegen, ihre Waffen niederzulegen. Viele weitere Buren aus den westlichen Distrikten kehrten stillschweigend in ihre Heimat zurück. Glücklicherweise liebt der Bur seine Mauser zu sehr, um sich von ihr zu trennen, außer unter Zwang, und obwohl die Mehrheit dieser westlichen Buren ihre Waffen abgab, behielten einige sie.

Sie behielten ihre Waffen, indem sie sie vergruben, und beruhigten den vertrauensseligen britischen Offizier, der für das Gebiet zuständig war, indem sie ihm einen rostigen und veralteten Martini-Henris oder eine ehrwürdige Donnerbüchse übergaben, die niemand mehr benutzt hatte, seit die Urahnen der Buren im Mittelalter während des ersten großen Trecks damit Löwen schossen. Die vergrabenen Mausergewehre waren später sehr nützlich.

Etwa zu dieser Zeit betrat General Buller die Republik von der Seite Natals aus und marschierte mit seinen Truppen durch die südlichen Distrikte Wakkerstroom, Standerton und Ermelo. Hunderte von Bürgern blieben auf ihren Bauernhöfen und übergaben ihre Waffen den Briten. In einigen Distrikten, zum Beispiel in Standerton, ergaben sich der Kommandant und zwei seiner drei Feldkornetts. So waren nicht nur einige Kommandos ohne Offiziere, sondern andere verschwanden ganz aus unserer Armee. Dennoch erschien im psychologischen Moment ein Joshua und rettete die Situation, wie zum Beispiel im Distrikt Standerton, wo britische Feldkornett-Assistenten eine hoffnungslose Hoffnung anführten und ein ganzes Kommando vor der Ausrottung retteten. Den größten Schaden richteten viele unserer Landdrosts an, die nach ihrer Kapitulation Nachrichten an Offiziere und Bürger schickten, in denen sie sie aufforderten, einzurücken.

Die Mehrheit unserer burischen Offiziere blieb jedoch ihrem Schwur treu. Da das Land teilweise von den Briten besetzt war, war es jedoch schwierig, mit dem Generalkommandanten oder der Regierung in Kontakt zu treten. Außerdem hinderte die allgemeine Demoralisierung viele Offiziere daran, ihre Autorität geltend zu machen.

Die inzwischen verstorbenen Generäle Sarel Oosthuizen und HL Lemmer wurden in den Norden von Pretoria geschickt, um die Bürger aus den westlichen Distrikten zu sammeln und ihre Kommandos allgemein zu rehabilitieren. Ihnen folgten der stellvertretende Kommandant General JH De la Rey und Staatsanwalt Smuts (unser Rechtsberater). Zu diesem Zeitpunkt übernahm General De la Rey tatsächlich den Oberbefehl über die westlichen Distrikte, der auf seinem Weg nach Norden eine englische Garnison in Selatsnek angriff und besiegte.

Die „Reorganisation" unserer dezimierten Kommandos verlief sehr gut; etwa 95 Prozent der kämpfenden Buren kehrten zurück und rasch wuchsen die Kommandos in den westlichen Bezirken auf etwa 7.000 Mann an.

Doch nur wenige Wochen nach seiner Ankunft im Distrikt West Krugersdorp wurde der arme, tapfere Sarel Oosthuizen in der Schlacht von Dwarsvlei schwer verwundet und erlag einige Zeit später seinen Verletzungen.

General H. Lemmer, ein vielversprechender Soldat, den wir kaum entbehren konnten, wurde bald darauf bei der Erstürmung von Lichtenburg unter General De la Rey getötet, ein Gefecht, bei dem wir keinen Erfolg hatten. Es war sehr schwierig, diese beiden tapferen Generäle zu ersetzen, deren Namen für immer in der Geschichte der Burenrepubliken weiterleben werden.

Es ist kaum nötig, die hervorragende Arbeit des stellvertretenden Generalkommandanten De la Rey in den westlichen Distrikten zu erwähnen. Generalkommandant Botha hatte in dieser Phase ebenfalls viel zu tun und war stark damit beschäftigt, seine Kommandos neu zu organisieren und die bedauerlichen Vakanzen zu füllen, die durch die Tode von Lemmer und Oosthuizen entstanden waren.

Ich habe bereits darauf hingewiesen, dass General De la Rey die restlichen Bürger aus den westlichen Bezirken mitgenommen hatte. Die folgenden Kommandos blieben uns nun: Krugersdorp und Germiston unter den damaligen Kommandanten J. Kemp und C. Gravett sowie die Polizei von Johannesburg mit einigen kleineren Kommandos unter den vier kämpfenden Generälen Douthwaith, Snyman (von Mafeking), Liebenberg und Du Toit. Die letzten vier Generäle wurden „nach Hause geschickt" und ihre Bürger sowie die von Krugersdorp, Germiston, Johannesburg, Boksburg und der berittenen Polizei wurden meinem Kommando unterstellt, während ich selbst zum General befördert wurde. Insgesamt hatte ich nun 1.200 Mann unter mir – eine sehr ansehnliche Truppe.

Ich kann kaum beschreiben, was ich empfand, als ich von meiner Beförderung auf eine so verantwortungsvolle Position hörte. Zum ersten Mal während des Krieges empfand ich eine Art Beklommenheit. Ich hatte alle möglichen Bedenken: Wie sollte ich die Interessen eines so großen Kommandos angemessen wahren können? Hatte ich das Recht dazu? Würden die Bürger zufrieden sein? Es war schön und gut zu sagen, dass sie zufrieden sein müssten, aber wenn sie Anzeichen von Unzufriedenheit gezeigt hätten, hätte ich mich zum Rücktritt verpflichtet gefühlt. Ich neige nicht dazu, Tatsachen zu ignorieren; sie sind harte Dinge. Was sollte aus mir werden, wenn ich meinen Rücktritt einreichen musste? Ich war eifrig und voreilig, wie die meisten jungen Offiziere, denn obwohl die Aussichten für unsere Sache nicht rosig waren und unsere Armee einige schwere Rückschläge erlitten hatte, hatte ich immer noch blindes Vertrauen in die Zukunft und vor allem in die Gerechtigkeit der Sache, für die wir kämpften. Und ich wusste außerdem, dass die Bürger, die uns jetzt noch geblieben waren, entschlossen und fest waren.

Mir blieb nur ein Weg: den Stier bei den Hörnern zu packen. Ich hielt es für meine Pflicht, alle Kommandos zu besuchen, die Bürger zusammenzurufen, ihnen meine Ernennung mitzuteilen, sie nach ihrer Meinung zu der Ernennung zu fragen und ihnen einige Einzelheiten über die neue Organisation mitzuteilen.

Ich ging zuerst zum Krugersdorp-Kommando. Alles lief gut, und die Bürger, aus denen die Truppe bestand, empfingen mich sehr herzlich. Es gab viele Fragen und Erklärungen; einer der Kommandanten war von meiner Ansprache so bewegt, dass er die Anwesenden bat, das Treffen mit dem Singen von Psalm 134, Vers 3 abzuschließen, wonach er seine Mitbürger in einer leidenschaftlichen Rede ermahnte, gehorsam und entschlossen zu sein.

Das Schlimmste war, dass er mich bat, zum Abschluss ein Gebet zu sprechen. Ich hatte das Gefühl, als hätte ich die Erde gern unter mir aufgehen lassen. Noch nie zuvor war ich in einer solchen Lage gewesen. Sich zu weigern, sich von dieser feierlichen Pflicht zu befreien, wäre fatal gewesen, denn von einem burischen General wird unter anderem erwartet, dass er alle religiösen Angelegenheiten leitet. Und nicht nur burische Generäle müssen dies tun, sondern alle untergeordneten Offiziere, und ein Offizier, der kein angemessenes Gebet sprechen kann, erhält im Allgemeinen den Hinweis, dass er seiner Position nicht würdig ist. In diesen Angelegenheiten werden die Bürger von den Pfarrern unterstützt.

Es ließ sich also nichts ändern; ich fühlte mich wie ein Fremder in Jerusalem und beschloss, so gut ich konnte, ein kleines Gebet vor mich hinzumurmeln.

Ich brauche nicht zu sagen, dass es kurz war, aber ich bezweifle sehr, dass es angemessen war, denn alle möglichen Gedanken gingen mir durch den Kopf und ich hatte das Gefühl, als würden alle Bienen dieser Welt um meine Ohren schwirren. Natürlich musste ich die Augen schließen; das wusste ich. Aber ich musste sie auch zusammenkneifen, denn ich wusste, dass mich alle beobachteten. Ich schloss die Augen ganz fest und bald darauf kam ein willkommenes „Amen".

Mein altes Kommando musste sich nun einen neuen Kommandanten suchen und ich musste mich in dieser Funktion von ihnen verabschieden. Ich war erfreut, dass die Offiziere und Soldaten es bedauerten, mich als Kommandanten zu verlieren, aber sie sagten, sie seien stolz auf die Auszeichnung, die mir zuteil wurde. Kommandant F. Pienaar, der meinen Platz einnahm, musste bald aufgrund einiger ziemlich schwerwiegender Unregelmäßigkeiten zurücktreten. Mein jüngerer Bruder, WJ Viljoen, der zum Zeitpunkt des Schreibens dieses Artikels, glaube ich, immer noch in dieser Position ist, ersetzte ihn.

Ende Juni marschierten meine Kommandos von Balmoral in die Nähe von Donkerhoek, um Kontakt mit den Briten aufzunehmen. Es kam nur zu einigen wenigen Gefechten an den Außenposten.

Meine Bürger nahmen ein halbes Dutzend Australier in der Nähe der Van der Merwe Station gefangen, und drei Tage später wurden drei Johannesburger in der Nähe von Pienaarspoort überrascht. Soweit wir wissen, waren die Donkerhoek Kopjes in der Hand von General Pole-Carew, und zu unserer Linken operierte General Hutton mit einer starken berittenen Truppe in der Nähe von Zwavelpoort und Tigerspoort. Wir hatten ein paar Tage lang heftige Kämpfe mit dieser Truppe und mussten Verstärkung von den Kommandos aus Middelburg und Boksburg anfordern.

Die Kampflinie hatte sich inzwischen weit ausgedehnt und war mindestens sechzig Meilen lang. Zu meiner Rechten hatte ich General D. Erasmus mit dem Pretoria-Kommando, und noch weiter rechts, näher an der Pietersburg-Eisenbahn, waren die Waterberg- und Zoutpansberg-Kommandos positioniert. General Pole-Carew versuchte mehrmals, uns mit seiner Kavallerie anzugreifen, musste sich aber jedes Mal zurückziehen. Generalkommandant Botha befahl uns schließlich, General Huttons Stellung anzugreifen, und mir wurde klar, was das bedeutete. Es würde der erste Kampf sein, den ich als kämpfender General leiten musste. Viel würde vom Ausgang abhängen, und mir war völlig klar, dass mein Einfluss und mein Ansehen bei den Bürgern in der Zukunft absolut auf dem Spiel standen.

General Huttons Hauptstreitmacht hatte in einem „Donk" ganz oben auf dem Randt gelagert, fast gleich weit entfernt von Tigerspoort, Zwavelpoort und Bapsfontein. Sein Lager war von einer weiteren Kette vollständig besetzter und befestigter „Randten" umgeben, und uns wurde bald klar, was für ein großer und verschanzter Landstrich das war. Der Generalkommandant sollte in Begleitung der französischen, niederländischen, amerikanischen und russischen Attachés den Angriff von einem hohen Punkt aus verfolgen und über einen Heliographen mit mir in Verbindung bleiben, sodass Botha den Verlauf der Schlacht genau verfolgen und bei Bedarf Anweisungen senden konnte.

In der Nacht des 13. Juli marschierten wir in folgender Reihenfolge: Auf der rechten Seite waren die Kommandos Johannesburg und Germiston, in der Mitte die Kommandos Krugersdorp und Johannesburg Police und auf der linken Seite die Kommandos Boksburg und Middelburg. Bei Tagesanbruch befahl ich einen allgemeinen Sturm auf die feindlichen Verschanzungen. Ich platzierte ein Krupp-Geschütz und eine Creusot auf der linken Flanke, ein weiteres Krupp-Geschütz und einige Pom-Poms auf der rechten, während ich in der Mitte ein englisches 15-Pfünder-Geschütz (eine Armstrong) aufgestellt hatte. Mehrere Stellungen wurden im Sturm erobert, ohne dass es zu nennenswerten oder gar keinen Kämpfen kam. Es war meine rechte Flanke, die auf den einzigen hartnäckigen Widerstand von einem stark befestigten Punkt stieß, der von einer Kompanie Australier besetzt war.

Bald darauf hatten wir diese Stellung in unseren Händen und machten 32 Gefangene, darunter einen Hauptmann und einen Leutnant. Als Kommandant Gravett die ersten Schützengräben eingenommen hatte, stießen wir in einer Stellung, die von den irischen Füsilieren verteidigt wurde, die mit großer Entschlossenheit kämpften, auf hartnäckigen Widerstand. Unsere Bürger stürmten direkt in die Schützengräben, und es kam zu einem Nahkampf. Die Gewehrkolben wurden nach Belieben eingesetzt und Felsbrocken umhergeworfen. Wir machten einige Gefangene und erbeuteten eine Pom-Pom, die wir zu meinem großen Bedauern aufgeben mussten, als Verstärkungen mit Gewehren auf den Feind zukamen, wobei wir fünf Mann verloren. In der Zwischenzeit war es den Krugersdorpers und der Johannesburg Police gelungen, andere Stellungen zu besetzen und mehrere Gefangene zu machen, während ein halbes Dutzend Tote und Verwundete auf dem Schlachtfeld zurückblieben.

Das Gelände war so ungeschützt, dass mein linker Flügel die Hauptstreitmacht des Feindes nicht stürmen konnte, insbesondere da seine Außenposten unseren Marsch vor Sonnenaufgang bemerkt und eine Batterie Geschütze herangezogen hatten, und auf diesem flachen Feld hätte ein Angriff zu viele Menschenleben gekostet.

Wir schossen mehrere Granaten in das Lager des Feindes und wenn wir näher herangekommen wären, wäre er sicherlich zur Flucht gezwungen gewesen.

Als es dunkel wurde, zogen wir uns mit einem Verlust von zwei Toten und sieben Verwundeten zu unserem Stützpunkt zurück; 45 Gefangene und 20 Pferde mit Sätteln und Ausrüstung zeugten davon, dass wir dem Feind schwere Verluste zugefügt hatten. Soweit ich weiß, war der Generalkommandant mit meiner Arbeit zufrieden. Am Tag nach dem Kampf traf ich einen Attaché. Er sprach Französisch, eine Sprache, die ich nicht beherrsche. Mein gallischer Freund versuchte dann, auf Englisch zu kommunizieren und gratulierte mir in den folgenden Worten zum Ergebnis des Kampfes: „Ich gratuliere Ihnen sehr, le Général ; wir halten Sie für einen guten Kriegsmann." Es war das erste Mal, dass ich nach Meinung von irgendjemandem so groß war wie ein Schlachtschiff; aber ich nehme an, seine Absichten waren gut genug.

Einige Tage später schickte Lord Roberts trotz Bothas heftiger Proteste hundert Frauen und Kinder die Strecke entlang zur Van der Merwe Station. Es fiel mir zu, diese Unglücklichen aufzunehmen und sie mit der Bahn nach Barberton weiterzuschicken, wo sie ein Zuhause finden konnten. Ich werde nicht auf eine Frage eingehen, die noch *anhängig ist*; ebenso wenig ist es meine gegenwärtige Absicht, die Gerechtigkeit und Ungerechtigkeit der gegen uns angewandten Kriegsmethoden zu diskutieren. Das überlasse ich fähigeren Männern. Ich möchte nur hinzufügen, dass diese Waisen sich in einer bemitleidenswerten Lage befanden, da sie aus ihren Häusern vertrieben und praktisch ihres gesamten Besitzes beraubt worden waren.

Gegen Ende Juli marschierte Carrington mit seinen Truppen nach Rustenburg und von dort an Wonderboompoort vorbei, während eine andere Truppe von Olifantsfontein in Richtung Witbank Station vorrückte. Wir wurden daher von beiden Seiten bedroht und mussten uns nach Machadodorp zurückziehen.

KAPITEL XVIII.

UNSER LAGER IST AUSGEBRANNT.

Anfang August zogen sich meine Kommandos nach Machadodorp zurück. Die von Erasmus und Grobler blieben vorerst dort, bis letzterer aus irgendeinem Grund entlassen und durch Rechtsanwalt Beyers ersetzt wurde. General Erasmus erlitt noch schlimmere Verluste, denn er wurde wegen mangelnder Aktivität seines Generalsrangs enthoben und zum Kommandanten degradiert.

Unser Rückzug nach Machadodorp ähnelte sehr früheren Erfahrungen dieser Art; wir mussten ständig damit rechnen, durch Flankenangriffe von der Eisenbahnlinie abgeschnitten zu werden, und das mussten wir verhindern, weil wir eines unserer großen Geschütze in einem gepanzerten Eisenbahnwaggon auf den Schienen platziert hatten. Der Feind achtete darauf, sich außerhalb der Schussweite zu halten, und das große Geschütz war ein Truppenelement, dessen Verlust wir uns nicht leisten konnten. Außerdem bewegte sich unsere Regierung jetzt auf der Eisenbahnlinie in der Nähe von Machadodorp, und wir mussten den Feind um jeden Preis davon abhalten, uns einen Schritt voraus zu sein. Sowohl am Bahnhof Witbank als auch in der Nähe der Bahnhöfe Middelburg und Pan kam es zu Scharmützeln, die jedoch nicht wichtig genug waren, um sie im Detail zu beschreiben.

Nach mehreren erfolglosen Versuchen gelang es der Burenartillerie schließlich, die große Kanone ohne Plattform abzufeuern. Es war jedoch eine mühsame Arbeit, da „Long Tom" außerordentlich schwer war und man normalerweise zwanzig Männer brauchte, um es zu bedienen. Die Mündung wurde mithilfe einer Seilwinde vom „Kastion" angehoben und diese weggenommen; erst dann konnte der Schütze die Reichweite richtig bestimmen. Die Lafette mit Vakuumsaugvorrichtung musste gut im harten Boden verankert werden, um einen Rückstoß zu verhindern.

Der Feind schickte wiederholt berittene Trupps los, um dieses Geschütz einzunehmen, worauf es zu heftigen Kämpfen kam.

KÄMPFE MIT GENERAL HUTTON BEI OLIFANTSFONTEIN.

Eines Tages, als wir mit der „Long Tom" manövrierten, brach das Veld in Flammen aus, und der Wind trieb sie wie einen Blitz in unsere Richtung. In der Nähe der Kanone befanden sich einige Ladungen Granaten und Schießpulver, und wir mussten alle Hände voll zu tun haben, um sie zu retten. Während wir dies taten, feuerte der Feind aus etwa 3.000 Metern Entfernung zwei Pompons auf uns ab, was uns sehr missfiel.

Da mein Kommando eine Art Zentrum für den Rest bildete, befand sich Generalkommandant Botha in der Regel in unserer unmittelbaren Nachbarschaft, was meine Aufgabe wesentlich erleichterte. Unser Generalissimus übernahm bei Bedarf mehrmals persönlich das Kommando und unterstützte uns auf jede mögliche Weise.

Der Feind verfolgte uns bis zur Station Wonderfontein (der ersten Station südwestlich von Belfast), etwa 24 Kilometer von Dalmanutha oder Bergendal entfernt, und wartete dort auf die Ankunft von Bullers Armee von der Grenze bei Natal.

Wir besetzten den „Randten" zwischen Belfast und Machadodorp und warteten auf die Ereignisse. Während wir uns dort ausruhten, schickte uns Lord Roberts 250 Familien aus Pretoria und Johannesburg in offenen Lastwagen, trotz des bitterkalten Wetters und der ständigen Wind- und Schneeböen. Man kann sich den beklagenswerten Zustand vorstellen, in dem wir diese Frauen und Kinder vorfanden.

Doch trotz all dieses Elends fanden wir sie voller Enthusiasmus, besonders als die Lastwagen, in denen sie weitergeschickt werden mussten, mit Transvaal- und Freistaatsflaggen bedeckt waren. Sie sangen unsere Nationalhymne, als hätten sie keine Sorgen auf der Welt.

Viele Bürger fanden ihre Familien unter diesen Verbannten, und es kam zu herzzerreißenden Szenen. Glücklicherweise war die Eisenbahn nach Barberton noch in unserem Besitz, und in Belfast wurden die Familien von den britischen Behörden übernommen und direkt nach Barberton geschickt. Während dies unter meiner Leitung in der Nähe von Belfast geschah, kam die unangenehme Nachricht, dass unser Lager durch einen Grasbrand völlig zerstört worden war.

Der Generalkommandant und ich hatten unser Lager in der Nähe der Dalmanutha-Station aufgeschlagen. Es bestand aus zwölf Zelten und sechs Karren. Dies war Bothas Hauptquartier sowie das seines und meines Stabes. Als wir in dieser Nacht an den Ort kamen, fanden wir alles verbrannt vor, bis auf die Eisenreifen der Wagenräder, so dass wir nur noch die Kleidung hatten, die wir anhatten. Alle meine Notizen waren zerstört, ebenso wie andere wertvolle Dokumente. Ich war also der wenigen unverzichtbaren Dinge beraubt, die mir noch geblieben waren, denn in Elandslaagte war auch mein „Kit" in die Hände der Briten gefallen. Das Gras war von einem Kaffer in Windrichtung des Lagers in Brand gesteckt worden. Der Wind hatte alles in kürzester Zeit in ein Meer aus Feuer verwandelt, und die Versuche, die Flammen auszutreten, waren vergebens gewesen. Ein Mann gab uns einen Karren, ein anderer ein Zelt; und da der Hafen in der Bucht von Delagoa noch offen war (obwohl die Portugiesen uns gegenüber nach den jüngsten britischen Siegen alles andere als freundlich geworden waren), gelang es uns, die dringenderen Dinge zu besorgen, die wir brauchten. Innerhalb weniger Tage hatten wir in der Nähe des Hauptquartiers eine Art kleines Lager errichtet.

Wir hatten zu dieser Zeit viel zu tun – Festungen zu bauen und Schützengräben für die Kanonen auszuheben. Das hätte natürlich schon erledigt werden müssen, als wir noch in Donkerhoek waren, und zwar von Offizieren, die der Generalkommandant zu diesem Zweck nach Machadodorp geschickt hatte. Wir hatten Festungen für unsere „Long Toms" gebaut, die hinter einem Rand so gut verborgen waren, dass der Feind sie nicht entdeckt hätte, obwohl ein Tunnel nötig gewesen wäre, um sie zum Beschuss des Feindes nutzen zu können. Wir mussten uns also wieder an die Arbeit machen und die alten Schützengräben wurden aufgegeben. Die Löcher werden unsere Nachkommen übrigens vielleicht überraschen, da sie ein Beweis für die großartigen architektonischen Fähigkeiten ihrer Vorfahren sind.

Neunzehntes Kapitel.

SCHLACHT VON BERGENDAL (MACHADODORP).

Kommen wir zum 21. August 1900. Bullers Armee hatte sich zu diesem Zeitpunkt mit der Armee von Lord Roberts zwischen Wonderfontein und dem Komati River vereinigt. Die Kommandos unter den Generälen Piet Viljoen und Joachim Fourie hatten sich uns angeschlossen und eine Position auf unserer linken Seite eingenommen, von Rooikraal bis zur Komati Bridge. Die Zahl der Feinde wurde auf 60.000 geschätzt, mit etwa 130 Kanonen, darunter zwölf 4,7-Schiffskanonen, zusätzlich zu den notwendigen Maxims.

Wir hatten höchstens 4.000 Mann mit sechs Maxims und etwa dreizehn Kanonen verschiedener Größen. Unser äußerster linker Flügel wurde zuerst vom Feind angegriffen, als dieser etwas östlich gelegen Belfast und Monument Hill einnahm und damit unsere gesamten Kampflinien bedrohte. Meine Kommandos waren rechts und links der Eisenbahn und teilweise um Monument Hill herum stationiert. Den ganzen Tag über hatten zwischen meinen Bürgern und den Außenposten des Feindes in Abständen Kämpfe stattgefunden. Die Kämpfe auf unserem linken Flügel dauerten bis in den späten Nachmittag, als der Feind mit schweren Verlusten zurückgeschlagen wurde; während eine Kompanie Infanterie, die während der Kämpfe aufgrund eines Missverständnisses oder dergleichen zu weit vorgedrungen war, von den Bürgern von Bethel abgeschnitten und gefangen genommen wurde.

Am nächsten Morgen wurde der Angriff erneuert, wobei mehrere Stellungen nacheinander angegriffen wurden, während das Feuer ununterbrochen weiterging. General Duller kommandierte die rechte Flanke des Feindes und General French die linke. Wir konnten allen Angriffen standhalten und die Schlacht dauerte sechs Tage ohne entscheidendes Ergebnis. Der Feind hatte versucht, durch fast jeden Schwachpunkt unserer Kampflinie zu brechen und fand heraus, dass der Schlüssel zu all unseren Stellungen in einem markanten „Randje" rechts der Eisenbahnlinie lag. Dieser Punkt wurde von unserer tapferen Johannesburger Polizei verteidigt, während sich rechts die Krugersdorpers und Johannesburger und links die Bürger aus Germiston befanden. So hatten wir sechs lange Tage lang einen weiteren „Spion Kop"-Kampf. Die Buren hielten entschlossen ihre Stellung und viele Angriffe wurden von den Bürgern mit großer Tapferkeit zurückgeschlagen. Aber die Engländer ließen sich durch den Verlust vieler tapferer Soldaten und das Versagen, die Buren von den „Klip-Kopjes" zu vertreiben, nicht entmutigen. Ihre Entschlossenheit war bewundernswert, doch sie wurden durch eine überlegene Streitmacht an Soldaten und Artillerie unterstützt.

Am Morgen des 27. August war der Feind offensichtlich entschlossen, seine Hauptmacht auf dieses „Randje" zu konzentrieren. Marinegeschütze beschossen es aus verschiedenen Richtungen, während Batterien von Feldgeschützen unaufhörlich darauf feuerten. Das „Randje" war von einer Wolke aus Rauch und Staub eingehüllt. Die britische Infanterie griff im Schutz der Geschütze an, aber die Polizei und die Bürger leisteten tapferen Widerstand. Das Kanonendonner ging ohne Unterbrechung weiter, und der Sturm wurde von Regiment zu Regiment wiederholt. Unser tapferer Leutnant Pohlman wurde bei dieser Aktion getötet, und Kommandant Philip Oosthuizen wurde verwundet, als er an der Spitze seiner Bürger tapfer gegen eine überwältigende Übermacht kämpfte. Eine Stunde vor Sonnenuntergang fiel die Stellung in die Hände des Feindes. Unsere Verluste waren hoch – zwei Offiziere, 18 Männer getötet oder verwundet und 20 vermisst.

Damit endete einer der heftigsten Kämpfe des Krieges. Mit Ausnahme der Schlacht von Vaalkrantz (am Tugela) waren unsere Kommandos dem schwersten und hartnäckigsten Bombardement ausgesetzt, das sie je erlebt hatten. Indem wir von allen Seiten ununterbrochenes Gewehrfeuer auf das verlorene „Randje" richteten, hielten wir den Feind auf Trab und hinderten ihn daran, an diesem Abend noch weiter vorzudringen.

Schließlich kam der endgültige Befehl, dass sich alle über Machadodorp zurückziehen sollten.

KAPITEL XX.

Nach der Schlacht von Bergendal gab es einen weiteren Rückzug. Unsere Regierung, die von Machadodorp zur Station Waterval geflohen war, hatte nun Nelspruit erreicht, drei Stationen weiter die Linie hinunter, immer noch „betreut", soll ich sagen, von einer Gruppe burischer Beamter und Mitglieder des Volksraads, die den Schutz von Herrn Krugers flüchtigen Röcken jedem aktiven Kampf vorzogen. Um diese Gruppe herum hielten sich auch ein halbes Dutzend Hebräer von äußerst fragwürdigem Charakter auf, von denen einer einen Vertrag für den Schmuggel von Kleidung aus der Delagoa-Bucht abgeschlossen hatte; und ein anderer, der die Kommandos mit Kaffee und Zucker belieferte. In der Regel verdiente der eine oder andere Beamte eine nette kleine Provision an diesen Transaktionen, und viele Bürger und Offiziere drückten ihr Missfallen und ihren Ekel über diese Angelegenheiten aus; aber so war es und so blieb es. In derselben Nacht marschierten wir von Machadodorp nach Helvetia, wo wir Halt machten, während ein Kommando damit beauftragt wurde, die Eisenbahn in Waterval Boven zu bewachen.

Am nächsten Morgen stieg eine große Staubwolke auf. „ De Engelse kom " (die Engländer kommen) war der Ruf. Und sie kamen, in überwältigender Zahl. Wir feuerten unsere Kanonen auf ihre Vorhut ab, die Machadodorp bereits passiert hatte: aber die britische Hauptmacht blieb den ganzen Tag dort, und es kam zu einem kleinen, bedeutungslosen Gefecht vor den Vorposten.

Ein Teil der britischen Streitkräfte schien von Belfast über Dullstroom nach Lydenburg vorzudringen, wobei dieser Angriff nur schwachen Widerstand erfuhr. Unsere Kommandos wurden nun vom Generalkommandanten aufgeteilt, der mit seiner eigenen Abteilung einen Weg über die Crocodile River-Brücke einschlug, die von einer starken Truppe Bullers verfolgt wurde.

Ich wurde angewiesen, unter Führung einer Reihe helvetischer Bürger den Berg hinabzusteigen, um zu versuchen, die Eisenbahn zu erreichen, die ich um jeden Preis verteidigen sollte. General Smuts ging mit dem Rest unserer Männer weiter nach Süden in Richtung der Straße, die nach Barberton führte. Früh am nächsten Morgen wurden wir angegriffen und mussten erneut zurückweichen. In dieser Nacht blieben wir in Nooitgedacht.

Die Stellung der Buren in und nahe Nooitgedacht war einzigartig. Hier gab es ein großes Lager, in dem 2.000 englische Kriegsgefangene eingesperrt waren, aber in der Verwirrung war die Mehrheit ihrer burischen Wachen nach Nelspruit geflohen. Ich fand nur noch 15 mit Martini-Henry-Gewehren bewaffnete Bürger vor, die sich um die 2.000 Gefangenen kümmern konnten. Wäre „Tommy" nicht ein so hilfloser Mensch, wenn er niemanden hat, der ihm Befehle erteilt und für ihn denkt, hätten diese 2.000 Männer eine große Gefahr für uns darstellen können, wenn sie den Verstand gehabt hätten, ihre fünfzehn Wächter zu entwaffnen (und was hinderte sie daran?) und die Eisenbahn zu zerstören. Sie hätten nicht nur meinem Kommando Proviant und Munition entreißen, sondern auch einen „Long Tom" erbeuten können. Außerdem lagen in der Station große Mengen an Lebensmitteln, Gewehren und Munition herum , die anscheinend niemand zur Kenntnis nahm. Von den vielen Beamten, die der flüchtigen Regierung so treu zur Seite standen, machte sich nicht einer die Mühe, auf diese Vorräte und Munition aufzupassen.

Als ich ankam, telegrafierte ich an die Regierung und fragte, was mit den britischen Kriegsgefangenen geschehen solle. Die Antwort lautete: „Sie lassen sie lieber dort, wo sie sind, bis der Feind Sie zur Evakuierung zwingt. Dann lassen Sie ihnen reichlich Nahrung zurück."

Dies bedeutete, dass mehr DSOs oder VCs ausgegeben werden würden, denn die ersten „Tommies", die im Gefangenenlager ankamen, würden als Befreier gefeiert werden und der Hälfte von ihnen waren Auszeichnungen sicher.

Ich war auch äußerst unzufrieden mit der Unterbringung der Gefangenen, und das wäre jedem Offizier unserer Kampftruppe genauso ergangen, wenn er ihren Zustand und ihre Unterbringung gesehen hätte. Aber diejenigen, die nie an einem Kampf teilgenommen und nur die „heldenhafte" Pflicht erfüllt hatten, Kriegsgefangene *zu bewachen , wussten nicht, was Menschlichkeit für einen Feind bedeutete, der ihnen in die Hände gefallen war.*

Was sollte ich also tun?

Den Befehlen der Regierung zu widerstehen, war unmöglich. Ich beschloss daher, den Gefangenen mitzuteilen, dass es „aus militärischen Gründen" unmöglich sei, sie länger in Gewahrsam zu halten.

Am nächsten Morgen musterte ich sie vor dem Lager, und man sagte ihnen, dass sie keine Kriegsgefangenen mehr seien, worüber sie sehr erstaunt zu sein schienen. Ich musste zu einigen von ihnen gehen und förmlich mit ihnen sprechen; sie konnten kaum glauben, dass sie freie Männer waren und zu ihren eigenen Leuten zurückkehren konnten. Es war wirklich schön, sie jubeln zu hören und zu sehen, wie erfreut sie waren. Eine große Menge von ihnen bedrängte mich geradezu, ihnen die Hand zu schütteln, und rief: „Danke, Sir; Gott segne Sie, Sir." Einer ihrer ranghöheren Offiziere wurde angewiesen, sich um sie zu kümmern, während eine weiße Fahnenbotschaft an General Pole-Carew geschickt wurde, um diese feinen Kerle in die Freiheit zurückzuholen und einen Krankenwagen für die Kranken und Verwundeten zu schicken. Meinem Boten gelang es jedoch nicht, den Brief zuzustellen, da die Späher der britischen Vorhut extrem betrunken waren und auf ihn schossen; so dass die Kriegsgefangenen hinausgehen und sich vorstellen mussten. Ich glaube, sie waren gezwungen, ihre eigenen Späher zu überwältigen.

Zehn Tage später kamen ein englischer Arzt und ein Leutnant des 17. Lancers-Regiments zu uns und brachten ein Maultier mit, das mit medizinischen Geräten und Lebensmitteln beladen war. Dem englischen Arzt, Dr. Ailward, gelang es außerdem, ohne meine ausdrückliche Erlaubnis durch unsere Linien zu gelangen.

Am nächsten Morgen begleitete ich einen Krankenwagenzug, um die verwundeten Briten zum britischen Agenten in der Delagoa Bay zu bringen. Außerhalb von Nooitgedacht traf ich vier Militärärzte mit einem Feldkrankenwagen.

„Gehört dieser Beamte zum Roten Kreuz?", fragte ich.

„Nein", lautete die Antwort, „er ist nur ganz inoffiziell als sympathischer Freund bei uns."

„Ich bedauere", sagte ich, „dass ich das nicht zulassen kann. Sie sind ohne meine Erlaubnis durch unsere Linien gekommen. Dieser Offizier ist zweifellos ein Spion."

Ich habe sofort ein Telegramm mit der Bitte um Anweisungen gesendet, die, als ich sie erhielt, wie folgt lauteten: „Aus Protest gegen die Aktion der englischen Offiziere, die drei unserer Krankenwagen angehalten haben, und da dieser Offizier unsere Linien ohne Erlaubnis durchquert hat, müssen Sie den Krankenwagen anhalten und die Ärzte und ihr Personal sowie die Verwundeten nach Lourenco Marques schicken."

Die Ärzte waren sehr verärgert und protestierten heftig gegen den Befehl, der jedoch unwiderruflich war. Und so wurde die gesamte Gruppe, einschließlich des Arztes der Lancers, noch am selben Tag nach Lourenco Marques geschickt. Der nächste englische General wurde über den gesamten Vorfall informiert und schickte am nächsten Tag eine sehr unangenehme Nachricht, an die ich mich an die folgenden Sätze erinnere:

„Die Maßnahmen, die Sie in dieser Angelegenheit ergriffen haben, verstoßen gegen die Regeln der zivilisierten Kriegsführung und werden die Bedingungen, unter denen der Krieg bis heute geführt wurde, völlig verändern" usw.

Nachdem ich meine erste Nachricht abgeschickt hatte, fanden wir bei der Inspektion einige Lee-Metford-Patronen und eine nicht explodierte Bombe in den Krankenwagen. Allein diese Tatsache hätte die Zurückhaltung des Krankenwagens gerechtfertigt.

Dies wurde in unserer Antwort an General Pole-Carew erneut angedeutet, und ich schrieb *unter anderem* : „ *Bezüglich* der in Ihrem Brief vom ... enthaltenen Drohung muss ich sagen, dass es mir leid tut, eine solche Bemerkung von Ihrer Seite zu hören, und ich kann Ihnen versichern, dass meine Regierung, meine Kommandanten und meine Bürger, was auch immer geschehen mag, fest entschlossen sind, den Krieg auf unserer Seite in derselben zivilisierten und humanen Weise fortzusetzen, wie er bisher geführt wurde."

Dies war das Ende unserer Korrespondenz zu diesem Thema, und es geschah nichts weiter, außer dass die Engländer sehr bald darauf fünf der acht von uns behaltenen Krankenwagen sicherten.

KAPITEL XXI.

Eine Regierung auf der Flucht.

Etwa zu dieser Zeit traf Präsident Steyn aus dem Oranje-Freistaat ein und hatte sich mit Präsident Kruger zusammengetan, und der Plan für die Kampagne der Zukunft wurde ausgearbeitet. Es wurde auch beschlossen, dass Herr Schalk Burger die amtierende Präsidentschaft übernehmen sollte, da Herr Krugers fortgeschrittenes Alter und schwacher Gesundheitszustand es ihm nicht erlaubten, die Härten zu riskieren, die ein kriegerisches Leben auf dem Veldt mit sich bringt.

Es wurde beschlossen, dass Herr Kruger nach Europa gehen sollte und die Herren Steyn und Burger mit ihren jeweiligen Kommandos umherziehen sollten. Sie waren jüngere Männer und die Eisenbahn würde bald aufgegeben werden müssen.

Wir verbrachten die ersten Septemberwochen am Godwan River und an der Nooitgedacht Station in der Nähe der Delagoa Bay-Eisenbahn und hatten eine ziemlich ruhige Zeit. General Buller war inzwischen mit seinen Truppen über Lydenburg in Richtung Spitskop und Sabi vorgerückt, wohin sich General Botha nach seinem Rückzug hatte konzentrieren müssen, wobei er unentwegt kämpfte, während General French Barberton bedrohte.

Ich hatte erwartet, dass Pole-Carew mich von der Eisenbahnlinie drängen würde, an der wir einige ziemlich starke Stellungen hielten, und ich hatte vor, heftigen Widerstand zu leisten. Aber der englische General ließ mich streng in Ruhe, überquerte Dwaalheuvel auf einem verlassenen Wagenweg und überquerte das Hochplateau, wahrscheinlich um uns durch den Pass bei Duivelskantoor den Weg abzuschneiden. Ich versuchte mit Hilfe von 150 Bürgern seine Pläne zu vereiteln, und es kam zu einigen Kämpfen. Aber die Lage war gegen uns, und der Feind zwang uns mit seiner großen Infanteriemacht und mit Hilfe seiner Geschütze zum Rückzug.

Um den 11. September herum wurde mir befohlen, mich entlang der Eisenbahnlinie über Duivelskantoor und den Bahnhof Nelspruit zurückzuziehen, da General Buller Nelspruit in Richtung Spitskop bedrohte, während sich General French mit einer großen Streitmacht Barberton näherte. Es schien äußerst wahrscheinlich, dass wir sehr bald umzingelt sein würden. Wir marschierten durch den Godwan River und über den kolossalen Berg bei Duivelskantoor und zerstörten die Eisenbahnbrücken hinter uns. Die Straße, der wir folgten, war durch die schweren Regenfälle überschwemmt und fast unpassierbar. Die Karren wurden ständig umgeworfen, es kam häufig zu Pannen und unsere Gewehre blieben oft im sumpfigen Boden stecken. Um die Sache noch schlimmer zu machen, kam gegen Mitternacht ein berittener Bürger, der uns mitteilte, dass Bullers Kolonne den Bahnhof Nelspruit eingenommen und uns den Rückzug abgeschnitten hatte. Trotzdem mussten wir Nelspruit passieren; es war nicht anders möglich. Ich gab den über hundert Wagen und Karren die Anweisung, so schnell wie möglich weiterzufahren, und schickte eine starke berittene Vorhut los, um sie zu eskortieren.

Ich selbst ging mit einigen Bürgern auf Erkundungstour, denn ich wollte vor Tagesanbruch herausfinden, ob Nelspruit wirklich in den Händen des Feindes war oder nicht. In diesem Fall müssten unsere Karren und Gewehre zerstört oder versteckt werden, während das Kommando auf den Fußwegen fliehen müsste. Wir schlichen uns an die Station heran, und gerade im Morgengrauen, als wir nur noch hundert Schritte davon entfernt waren, brach ein großes Feuer aus, begleitet von gelegentlichen lauten Knallen. Das beruhigte mich etwas. Bald stellte ich fest, dass unsere eigenen Leute brennende Dinge bei sich hatten, und die Detonationen wurden offensichtlich nicht durch explodierende Granaten verursacht, die von Feldgeschützen abgefeuert wurden. Als ich zwei meiner Adjutanten – Rokzak und Koos Nel – zur Station schickte, um weitere Einzelheiten zu erfahren, kamen sie bald zurück und berichteten, dass außer einem nervösen alten Holländer niemand dort sei. Der Bürger, der mir gesagt hatte, Nelspruit sei in den Händen des Feindes, musste es geträumt haben.

Der Brand, den ich vorfand, wurde durch zahlreiche Kastionen und Munitionswagen verursacht, die am Vortag in Brand gesteckt worden waren. Die Explosionen gingen von den Granaten aus, die in deren Inhalt zurückgelassen worden waren.

Die feindliche Vorhut war bis Shamoham und Sapthorpe vorgerückt, etwa 12 Meilen von der Eisenbahn entfernt, und ermöglichte meinem gesamten Kommando den Durchzug. Wir kamen gegen acht Uhr in Nelspruit an. An diesem Tag ruhten wir uns aus und besprachen zukünftige Operationen, da wir das Gefühl hatten, dass unsere Aussichten von Tag zu Tag schlechter wurden.

Der Bahnhof bot einen traurigen Anblick. Viele mit Lebensmitteln beladene Lastwagen, Maschinen und kaputte Lafetten – alles war der Gnade des Erstankömmlings überlassen worden, während eine große Zahl Kaffern plünderte und stahl. Erst am Tag zuvor hatte die Regierung dort ihren Sitz gehabt, und wie trostlos und bedrückend war der Anblick jetzt! Die Spuren einer flüchtigen Regierung waren unverkennbar. Wie optimistisch wir vorher auch gewesen sein mochten, wie wenig Neigung die Bürger auch verspürt haben mochten, sich zu ergeben, wie groß die Entschlossenheit der Offiziere und ihre Entschlossenheit war, die geliebte „Vierkleur" am Fliegen zu halten, Szenen wie jene in Nooitgedacht und wieder in Nelspruit genügten, um selbst die Stärksten und Energiegeladensten allen Mut verlieren zu lassen. Viele Männer konnten ihre Tränen angesichts des katastrophalen Anblicks nicht zurückhalten, als sie an die Zukunft unseres Landes und jener dachten, die ihm bis zuletzt treu geblieben waren.

Kaffern hatten, wie ich sagte, bei den Lebensmitteln, Kleidern und Munition eine schlimme Verwüstung angerichtet, und ich befahl, sie wegzuschaffen. Unter den vielen Eisenbahnwaggons fand ich einige, die mit Kleidern beladen waren, nach denen die kämpfenden Bürger vergeblich und unaufhörlich gefragt hatten, außerdem Kanonen und Kisten mit Gewehrmunition. Wir stießen auch auf eine große Menge von Dingen, die unserer berühmten medizinischen Kommission gehörten, Süßigkeiten, Getränke usw. Der Verdacht, der seit geraumer Zeit gegen diese Kommission bestand , war daher berechtigt. Es gab sogar einen Waggon, den einige ihrer Mitglieder benutzt hatten, wunderschön dekoriert, mit jedem möglichen Komfort und Luxus, wobei ein Abteil mit Flaschen Champagner und wertvollen Weinen gefüllt war. Meine Offiziere, die keine Heiligen waren, sorgten dafür, dass unsere Männer damit gut versorgt waren. Der Rest der guten Dinge wurde auf ein Abstellgleis gebracht, wo etwa zwanzig Lokomotiven untergebracht waren. Durch großes Glück war auch der Vorrat des Regierungskommissariats, bestehend aus einigen tausend Schafen und sogar einigen Pferden, zurückgelassen worden. Aber wir wurden nicht aufgemuntert.

Unter den vielen Fragen, die zu diesem traurigen Zustand gestellt wurden, befand sich auch die eines alten Bürgers:

„Das ist jetzt der Plan, ich will hier nur so herumlaufen und dann den Kopf in den Sand stecken." („Ist das also der Plan? Denn soweit ich es sehe, sind sie alle verzweifelt geflohen.")

Ich antwortete: „Vielleicht wurden sie verscheucht, Onkel."

„Ja", sagte er, „aber sehen Sie, Herr General, es scheint mir, als hätten unsere Regierungsmitglieder nicht die Absicht, den Krieg fortzusetzen. Das sehen Sie daran, dass sie nun zum zweiten Mal alles zurückgelassen haben."

"Nein, alter Onkel", antwortete ich, "wir sollten davon keine Notiz nehmen. Unsere Leute kämpfen mit den Wellen eines stürmischen Ozeans; der Sturm ist stark und das kleine Boot scheint kurz davor zu kentern, aber es ist noch nicht untergegangen. Ab und zu wird das Boot gegen die Felsen geschleudert und die Splitter fliegen, aber die treuen Seeleute verlieren nie den Mut. Wenn sie das täten, würde das Dingi bald untergehen und die Mannschaft wäre für immer verschwunden. Es wäre die letzte Seite ihrer Geschichte und ihre Kinder wären Fremde in ihrem eigenen Land. Verstehst du, Onkel?"

„Ja, General, aber ich werde nicht vergessen, die Rechnung zu begleichen, denn ich selbst und andere mit mir haben genug davon, und der Krieg hat uns die Augen geöffnet."

„Na gut, alter Mann", erwiderte ich, „niemand kann Sie daran hindern, sich zu ergeben, aber ich habe jetzt jede Menge Arbeit zu erledigen, also machen Sie sich auf den Weg."

MEIN GESPRÄCH MIT ERASMUS (NICHTKOMBATTANT).

Hier kamen uns Bürger verschiedener Kommandos entgegen, die sich verirrt hatten – manche mit Absicht – in Gruppen von zwei, zehn oder mehr. Einige von ihnen gingen in ihre eigenen Bezirke, mitten durch die englischen Linien, andere suchten nach ihrem Vieh, das sie hatten verirren lassen, um dem Feind zu entgehen. Ich konnte ihnen nur sagen, dass das Veldt zwischen

Nelspruit und Barberton bis nach Avoca, soweit ich es herausfinden konnte, voller Vieh und Wagen von Bauern war, die nun keine Chance mehr hatten zu entkommen. Jeder wollte Informationen vom General.

Dann kamen etwa zwanzig Bürger mit gezäumten Pferden heran. Unter ihnen war ein alter Bürger mit langem Bart, einem großen Veldthut und bewaffnet mit einem Mausergewehr, das kaum benutzt worden zu sein schien. Er trug zwei Gürtel mit einem guten Vorrat an Patronen, einen Revolver und ein *Tamaai* (langes Sjambok). Dieser Veteran schritt in großem Kriegsstil auf mich zu, wo ich saß und etwas aß. Als er näher kam, sah er mutig genug aus, um die gesamte britische Armee in die Flucht zu schlagen.

„Dag!" (Guten Morgen.) „Sind Sie der General?", fragte der alte Mann.

„Ja, ich habe die Ehre, so genannt zu werden. Sind Sie ein Feldmarschall, ein Texas Jack oder was?"

„Mein Name ist Erasmus und ich komme aus dem Bezirk Pretoria", antwortete er. „Meine neun Kameraden und ich sind mit meiner Familie und unserem Vieh in den Busch gegangen. Ich habe gesehen, wie sie alle weggelaufen sind, die Regierung und alle anderen. Sie befinden sich in der Nähe der portugiesischen Grenze und meine Kameraden und ich möchten wissen, was Sie vorhaben."

„Nun", erwiderte ich, „was Sie sagen, ist fast wahr. Aber da Sie und Ihre Kameraden sich mit Ihrem Vieh und Ihren Frauen im Busch versteckt halten, möchte ich wissen, ob Sie schon einmal versucht haben, sich dem Feind entgegenzustellen, und auch, welches Recht Sie haben, so zu sprechen."

„Nun, ich musste mit meinem Vieh fliehen, denn davon müsst ihr genauso leben wie ich."

„Gut", sagte ich, „was willst du, denn ich habe keine Lust, länger zu reden."

„Ich möchte wissen", antwortete er, „ob Sie beabsichtigen, sich zurückzuziehen, und ob es eine Chance auf Frieden gibt. Wenn nicht, gehen wir sofort nach Buller und ,Hände hoch', dann werden wir unser gesamtes Eigentum retten."

„Nun, mein Freund", bemerkte ich, „unsere Regierung und der Generalkommandant sind die Menschen, die den Frieden schließen müssen, und es ist nicht Ihre oder meine Aufgabe, uns dem Feind zu ergeben, wenn unsere Familie und unser Vieh in Gefahr sind, denn das bedeutet, dass wir zu Verrätern an unserem eigenen Volk werden."

„Nun ja, auf Wiedersehen, General, wir ziehen jetzt weiter."

Ich schickte eine Nachricht an unsere Außenposten, um diese Kerle zu beobachten und festzustellen, ob sie wirklich zum Feind überlaufen würden.

Und wie es der Zufall wollte, kamen meine Buren noch in derselben Nacht mit den Mausern und Pferden ins Lager, die Erasmus und seine Gruppe zurückgelassen hatten. Sie waren nach Buller übergelaufen.

Das Obige ist nur ein Beispiel, das veranschaulicht, was mir während der letzten Zeit meines Kommandos oft auffiel. Wie sich herausstellte, gehörte diese Art von Bürgern ausnahmslos einer Klasse an, die nie vorhatte zu kämpfen. In vielen Fällen wären wir ohne sie besser dran gewesen, denn es waren immer diese Leute, die genau wissen wollten, was „auf uns zukommt", und wenn die Dinge unangenehm ausgingen, führten sie andere nur in die Irre und entmutigten sie. Offensichtlich waren wir ohne sie besser dran.

KAPITEL XXII.

Eine schmachvolle Zerstreuung.

Generalkommandant Botha, der damals in Hectors Spruit Station invalide war, ließ uns mitteilen, dass wir uns unverzüglich dort zu ihm gesellen sollten. Er sagte, ich könne einen Teil des Kommandos mit dem Zug schicken, aber die Eisenbahnverbindungen seien nun völlig durcheinander und alles sei durcheinander. Da man sich auf die Transportmittel nicht verlassen konnte, mussten die meisten Männer und die meisten Zugtiere „zu Fuß" gehen.

Am Bahnhof Crocodile Gat war die Lage nicht besser als in Nelspruit, und dasselbe ließe sich auch von Kaapmuiden sagen. Viele Lokführer und sogar viele Bürger, die beim Zerstören der Spirituosenfässer an den Bahnhöfen halfen, waren durch die Dämpfe des Alkohols so aufgeregt (wie sie es nannten), dass die seltsamsten Dinge passierten. Schwer beladene Züge fuhren mit einer Geschwindigkeit von 40 Meilen pro Stunde. Zwischen zwei Zügen, die in unterschiedliche Richtungen fuhren, kam es zu einem schrecklichen Zusammenstoß, bei dem mehrere Bürger und Tiere getötet wurden. Junge Leute schossen aus den Zügen auf jedes Wild, das sie entlang der Strecke sahen oder zu sehen glaubten, und es kam zu vielen Unfällen. Diese Dinge trugen nicht gerade dazu bei, die Lage zu verbessern.

Es war nicht so sehr, dass die Offiziere die Kontrolle über ihre Männer verloren hätten. Es schien, als sei der böse Geist freigelassen worden und täte sein Bestes, um die Menschen zu ausgelassenem Vergnügen anzuspornen.

Hector's Spruit ist die vorletzte Station vor der portugiesischen Grenze und etwa 21 Kilometer von Ressano Garcia entfernt. Hier hielt jedes Kommando an, natürlich mit der Absicht, weiter nach Norden vorzustoßen und dann die Berge bei Lydenburg in westlicher Richtung zu überqueren. An dem Tag, als ich in Hector's Spruit ankam, reiste Präsident Steyn in Begleitung einer Eskorte von 100 Mann auf demselben Weg ab. Inzwischen hatte General Buller sein Lager bei Glyns Minen in der Nähe von Spitskop und dem Sabi River aufgeschlagen, was es ihm ermöglichte, den Gebirgspass bei Mac Mac und Belvedere ohne die geringsten Schwierigkeiten zu beherrschen und die Straßen zu blockieren, auf denen wir vorrücken wollten. Obwohl der verstorbene Kommandant (später kämpfender General) Gravett einen der Pässe mit einem kleinen Kommando besetzte, war er selbst ständig in Gefahr, durch eine Flankenbewegung von Lydenburg abgeschnitten zu werden. Am 16. September 1900 ereignete sich ein Vorfall, der schwer angemessen zu beschreiben ist. Hector Spruit ist einer der vielen unansehnlichen Bahnhöfe entlang der Delegoa Bay-Eisenbahn, die zwischen dem großen Crocodile River und trostlosen schwarzen „Kopjes" oder „Randjes" liegt, zwischen denen sich Äste der Kapberge und die „Low

Veldts" befinden, die besser als „Boschveldt" bekannt sind. Dies ist ein Ort, der fast vollständig mit schwarzen Stechpalmenbüschen bedeckt ist, sodass man nur den Himmel über sich und den Fleck Boden sehen kann, auf dem man steht. Im September ist das „Boschveldt" normalerweise trocken und verdorrt, und die sengende Hitze lässt die Umgebung düsterer und unwirtlicher erscheinen als je zuvor.

Der Bahnhof war vollgestopft mit Eisenbahnwaggons, die mit allerlei Gütern beladen waren, und unzähligen Personenwaggons, und der Bahnsteig und die angrenzenden Plätze waren voller aufgeregter Menschen. Einige packten ein, andere packten aus, und wieder andere plünderten. Die Mehrheit irrte jedoch ziellos umher. Sie wussten nicht, was vor sich ging; was getan werden sollte oder würde; und die einzigen Ausnahmen waren die Offiziere, die damit beschäftigt waren, sich und ihre Bürger mit Proviant und Munition zu versorgen.

Ich musste nun eine der unangenehmsten Aufgaben erfüllen, die ich je erlebt habe: die Bürger zusammenzurufen und ihnen zu sagen, dass diejenigen, die keine Pferde hatten, mit dem Zug nach Komati Poort fahren sollten, um sich dort General Jan Coetser anzuschließen. Diejenigen, die Pferde hatten, sollten sich am nächsten Morgen bei mir melden und mit mir durch die Tiefebenen fliehen.

Einige Bürger riefen: „Wir werden jetzt über Bord geworfen und im Stich gelassen, weil wir keine Pferde haben; das ist nicht fair."

Andere sagten, sie wären zufrieden, wenn ich mit ihnen ginge, da sie General Coetser nicht kennen würden.

Generalkommandant Botha konnte es sich nicht vorstellen, mich nach Komati Poort gehen zu lassen, da er mich und die anderen Kommandos nicht verschonen konnte. Diejenigen Männer, die die Strecke zu Fuß zurücklegen mussten, beschwerten sich sehr, und ihre Beschwerden waren durchaus begründet. Ich tat mein Bestes, um sie alle zu überreden und zu beruhigen, und einige von ihnen weinten wie kleine Kinder, als wir uns trennten.

Komati Poort war natürlich die letzte Station, und wenn der Feind sie weiter drängen wollte, mussten sie die portugiesische Grenze überqueren und sich den Portugiesen ergeben; oder sie konnten versuchen, durch Swasiland zu fliehen (wie es später mehrere Hundert taten) oder entlang der Lebombo-Berge über Leydsdorp. Aber wenn sie den letzteren Weg nahmen, hätten sie genauso gut von Anfang an bei mir bleiben können. Auf dieser Straße floh General Coetser später mit einer kleinen Gruppe von Bürgern, als der Feind erwartungsgemäß auf Komati Poort marschierte und auf keinen Widerstand stieß, obwohl dort über 1800 unserer bewaffneten Männer waren.

Ein gewisser Pienaar, der sich auf portugiesischem Gebiet den Rang eines Generals anmaßte, floh mit 800 Mann über die Grenze. Diese wurden jedoch entwaffnet und nach Lissabon geschickt.

Das Ende des Kampfes war schmachvoll, wie es viele Bürger befürchtet hatten, und bis heute bemitleide ich die Männer, die bei Hector's Spruit gegen ihren Willen nach Komati Poort gehen mussten.

Glücklicherweise hatten sie die Zeit und Geistesgegenwart, die „Long Tom" und andere Kanonen vor ihrem Aufbruch in die Luft zu sprengen. Dennoch müssen enorme Mengen Proviant und Munition in die Hände des Feindes gefallen sein.

In Hector's Spruit waren zwanzig Kanonen unterschiedlichen Kalibers in die Luft gesprengt und viele Dinge vergraben worden, die unsere Nachkommen vielleicht eines Tages finden würden. Unsere Karren waren bereits beladen und wir waren bereit, am nächsten Morgen in die Wüste zu marschieren und uns von unseren Vorräten zu verabschieden. Wie sollten wir jetzt weiterkommen? Woher sollten wir unsere Lebensmittel nehmen, da wir von der Eisenbahn und folglich von allen Importen und Vorräten abgeschnitten waren? Diese und viele andere Fragen gingen uns durch den Kopf, aber niemand konnte sie beantworten.

Unsere Konvois standen schon bereit und am nächsten Morgen zogen wir in die Hinterlandwüste und verabschiedeten uns von den Kommissariaten und Vorräten.

Die Aussicht war traurig genug. Indem wir Hector's Spruit verließen, isolierten wir uns von der Außenwelt, was bedeutete, dass Europa und die Zivilisation im Allgemeinen nur über englische Kanäle über unsere Aktivitäten informiert werden konnten.

Wieder einmal richteten sich unsere Hoffnungen auf unseren Gott und unsere Mauser.

Dr. Conan Doyle sagt über diese Phase des Krieges:

„Auch der Ungläubigste muss beim Anblick des Haufens aus zersplittertem und zertrümmertem Rotguss (bei Hector's Spruit) erkannt haben, dass der lange Krieg sich endlich seinem Ende näherte."

Und hier bin ich nun, schreibe diese Seiten siebzehn Monate später, und der Krieg ist noch nicht vorbei. Aber Dr. Doyle ist kein Prophet, und man kann ihm eine Fehleinschätzung dieser Art nicht vorwerfen, denn wenn man mich und viele andere damals gefragt hätte, was wir von der Zukunft denken, hätten wir uns vielleicht genauso weit geirrt wie Dr. Doyle selbst.

KAPITEL XXIII.

Eine trostlose Wanderung durch Fieberland.

Am 18. September 1900 zogen wir auf einer alten, nicht mehr benutzten Straße in nördlicher Richtung. Wir bildeten eine merkwürdige Prozession, ein endloses Gefolge von Karren, Wagen, Gewehren, berittenen Männern, „Voetgangers", fast drei Meilen lang. Die Buren zu Fuß bestanden aus 150 Bürgern ohne Pferde, die sich weigerten, sich den Portugiesen zu ergeben, und die sich nun dem Treck zu Fuß angeschlossen hatten. Von den 1.500 berittenen Buren besaßen 500 Pferde, die in einem so schlimmen Zustand waren, dass man sie nicht reiten konnte. Das Zugvieh war meist arm und schwach, und die Wagen mit Proviant und Munition sowie die mit den Gewehren konnten nur mit großer Mühe vorwärtsgetrieben werden. In den letzten Monaten waren unsere Rinder und Pferde fast jeden Tag schwer beansprucht worden und mussten in der Nähe unserer Stellungen gehalten werden.

Während der Saison ist das Veldt im Transvaal in einem sehr schlechten Zustand und die Tiere sind dann ärmer als zu jeder anderen Zeit. Wir hatten außerdem das allerschlechteste Pech, da wir von Juni bis September in den kältesten Teilen des Landes waren und die Regenfälle später als gewöhnlich fielen. Es gab daher kaum Nahrung für die armen Tiere und kaum Gras. Das Buschveldt, durch das wir jetzt wanderten, war von einer unerträglichen Hitze ausgetrocknet, die durch die Dürre noch verschlimmert wurde, und die Tagestemperatur war so unerträglich, dass wir nur nachts wandern konnten.

Wasser war sehr knapp und die meisten Brunnen, die laut den alten Jägern, die uns begleiteten, reichlich Wasser lieferten, waren ausgetrocknet. Da das Veld abgebrannt war, war kein Grashalm zu sehen und wir hatten große Mühe, unsere Tiere am Leben zu erhalten. Von Zeit zu Zeit trafen wir wandernde Kaffernstämme, von denen wir eine Handvoll Salz oder Zucker oder einen Eimer voll Mais bekamen, und auf diese Weise gelang es uns, unser Vieh und unsere Pferde zu retten.

Als wir den Crocodile River passiert hatten, wurde der Treck in einer Art militärischer Formation organisiert, die es uns ermöglichte, uns zu verteidigen, falls wir angegriffen würden. Die Briten hatten die Eisenbahn bis nach Kaapmuiden bereits in ihren Händen, und wir mussten auf eine Verfolgung vorbereitet sein. Und tatsächlich schien eine Verfolgung durch die Briten vom Ohrigstad River in Richtung Olifant's Nek und von dort entlang des Olifant's River möglich und wahrscheinlich.

Unser ursprünglicher Plan war, den Sabi entlang des Meritsjani-Flusses zu überqueren, über die Berge in der Nähe von Mac Mac, durch Erasmus oder

Gowyn's Pass und über Pilgrim's Rest, wo wir schneller in gesünderes Veldland und bessere klimatische Bedingungen gelangt wären. Präsident Steyn war drei Tage zuvor dort vorbeigekommen, aber als unsere Vorhut den Fuß der hohen Berge in der Nähe von Mac Mac erreichte, ließ der verstorbene General Gravett ausrichten, dass General Buller mit seiner Truppe von Spitskop entlang des Bergplateaus marschierte und dass es für uns schwierig sein würde, vor ihm in die Berge zu gelangen. Die Straße, die weggespült war, war sehr steil und schwierig und enthielt abrupte Abzweigungen, so dass wir nur im Schneckentempo vorankommen konnten.

Generalkommandant Botha schickte mir daraufhin die Anweisung, mein Kommando über Leydsdorp am Fuße der Berge entlang zu führen, während er mit seinem Stab und den Mitgliedern der Regierung über die Berge in der Nähe von Mac Mac vorrücken sollte. General Gravett wurde abkommandiert, um Bullers Vorhut zu beschäftigen, und dies gelang ihm hervorragend.

Ich glaube, hier haben die Briten eine gute Chance auf einen großen Gewinn verspielt. General Buller hätte uns auf jeder der Bergstraßen in der Nähe von Mac Mac blockieren können und hätte uns auch in der Nähe von Gowyn's Pass und Belvedere überfallen können. Zu der Zeit, von der ich schreibe, lag Buller keine 14 Meilen entfernt in Spitskop. Zwei Tage später besetzte er tatsächlich die Pässe, aber gerade zu spät, um die beiden Regierungen und den Generalkommandanten umzustimmen. Man könnte sagen, dass sie in jedem Fall, wie ich, am Fuße der Berge über Leydsdorp nach Tabina und Pietersburg hätten fliehen können, aber wäre ihnen der Ausweg in der Nähe von Mac Mac versperrt worden, hätten unsere Regierung und unser Generalissimus mindestens drei Wochen lang durch das niedrige Veldt marschieren müssen, bevor sie Pietersburg hätten erreichen können, während dieser Zeit hätten alle anderen Kommandos keinen Kontakt zu den wichtigsten Militärstrategen und Kommandeuren der Buren gehabt und nicht gewusst, was aus ihren militärischen Führern oder ihrer Regierung geworden war. Dies wäre ein sehr unerfreulicher Zustand gewesen und hätte für uns höchstwahrscheinlich die schwerwiegendsten Folgen gehabt. Die Briten hätten außerdem Pietersburg ohne große Schwierigkeiten besetzen können, indem sie uns den Weg ins Flachland abgeschnitten und uns den Weg über die Sabini und nach Agatha versperrt hätten. Dieser Coup hätte tatsächlich von einer kleinen britischen Truppe durchgeführt werden können. In den Bergen hätten sie außerdem ein gesundes Klima vorgefunden, während wir in den kränklichen Gebieten des Flachlandes zurückgeblieben wären. Und wären wir gezwungen gewesen, zwei Monate dort zu bleiben, hätten wir uns ergeben müssen, denn etwa Mitte Oktober nahm die Krankheit unter unseren Pferden zu und die Epidemie war so schwerwiegend, dass nur die gesalzenen Pferde überlebten. Auch das Typhus hätte unter uns verheerende Auswirkungen gehabt.

Ein weiteres Problem war, ob all dies nicht den Krieg beendet hätte; wir hatten noch Generäle und starke Kommandos, und es war natürlich sehr wahrscheinlich, dass eine große Zahl verzweifelter Buren durchgebrochen wäre, obwohl zwei Drittel unserer Pferde nicht für einen kühnen Vorstoß geeignet waren. Vielleicht fünfzehnhundert der zweitausend Buren hätten entkommen können, aber in jedem Fall wären eine große Zahl von Wagen, Kanonen usw. in die Hände der Briten gefallen und unsere Anführer wären möglicherweise ebenfalls gefangen genommen worden . Die moralische Wirkung hätte dazu geführt, dass viele andere Bürger der anderen Kommandos den Mut verloren hätten, und das auch noch zu einem Zeitpunkt, als sie bereits viel Ermutigung brauchten.

Dies war meine Einschätzung der Situation und ich glaube, dass Lord Roberts oder wer auch immer dafür verantwortlich war, eine großartige Chance vertan hat.

Was mein Kommando am Fuße der Mauch Mountains betrifft, machten wir sofort kehrt und ich verabschiedete mich vorübergehend von Louis Botha. Es war ein sehr ergreifender Abschied; Botha drückte mir die Hand und sagte: „Lebe wohl, Bruder; ich hoffe, wir kommen gut durch. Gott segne dich. Lass mich bald und oft von dir hören."

In dieser Nacht schlugen wir unser Lager in Boschbokrand auf, wo wir einen Laden leer fanden und ein Haus, das wahrscheinlich englischen Flüchtlingen gehörte, denn Laden und Wohnung waren ausgeraubt worden. Nachdem unser großes Lager nach burischer Art eingerichtet worden war und das Lagerfeuer sein grelles Licht gegen die unheimlichen dunklen Umrisse des Waldes warf, gruppierten sich die Buren über dem Veldt. Einige, die an diesem Tag zwanzig Meilen gelaufen waren, fielen erschöpft nieder.

Ich machte meine Runde durch das Lager und muss sagen, dass meine Bürger trotz der schwierigen Umstände recht guter Laune waren.

Ich besprach die unmittelbaren Aussichten mit den Offizieren und arrangierte, dass jeden Tag ein anderer Kommandosoldat in die Vorhut und ein anderer Feldkornett in die Nachhut gestellt wurde. Ortskundige Buren wurden abkommandiert, um vorauszureiten und nach Wasser Ausschau zu halten.

Als ich an diesem Abend zu meinem Wagen zurückkehrte, war das Abendessen fertig, aber zum ersten Mal in meinem Leben konnte ich nichts essen. Ich fühlte mich zu niedergeschlagen. Meine Köchin Jan Smith und meine Kameraden waren neugierig und wollten wissen, warum ich nicht „hineinwatete", denn sie bewunderten immer meinen unbändigen Appetit.

Es war ein anstrengender Tag gewesen und ich gab vor, dass es mir nicht gut ginge. Bald darauf legte ich mich hin, um mich auszuruhen.

Ich war am Abend zuvor bis spät in die Nacht aufgeblieben und hoffte daher, einschlafen zu können. Aber was ich auch versuchte – die Sterne zählen, die Augen schließen und mein Bestes tun, an nichts zu denken – es war alles vergebens.

Unüberwindliche Schwierigkeiten stellten sich mir. Ich hatte mich mit nur 2.000 Mann in einen ungesunden, verlassenen und – was am schlimmsten war – unbekannten Teil des Landes gewagt. Man sagte mir, wir müssten 300 Meilen dieses von Darminfektionen heimgesuchten Landes zurücklegen.

Die Bürger ohne Pferde litten schrecklich unter der tödlichen Hitze, und viele wurden von Typhus und Malaria befallen, weil sie viel schlechtes Wasser trinken mussten. Diese Feinde würden unser Kommando bald dezimieren und seine Stärke auf ein Minimum reduzieren. Und vier oder fünf Wochen lang würden wir vom Generalkommandanten und von allen Weißen isoliert sein.

War ich denn ein Feigling, der da lag, niedergeschlagen und sogar verängstigt?, fragte ich mich. Wer sich nichts dabei dachte, an einem erbitterten Kampf teilzunehmen, zu sehen, wie Blut wie Wasser vergossen wird, mit Leben und Tod spielt, der musste doch nicht mutig sein. Und doch schien ich hier, wo es nicht viel Gefahr zu geben schien, keinen Mumm mehr zu haben.

Diese und viele ähnliche Gedanken gingen mir durch den Kopf, während ich versuchte, mich zum Schlafen zu zwingen, und ich sagte mir, ich dürfe nicht wanken, einen kühlen Kopf und ein tapferes Herz bewahren und tapfer bis zum Ende weitermachen, um das Ziel zu erreichen, das wir so lange vor Augen hatten.

Nun, niemand sollte von einem General erwarten, dass er immer ein Held und sonst nichts ist. Wir sollten nicht vergessen, dass „ein Mann immer ein Mann ist", und dass selbst ein kämpfender Mann seine Momente der Schwäche und Angst haben kann.

Am nächsten Morgen gegen vier Uhr erwachte unsere kleine Truppe wieder. Die kühle Morgenluft machte das Wandern für Mensch und Tier erträglich. Dies hielt jedoch nur bis sieben Uhr an, als die Sonne bereits sengend heiß war und kein Lüftchen mehr wehte. Es wurde äußerst drückend und wir konnten kaum atmen.

Die Straße war seit zwanzig oder dreißig Jahren nicht mehr benutzt worden, und große Bäume wuchsen auf unserem Weg und mussten zeitweise gefällt werden. Der trockene Boden, der jetzt von den Hufen der Pferde aufgerissen wurde, wurde von den vielen Rädern in Staub verwandelt, große Wolken wirbelten hoch oben in der Luft um uns herum und bedeckten alles und jeden mit einer dicken Schicht aschgrauen Pulvers.

Gegen neun Uhr erreichten wir den Zand River, wo wir gutes Wasser fanden und bis zur Dämmerung blieben. Wir tauschten Mais gegen Salz und andere notwendige Dinge bei einigen Kaffern, die in der Nähe des Wassers lebten. Ihre geringe Größe und Missgestalt war ein weiterer Beweis für das dort herrschende miserable Klima.

Es gab hier viel Großwild; wilde Tiere, Kuhantilopen, Rooiboks (manchmal in Gruppen von fünf bis zwanzig auf einmal), und nachts hörten wir das Brüllen der Löwen und das Heulen der Wölfe. Sogar tagsüber begegneten uns Löwen. Eine der schwächsten Seiten eines Afrikanders, vielleicht die schwächste, ist seine Unfähigkeit, das Schießen zu unterlassen, wenn er Wild sieht, ob dies nun verboten ist oder nicht. Von jedem Kommando waren Bürger ausgesandt worden, um für unser Kommissariat zu schießen, aber viele waren entwischt, so dass bald Hunderte von ihnen in den dichten Wäldern herumjagten. Die Folge war, dass es, wann immer eine Gruppe von ihnen Wild entdeckte, so aussah, als ob eine richtige Schlacht im Gange wäre, wobei oft mehrere Personen verwundet und viel Vieh getötet wurde. Wir erließen Regeln und Vorschriften und verhängten sogar Strafen, die zum Teil auch etwas nützten, doch konnten wir den wilden Jagdinstinkt nicht völlig unter Kontrolle bringen, da es im dunklen Busch schwierig war, die Schuldigen ausfindig zu machen.

Inzwischen ging die Wanderung sehr langsam voran. Am siebten Tag erreichten wir den Blyde River, von wo aus wir eine der schönsten Aussichten auf das ganze „Boschveldt" hatten. Der Fluss, der seine Quelle in der Nähe von Pilgrim's Rest hat und in der Nähe von Lomboba in den großen Olifant's River mündet, verdankt seinen Namen den Pioniertrekkern, die in der guten alten Zeit auf der Jagd tagelang nach Wasser gesucht hatten und, als sie fast vor Durst umkamen, plötzlich diesen Fluss entdeckten und ihn Blyde (oder „Glad") River nannten. Der Fluss an der Stelle, die wir überquerten, ist etwa 40 Fuß breit und das Wasser so rein wie Kristall. Das ebene Bett ist mit weißem Kies bedeckt und an beiden Ufern stehen prächtige hohe Bäume. Das ganze Lager konnte sich in ihrem Schatten ausbreiten und es war ein herrliches, erfrischendes Gefühl, vor der brennenden Sonne geschützt zu sein. Wir alle tranken von dem köstlichen Wasser, das wir selten in solcher Fülle gefunden hatten, und nutzten es auch zum Baden und zum Waschen unserer Kleidung.

Am Nachmittag kam ein Bürger, dessen Namen ich besser nicht nenne, mit zerfetzten Kleidern und ohne Hut und Gewehr auf uns zugerannt. Er bot ein merkwürdiges Bild. Ich hörte, wie die Bürger ihn verhöhnten und verspotteten, als er näher kam, und rief ihm zu: „Was in aller Welt hast du getrieben? Es sieht so aus, als hättest du den alten Nick mit einer Maske gesehen."

Dem verängstigten Buren standen die zerzausten Haare zu Berge und er zitterte vor Angst.

Er keuchte: „Meine Güte, General, ich bin fast tot. Ich war auf einen Spaziergang gegangen, um ein bisschen zu jagen, und hatte einen Löwen erschossen, der in ein Gestrüpp davonlief. Ich wusste, dass das Tier eine tödliche Wunde erlitten hatte, und rannte hinter ihm her. Aber ich konnte nur etwa einen Meter weit durch das dichte Unterholz sehen und folgte der blutbefleckten Spur. Als ich das Tier sah, legte ich mein Gewehr nieder und stieg über den Stamm eines alten Baumes; aber gerade als ich meinen Fuß aufsetzte, siehe da! Da sah ich ein schreckliches Monster mit einer Pfote auf der Brust des Tieres stehen. O mein Gott! Ich dachte, meine letzte Stunde sei gekommen, denn der Löwe sah mich so eindringlich an und brüllte so schrecklich. Bei Gott, General, wenn das ein Engländer gewesen wäre, hätte ich einfach „die Hände hoch" genommen, darauf können Sie wetten! Aber ich drehte mich um und fiel auf die Nase. Mein Gewehr, meinen Hut, mein alles ließ ich in dieser Schlacht zurück, und für alle Reichtümer Englands würde ich nicht gehen. zurück. General, Sie können mich dafür bestrafen, dass ich mein Gewehr verloren habe, aber ich werde für nichts und niemanden an diesen Ort zurückkehren."

Ich fragte ihn, was der Löwe dann getan hatte, aber er wusste nichts weiter. Ein anderer Bürger, der dabeistand, bemerkte: „Ich glaube, dieser Kerl hat einen Hund gesehen. Er kam so verängstigt auf mich zugerannt, dass er seine eigene Mutter nicht wiedererkannt hätte . Wenn ich ihn in diesem Moment gefragt hätte, hätte er sich nicht an seinen eigenen Namen erinnern können."

Der arme Kerl war empört und bot an, mit dem ganzen Kommando zu gehen und ihnen die Spur des Löwen zu zeigen. Aber dafür war keine Zeit, und der Held hatte es schwer, denn jeder neckte und ärgerte ihn, und von da an wurde er der „Schrecken des Vaal" genannt.

Wir hätten gern ein paar Tage an diesem herrlichen und gesunden Fluss verbracht. Wir wollten uns unbedingt ausruhen, aber das war wegen des Fiebers nicht ratsam, das fast immer die Strafe dafür ist, in der Nähe eines Flusses im Flachland zu schlafen. Eine der Vorschriften unseres Kommandos verbot den Offizieren und Männern, die Nacht am Ufer eines Gewässers oder einer Senke zu verbringen. Es wäre auch für die Pferde tödlich gewesen, denn Krankheit und Fieber treten bei ihnen immer zusammen auf. Aber sie hielten sich nicht immer wörtlich an diese Anweisungen. Die Bürger, insbesondere diejenigen, die zu Fuß unterwegs waren oder an einem Fluss ankamen, zogen sich immer schnell aus und sprangen ins Wasser, woraufhin einige von ihnen am Ufer einschliefen oder sich unter den Bäumen ausruhten. Beides waren ungesunde und gefährliche Luxusgüter. Viele Bürger, die auf der Jagd gewesen waren oder Proviant besorgen mussten, blieben bis zum Morgen am Flussufer, da sie in diesem warmen Klima auf ihre Ausrüstung verzichten konnten. Sie waren oft 24 Stunden ohne Nahrung, es sei denn, wir wanderten zufällig an der Stelle entlang, an der sie rasteten. In dieser gefährlichen Gegend die Nacht mit leerem Magen zu verbringen, reichte aus, um jedem das Fieber zu bescheren.

Als wir vom Blyde River weiterzogen, waren viele Zugtiere wegen Nahrungsmangels erschöpft und wir mussten ein halbes Dutzend Karren zurücklassen. Das verursachte viel Ärger, da wir alle Sachen auf andere Fahrzeuge umladen mussten und die Feldkornette die Waren der Bürger anderer Feldkornette nicht gern mitnahmen, da das Vieh in einem so schwachen Zustand war, dass jeder Mann an seine eigene Division denken musste. Zweifellos waren die Bürger sehr freundlich zu ihren Tieren, aber manchmal trieben sie es zu weit und die Vorgesetzten mussten oft eingreifen.

Die Strecke vom Blyde River bis zum nächsten Rastplatz ließ sich nicht an einem Tag zurücklegen, und am nächsten Tag würden wir kein Wasser haben; keine sehr angenehme Aussicht. Die großen Staubwolken, durch die wir die ganze Nacht marschierten, und die sengende Hitze am Tag ließen uns alle nach Wasser zum Trinken und Waschen verlangen. Als also der Befehl des Lagerkommandanten kam: „Ausspannen! Heute kein Wasser, meine Jungs, ihr müsst mit dem Wasser auf den Karren vorsichtig sein. Morgen Abend werden wir in der Nähe eines Baches sein", waren sie bitter enttäuscht.

Als wir am nächsten Tag in die Nähe des Wassers kamen, wurde von acht Bürgern berichtet, die schwer an Typhus litten, fünf von ihnen gehörten zu den Männern, die zu Fuß unterwegs waren. Wir hatten sehr wenig Krankenwagen . Ich hatte versäumt, eine große Anzahl dieser unverzichtbaren Fahrzeuge zu beschaffen, als ich Hector's Spruit verließ, denn es gab so viele Dinge zu erledigen. Wir hatten Glück, den tapferen Dr. Manning von der russischen Ambulanz bei uns zu haben, der uns so hervorragende Hilfe leistete, und wir haben allen Grund, Ihrer Majestät der Zarin von Russland dankbar zu sein, dass sie ihn geschickt hat. Dr. Manning ließ die Patienten in Wagen verladen, die ihm zu diesem Zweck zur Verfügung gestellt worden waren, aber trotz seiner geschickten und sorgfältigen Behandlung starb einer meiner Männer am nächsten Tag, während die Zahl der Schwerkranken auf fünfzehn anstieg. Die Symptome dieser tödlichen Krankheit sind: Kopfschmerzen und Taubheitsgefühl in allen Gliedern, begleitet von ungewöhnlich hoher Temperatur, die in den ersten 24 Stunden sehr oft auf 40 bis 41 Grad ansteigt, wobei dem Patienten das Blut aus Nase und Ohren läuft, was ein bedrohliches Zeichen ist. In anderen Fällen ist das erste Symptom das, was man gemeinhin als „kalten Schauer" bezeichnet.

Wir gingen langsam weiter, bis wir zum Nagout River kamen, wo die Monotonie und Trostlosigkeit einer Wanderung durch das „Boschveldt" durch den Anblick eines breiten Flusses mit gutem Wasser und üppiger Vegetation entlang der Ufer etwas aufgelockert wurde. Es war ein äußerst angenehmer und erfrischender Anblick. In einiger Entfernung entlang der Ufer fand sich Gras, dem die halb verhungerten Tiere bald ihre Aufmerksamkeit widmeten. Es war die Art von süßem Gras, das die Jäger „Büffelgras" nennen und das als hervorragendes Futter für Vieh gilt. Wir schlugen unser Lager auf einem Hügel etwa eine Meile vom Fluss entfernt auf, und da unsere Zugtiere eine gründliche Ruhepause brauchten, blieben wir einige Tage dort. Wir hatten einige hundert Ochsen, Maultiere und Pferde mit uns herumtreiben müssen, da sie tagelang nicht angeschirrt werden konnten, und mussten mehrere Male diejenigen zurücklassen, die abgemagert und erschöpft waren.

Vom Nagout River mussten wir bis zum Olifant's River, eine Strecke von etwa 20 Meilen, die wir in drei Tagen zurücklegten. Der Weg führte die ganze Zeit durch die riesige Buschebene, die sich von den hohen Mauch Mountains im Westen bis zu den Lebombo Mountains im Osten erstreckt. Und doch konnte man während all dieser Tage nur wenige Schritte weit sehen, und das einzige, was wir erkennen konnten, war der Gipfel eines Berges am westlichen oder östlichen Horizont, und selbst die Gipfel der Mauch- und Lebombo Mountains konnte man nur sehen, wenn man auf einem beladenen Wagen stand und ein Fernglas benutzte. Diese dicht bewaldete Region umfasste fast ein Drittel des Transvaal und ist unbewohnt, da die Weißen das ungesunde Klima fürchteten. Nur einige elende kleine Kaffernstämme waren dort zu finden, während der Großteil das unbestrittene Territorium der wilden Tiere war.

Der Olifant's River, den wir überqueren mussten, ist über 100 Fuß breit. Der alte Weg, der dorthin führte, war so dicht mit Bäumen und Gestrüpp bedeckt, dass wir uns einen Weg hindurch bahnen mussten. Die Ufer des Flusses waren nicht sehr hoch, sodass wir ohne große Schwierigkeiten treiben konnten. Das Flussbett war steinig und das Wasser ziemlich seicht, und gegen Nachmittag war das gesamte Kommando übergesetzt. Auch hier mussten wir unser Vieh ein paar Tage ruhen lassen, während derer wir die traurige Pflicht erfüllen mussten, zwei unserer Bürger zu begraben, die an Fieber gestorben waren. Es war ein sehr trauriger Verlust und wir waren sehr betroffen, besonders weil einer von ihnen eine junge Frau und zwei kleine Kinder zurückließ, die in Barberton lebten. Der andere war ein junger afrikanischer Kolonialist, der seine Eltern im Cradock-Distrikt (Kapkolonie) verlassen hatte, um für unsere Sache zu kämpfen. Wir konnten nicht umhin, daran zu denken, wie unendlich traurig es war, sein Leben an den Ufern dieses Flusses zu verlieren, weit weg von der Heimat, von Verwandten und Freunden, ohne die letzte Hand derer, die einem am nächsten und liebsten waren, reichen zu können.

Die letzten Worte des Transvaalers waren:

„Sagen Sie meiner Frau unbedingt, dass ich freudig und mit reinem Gewissen sterbe und dass ich mein Leben für das Wohl meines Vaterlandes gegeben habe."

Wir mussten nun jeden Tag einiges an Zugvieh und Pferden zurücklassen und die Zahl derer, die zu Fuß gehen mussten, stieg ständig an, bis es schließlich mehrere Hundert waren.

In der Nähe von Sabini, dem ersten Fluss, den wir nach Leydsdorp erreichten, sicherten wir uns 24 Maultiere, die uns unter diesen Umständen sehr nützlich waren. Die Schwierigkeit bestand jedoch darin, sie unter den Feldkornetten zu verteilen. Die Männer sagten alle, sie bräuchten sie dringend, und stellten sofort fest, dass die Rinder auf jedem Karren zu dünn und zu schwach waren, um sie zu bewegen. Die 24 konnten jedoch nur auf zwei Karren geladen werden, und ich musste das Problem lösen, indem ich meine Autorität geltend machte.

Es war keine leichte Aufgabe, die Agathaberge zu überqueren, und wir mussten uns den Tag über in der Nähe des großen Letaba ausruhen, besonders weil wir der ganzen Reihe von Karren, Gewehren usw. die Möglichkeit geben mussten, sich wieder zu formieren. Hier gelang es uns, einige Ladungen Mais zu kaufen, die für unsere halb verhungerten Pferde ein wahrer Segen waren. Es gelang mir auch, einige Ochsengespanne von Buren zu mieten, die mit ihrem Vieh entlang des Letaba Stellung bezogen hatten, was es uns ermöglichte, unsere Karren so weit wie möglich aus den Hartboschbergen herauszuholen. Für unser Vieh wäre die Aufgabe zu ermüdend gewesen. Wir brauchten zwei Tage, bis wir diese Berge hinter uns hatten, und schlugen dann unser Lager auf dem herrlichen „Plateau" der Koutboschbergen auf, wo das Klima gesund und angenehm war.

Hier, nachdem wir einen ganzen Monat in der Wildnis des Tieflandes mit seinem zerstörerischen Klima verbracht hatten, war es, als hätten wir ein neues Leben begonnen, als wären wir in die Zivilisation zurückgekehrt. Wir sahen wieder die Behausungen der Weißen, kultivierte grüne Felder, grasende Schafherden und Herden glatter Kühe.

Die Einwohner des Landes waren nicht wenig überrascht, um nicht zu sagen beunruhigt, als sie eines Sonntagmorgens früh ein großes Lager auf dem Plateau entdeckten. Aus einiger Entfernung betrachtet sieht ein Burenlager immer doppelt so groß aus, wie es in Wirklichkeit ist. Einige Burenjungen kamen bald auf uns zu und fragten uns, ob wir Freunde oder Feinde seien, denn in diesen abgelegenen Gegenden wurden die Leute nicht darüber informiert, was anderswo geschah.

„Einen General", sagte eine Frau, die uns in einer Kutsche besuchte, „wollen wir alle schon lange sehen. Ich bin hergekommen, um Neuigkeiten zu hören und zu fragen, ob Sie Hafer kaufen möchten. Aber ich sage Ihnen ganz offen, ich nehme keine „Bluebacks" (Regierungsnoten) an, und wenn Sie meinen Hafer kaufen, müssen Sie in Gold bezahlen."

Ein Bürger antwortete ihr: „Da, unter dem Karren, sitzt der General. Tante geht lieber zu ihm."

Natürlich hatte ich das ganze Gespräch mitgehört, dachte aber, die Frau hätte einen Scherz gemacht. Die gute Dame kam zu meinem Wagen und legte ihre Mütze ein wenig zur Seite, wahrscheinlich um uns einen Blick auf ihre Schönheit zu gewähren.

„Guten Morgen. Wo ist dieser General Viljoen? Man sagt, er sei hier?"

Ich dachte bei mir: „Ich frage mich, was diese bezaubernde Delilah von fünfzig Sommern will", und stand auf, schüttelte ihr die Hand und sagte: „Ich bin dieser General. Was kann ich für ‚Tante' tun?"

„Nein, aber ich habe es nie getan! Sind Sie der General? Sie sehen überhaupt nicht wie einer aus. Ich dachte, ein General sähe ganz anders aus als Sie."

Darüber sehr amüsiert fragte ich: „Was ist denn mit mir los, Tante?"

„Nein, aber Vetter (also ich) sieht aus wie ein junger Bursche. Ich habe so viel von dir gehört, dass ich erwartet hatte, einen alten Mann mit langem Bart zu sehen."

Ich hatte genug von dieser Komödie und da ich keine Lust hatte, noch mehr Höflichkeiten an diese unschuldige Tochter von Mutter Eva zu verschwenden, fragte ich sie nach dem Hafer.

Ich schickte einen Adjutanten los, um sich ihren Bestand anzusehen und zu kaufen, was wir wollten, und die spröde Dame ersparte mir den Rest ihrer Kritik.

Wir hörten nun, dass Pietersburg und Warmbad noch immer von den Buren gehalten wurden und die Straße somit frei war. Von hier marschierten wir über Haenertsburg, ein kleines Dorf am Houtboschbergrand und Sitz einiger Beamter der burischen Bergbaubehörde, denn in dieser Gegend gab es Goldminen, die in Friedenszeiten Hunderten von Bergleuten Arbeit gaben.

Glücklicherweise gab es in Haenertsburg auch ein Krankenhaus, wo wir ein halbes Dutzend Fieberpatienten unter der sorgfältigen Behandlung eines irischen Arztes namens Kavanagh zurücklassen konnten, der von der liebevollen Fürsorge der Tochter des örtlichen Friedensrichters unterstützt wurde, dessen Namen ich leider vergessen habe.

Etwa am 19. Oktober 1900 erreichten wir Pietersburg, unseren Bestimmungsort.

KAPITEL XXIV.

SCHMERZEN UND FREUDEN DES KOMMANDONEN.

Wir fanden Pietersburg als völlig republikanisch vor. Alle Beamten, von hoch bis niedrig, hatten ihren Platz in den Ämtern, und die „Vierkleur" wehte aus den Regierungsgebäuden. Auch die Eisenbahn nach Warmbad war in burischer Hand. In Warmbad waren General Beyers und seine Bürger und die des Waterberg-Bezirks. Obwohl wir keine Kohlen mehr hatten, hinderte uns das nicht daran, zweimal wöchentlich einen Zug mit einer ausreichenden Anzahl von Waggons von Pietersburg nach Warmbad zu betreiben. Stattdessen verwendeten wir Holz, das in diesem Teil des Landes in großen Mengen vorhanden war.

Natürlich dauerte es eine Weile, bis Dampf aufkam, und wir mussten ständig Holz nachlegen, während die Kessel ständig trocken zu laufen drohten. Wir hatten nur zwei Maschinen, von denen eine wegen Reparaturen größtenteils stillgelegt war. Die andere diente dazu, die Kommandos in Warmbad mit Lebensmitteln usw. zu versorgen.

Die Pietersburger hatten auch die telegrafische Verbindung aufrechterhalten, und wir waren erfreut zu hören, dass man in der Stadt Kleidung und Stiefel bekommen konnte, da wir unsere eigenen ersetzen mussten, die auf dem „Treck" durch das „Boschveldt" schrecklich zerrissen und abgenutzt waren. Jeder Kommandant tat sein Bestes, um die notwendigen Dinge für seine Bürger zusammenzubekommen, und mein Quartier war vom frühen Morgen bis zum späten Abend das Zentrum großer Aktivität, da Personen, deren Waren beschlagnahmt worden waren, sich an den General wandten und Beschwerden einreichten.

Nachdem wir acht Tage in Pietersburg verbracht hatten, eine Verzögerung, die mir wie viele Monate vorkam, hatte ich wirklich genug davon. Die Beschwerden wurden im Allgemeinen mit Bemerkungen darüber eingeleitet, wie viel die Vorfahren der Beschwerdeführer in Boomplaats, Majuba usw. usw. für das Land getan hatten und wie ungerecht sie nun behandelt würden, indem ihnen ihre einzigen Pferde oder Maultiere oder ihre Kutschen oder Sättel weggenommen würden.

Das Schlimmste daran war, dass man sie alle überreden musste, entweder mit einer langen Predigt, in der man ihnen erklärte, was für eine Ehre und Auszeichnung es sei, ausgewählt worden zu sein, um ihre Pflicht gegenüber ihrem Land und ihrem Volk zu erfüllen, oder indem man ihnen Geld gab, wenn ein Appell an ihre Großzügigkeit nichts nützte. Manchmal auch, indem man den Ängstlichen gegenüber starke Worte verwendete und ihnen sagte, es müsse so sein, ob sie wollten oder nicht.

Jedenfalls haben wir hundert schöne Pferde zusammenbekommen, und das zum Preis einer ganzen Menge Verwünschungen. Die Beschwerdeführer können in folgende Kategorien eingeteilt werden:

1. Diejenigen, die wirklich glaubten, sie hätten einen Grund zur Beschwerde.

2. Diejenigen, die sich nicht dazu veranlasst fühlten, sich von etwas zu trennen, ohne den vollen Gegenwert in bar zu erhalten – deren Patriotismus mit Geld begann und endete.

3. Diejenigen, die anglophile Neigungen hatten und es für eine Abscheulichkeit hielten, einem Kommando etwas zu überlassen (mit diesen konnte man am schlimmsten umgehen, denn sie trugen eine Maske, und wir wussten oft nicht, ob wir den Schwanz des Bösen oder die Schwingen eines Engels erwischt hatten), und

4. Diejenigen, die sich ohne Grund beschwerten. Dies waren in der Regel Bürger, die nicht kämpfen wollten und unter allen möglichen Vorwänden zu Hause blieben.

Die Beschwerden von Frauen ließen sich in drei Kategorien einteilen:

1. Die Patrioten, die – obwohl sie vernünftige Damen waren – alles taten, um uns zu helfen und unsere Bürger zu ermutigen, die aber die Dinge, die wir requiriert hatten, für ihren eigenen Gebrauch haben wollten.

2. Die Frauen ohne jede nationale Sympathie – eine lästige Spezies, die ihr Geschlecht vergisst und in Beschimpfungen ausbricht, wenn sie ihren Willen nicht durchsetzen kann; und

3. Die Frauen mit englischen Sympathien, sorgfältig verborgen hinter einer Maske burenfreundlicher Äußerungen.

Das Traurige daran war, dass man nicht auf ihrer Stirn lesen konnte, zu welcher Kategorie sie gehörten, und obwohl man schnell herausfinden konnte, was sie dachten, musste man vorsichtig sein, wenn man eine entschiedene Meinung über sie äußerte, da man sonst Gefahr lief, wegen Verleumdung angeklagt zu werden.

Ich selbst habe immer eine offene Beschwerde vorgezogen. Ich konnte ihn immer grob an den Kriegszustand verweisen und barsch antworten: „Es muss so sein, oder Sie müssen es tun!" Und wenn ihn das nicht zufriedenstellte, ließ ich ihn wegschicken. Am schwierigsten war es jedoch, wenn die Beschwerde unter einem heftigen Tränenstrom gestammelt wurde, obwohl sie durch keine Argumente gestützt wurde, die es wert waren, gehört zu werden.

In Pietersburg gab es eine ganze Menge ausländische Untertanen, aber sie waren meist Briten, und diese Personen, denen auch einige ihrer Pferde usw.

entwendet wurden, waren eine große Quelle von Ärger, denn viele burische Offiziere und Bürger behandelten sie ohne viel Aufhebens und nahmen ihren Kommandos einfach das weg, was sie wollten. Ich war mit dieser Vorgehensweise überhaupt nicht einverstanden, denn solange ein ausländischer Untertan, auch wenn er Engländer ist, innerhalb der Kampflinien bleiben darf, hat er ein Recht auf Schutz und Fairness, und es sollte kein Unterschied zwischen ihm und den Bürgern gemacht werden, die zu Hause bleiben, wenn es zu kämpfen gibt.

Von Pietersburg fuhren wir nach Nylstroom, einem Dorf an der Eisenbahnlinie, wohin mich der Generalkommandant per Telegramm gerufen hatte. Er war dort auf dem Weg in die westlichen Gebiete angekommen. Das war das erste Mal, dass ich von ihm hörte, nachdem wir uns am Fuße des Mauchbergs in der Nähe von Mac Mac getrennt hatten.

Ich reiste mit der Bahn, begleitet von einem meiner Kommandanten. Die Art und Weise, wie sie es schafften, die Dampfkraft aufrechtzuerhalten, war herrlich primitiv. Wir flogen zwar nicht über die Schienen, aber wir fuhren oft mit einer Geschwindigkeit von 15 Kilometern pro Stunde!

Wenn unser Holzvorrat aufgebraucht war, hielten wir den Zug einfach an, oder der Zug hielt von selbst an, und die Passagiere wurden höflich gebeten, auszusteigen und beim Fällen von Bäumen und Tragen von Holz mitzuhelfen. Das hatte etwas von der Postkutsche der alten Zeiten, als Passagiere der ersten, zweiten und dritten Klasse im selben Abteil reisten, obwohl die Preise der verschiedenen Klassen sehr unterschiedlich waren. Wenn ein Postkutschenwagen jedoch am Fuße eines Berges ankam, merkten die Reisenden bald, wo der Unterschied zwischen den Klassen lag, denn der Fahrer befahl allen Passagieren der ersten Klasse, auf ihren Plätzen zu bleiben, den Passagieren der zweiten Klasse, auszusteigen und zu laufen, und den Passagieren der dritten Klasse, auszusteigen und zu schieben.

Wir erreichten unser Ziel, obwohl die Chancen dagegen zu sprechen schienen. Ich selbst hatte alles daran gesetzt, nie lebend anzukommen.

In Nylstroom trafen wir auf den gerade eingetroffenen Präsidenten Steyn und sein Gefolge, die in diesem verschlafenen kleinen Dorf, das mittlerweile zu einem Grenzdorf des Gebiets geworden war, über das wir noch immer herrschten, für großes Aufsehen sorgten.

Es fand eine große Volksversammlung statt, die Präsident Steyn mit einer männlichen Rede eröffnete, gefolgt von einer nicht weniger mitreißenden Rede unseres Generalkommandanten. Beide ermahnten die Bürger, ihre Pflicht gegenüber ihrem Land und sich selbst zu erfüllen, indem sie der Sache treu blieben, da die Existenz unserer Nation davon abhinge.

Am Nachmittag trafen sich die Offiziere in einem leeren Saal des Hotels in Nylstroom, um unter der Leitung des Generalkommandanten eine Kriegsratssitzung abzuhalten.

Pläne wurden besprochen und Vorkehrungen für die Zukunft getroffen. Ich sollte sofort von Pietersburg in den nordwestlichen Teil des Pretoria-Bezirks und weiter nach Witnek marschieren, was uns zu unseren alten Schlachtfeldern zurückbringen würde. Der Zustand der Kommandos, so wurde mir gesagt, in diesen Gegenden sei sehr traurig. Der Kommandant des Boksburg-Kommandos war auf mysteriöse Weise in die Hände des Feindes gefallen, und mit seiner verräterischen Hilfe war fast das gesamte Kommando ebenfalls gefangen genommen worden. Das Pretoria-Kommando hätte beinahe dieses traurige Schicksal geteilt.

In derselben Nacht fuhren wir nach Pietersburg. Nachdem wir Yzerberg passiert hatten, schien der Zug immer langsamer zu fahren, bis wir plötzlich stehen blieben. Die Lokomotive war kaputt, und wir konnten nur aussteigen und den Rest des Weges zu Fuß gehen. Ein paar Stunden später kam zu unserer großen Freude der zweite und einzige Zug aus Pietersburg, der noch kam.

Nachdem wir den Lokführer davon überzeugt hatten, dass er den Befehlen des Generals Folge leisten müsse, kam er unserer Bitte nach und brachte uns nach Pietersburg, wo wir schließlich am nächsten Tag nach vielen Schwierigkeiten ankamen. Unser Vieh und unsere Pferde waren nun ausreichend ausgeruht und in gutem Zustand. Die Kommandos wurden mit den Dingen ausgestattet, die sie am dringendsten benötigten, und es wurde ihnen befohlen, innerhalb von zwei Tagen bereit zu sein.

KAPITEL XXV.

DIE PRO-BRITISCHEN BESCHWERDEN.

In den ersten Novembertagen 1900 fuhren wir von Pietersburg nach Witnek, etwa 20 Kilometer nördlich von Bronkhorst Spruit im Bezirk Pretoria. Wir hatten uns vierzehn Tage lang ausgeruht, was vor allem unseren Pferden gut getan hatte, und als wir Pietersburg verließen, waren unsere Umstände in jeder Hinsicht viel günstiger als bei unserer Ankunft.

Das Kommando Krugersdorp war von Pietersburg über Warmbad und Rustenburg unter Kommandant Jan Kemp in seinen eigenen Bezirk geschickt worden, um unter General De la Reys Kommando gestellt zu werden. Die meisten Bürger zogen es vor, immer in ihrem eigenen Bezirk zu bleiben, auch wenn die verstreuten Dörfer in den Händen des Feindes waren, der Großteil der Gehöfte niedergebrannt und die Bauernhöfe zerstört waren und fast alle Familien in britischen Konzentrationslagern untergebracht waren. Und wenn die Kommandeure den Bürgern nicht erlaubten, in ihre eigenen Bezirke zu gehen, desertierten sie einfach einer nach dem anderen, um sich dem Kommando anzuschließen, das ihrem Bezirk am nächsten lag.

Ich glaube nicht, dass es ein anderes Volk gibt, das so liebevoll mit seiner Heimat und ihrer Umgebung verbunden ist, selbst wenn die Häuser in Trümmern liegen und die Bauernhöfe zerstört sind. Dennoch fühlt sich der Bur davon angezogen, und wenn er es endlich geschafft hat, dorthin zu gelangen, findet man ihn oft trostlos zwischen den Ruinen sitzend oder in der Umgebung umherwandernd.

Es war daher besser, unsere Männer irgendwo in der Nähe ihrer Bezirke zu halten, denn auch aus strategischer Sicht waren sie dort besser, da sie jeden Winkel kannten und im Gefahrenfall genau herausfinden konnten, wo sie sich verstecken konnten. Selbst im Dunkeln konnten sie nach einer Erkundung erkennen, aus welcher Richtung der Feind kommen würde. Dies gab einem Kommando insbesondere die notwendige Selbständigkeit, die im Kampf von so großer Bedeutung ist. Es hat sich auch gezeigt, dass es im späteren Verlauf des Krieges für einen Bürger einfacher war, sich in seinem eigenen Bezirk mit Lebensmitteln zu versorgen als in anderen, ungeachtet der Zerstörung, die der Feind angerichtet hatte.

Kommandant Müller vom Kommando Boksburg, einer von denen, die das Glück hatten, durch die Halbherzigkeit des vorherigen Kommandanten (Dirksen) der Gefahr einer Gefangennahme zu entgehen, und dessen Platz eingenommen hatten, traf fast im selben Moment in Warmbad ein. Er reiste über Yzerberg weiter und traf in Klipplaatdrift bei Zebedelestad bei uns ein.

Ich hatte einer Feldkornett-Kompanie, bestehend aus Kolonialafrikanern, erlaubt, Präsident Steyn in den Oranje-Freistaat zu begleiten, was eine Reduzierung meiner 350 Mann starken Truppe, einschließlich der Krugersdorpers, bedeutete. Aber die Vereinigung mit den etwa 200 Mann starken Boksburg-Bürgern machte das einigermaßen wett.

Wir gingen am Olifant's River entlang, über Israelskop und Crocodile Hill, bis zu der Stelle, wo der Eland's River in den Olifant's River mündet, und von dort direkt über Giftspruit nach Witnek.

Das Gras war nach den schweren Regenfällen in gutem Zustand und bot unseren Vierbeinern reichlich Nahrung. Seltsamerweise geschah während dieser 95 Meilen langen „Wanderung" nichts Nennenswertes. Ungefähr Mitte November schlugen wir unser Lager in der Nähe der „Albert"-Silberminen südlich von Witnek auf.

Kommandant Erasmus war mit dem Rest des Pretoria-Kommandos noch immer in diesem Teil des Landes. Aufgeteilt in drei oder vier kleinere Gruppen hielten sie in der Nähe der Eisenbahnlinie Wache, von Donkerhoek bis in die Nähe der Wilgeriver-Station. Immer wenn der Feind ausrückte, warnten die Männer auf Wache und flohen mit ihren Familien und ihrem Vieh in das „Boschveldt" entlang Witnek.

Diese Taktik ermöglichte es der britischen Presse, zu behaupten, die Generäle Plumer und Paget hätten im Vormonat einen glänzenden Sieg über Erasmus errungen; denn mit Ausnahme einiger verlassener Karren in Zusterhoek konnten sie von Erasmus und seinem Kommando mit Sicherheit nichts gesehen haben außer einer Staubwolke auf der Straße von Witnek zum „Boschveldt".

Ich hatte den Auftrag, die Kommandos in diesen Gebieten neu zu organisieren und dafür zu sorgen, dass Ruhe und Ordnung aufrechterhalten wurden. Die Reorganisation war eine schwierige Aufgabe, denn die Bürger waren untereinander gespalten.

Einige wollten ein anderes Kommando, während andere bei Erasmus bleiben wollten, der früher General war und mein Vorgesetzter war, rund um Ladysmith. Er, einer der reichsten und einflussreichsten Bürger im Bezirk Pretoria, schien nicht geneigt, meinen Anweisungen Folge zu leisten, und insgesamt konnte er sich nicht an die veränderten Bedingungen gewöhnen. Ich tat mein Möglichstes, aber soweit es das Pretoria-Kommando betraf, war das Ergebnis meiner Bemühungen nicht sehr zufriedenstellend. Auch die Generäle, die nach mir dasselbe versuchten, kamen mit der Reorganisation nicht voran, solange Erasmus als Offizier die Kontrolle behielt. Ein gefährliches Element, das er und seine Clique tolerierten, bildeten einige Familien (Schalkwyk und andere), die nach ihrer Kapitulation vor dem Feind mit ihrem Vieh auf ihren Besitztümern bleiben und ihre Landwirtschaft weiterführen durften, als wäre nichts geschehen. Sie lebten im Allgemeinen in der Nähe der Eisenbahn zwischen unseren Wachposten und denen des Feindes. Diese „freiwillig Entwaffneten", wie wir sie nannten, hatten vom Feind Pässe erhalten, die ihnen freien Zugang zu den britischen Lagern ermöglichten, und gemäß einer Proklamation von Lord Roberts bestand ihre Pflicht darin, beim Anblick von Buren oder Kommandos dies sofort dem nächsten englischen Posten zu melden und auch alle Informationen, die sie über die Buren erhielten, weiterzugeben. All dies stand unter Androhung von Niederbrennen ihrer Häuser und Beschlagnahme ihres Viehs und Eigentums. Manchmal besuchte sie ein Bruder oder ein anderer Verwandter dieser „Helfer". Der Sohn eines von ihnen war Adjutant von Kommandant Erasmus und teilte sein Zelt mit ihm, während der Adjutant seine Eltern oft nachts und manchmal auch tagsüber besuchte; die Folge war, dass die Engländer immer genau wussten, was in unserem Bezirk vor sich ging. Diese Situation durfte nicht so weitergehen, und ich wies einen meiner Offiziere an, alle diese verdächtigen Familien hinter unsere Kommandos zu bringen. Alle männlichen Personen, die sich aus Feigheit dem Feind ergeben hatten, wurden verhaftet.

Die meisten von ihnen wurden wegen Hochverrats und Desertion sowie der Abgabe ihrer Waffen vor ein Kriegsgericht gestellt, und fünfzehn wurden in einem Schulgebäude in Rhenosterkop eingesperrt, das zu diesem Zweck in ein Gefängnis umgewandelt worden war. Das Gericht bestand aus einem Vorsitzenden, der vom General aus den Kommandanten ausgewählt wurde, und aus vier Mitgliedern, von denen zwei vom General und dem Präsidenten und zwei von den Bürgern ausgewählt worden waren.

In Abwesenheit unseres Staatsprocureurs wurde ein Rechtsanwalt zum Staatsanwalt ernannt.

Vor Beginn der Verhandlung wurde der Präsident vom General vereidigt, die anderen vier Mitglieder ebenfalls. Es wurde das übliche Strafverfahren durchgeführt und jedes Urteil dem General zur Bestätigung vorgelegt.

Das Gericht könnte die Todesstrafe verhängen. In diesem Fall könnte Berufung bei der Regierung eingelegt werden.

Es gab noch weitere von den Letzteren eingesetzte Gerichte, doch da diese fast täglich umherzogen, waren sie nicht immer verfügbar, und man musste dann auf das Kriegsgericht zurückgreifen.

Die fünfzehn Gefangenen wurden auf dem Friedhof von Rhenosterkop vor Gericht gestellt. Der Prozess dauerte mehrere Tage, und ich erinnere mich nicht an alle Einzelheiten der verschiedenen Urteile, die zwischen zweieinhalb und fünf Jahren Gefängnis lagen, ich glaube mit der Option einer Geldstrafe. Das einzige Gefängnis, in das wir sie schicken konnten, war Pietersburg, und dort gingen sie hin.

Die Festnahme und Bestrafung dieser Personen erregte bei den verschiedenen Kommandos großes Aufsehen.

Es scheint unglaublich, aber es ist eine Tatsache, dass viele Mitglieder der Familien dieser Verräter über mein Vorgehen in dieser Angelegenheit sehr empört waren und mir sogar anonyme Briefe schickten, in denen sie drohten, mich zu erschießen.

Obwohl es nach der Verurteilung dieser fünfzehn Ehrenhaften weniger Verrat gab, blieb immer noch ein einfacher Kanal in Form der Korrespondenz zwischen Bürgern der Kommandos und ihren Verwandten innerhalb der englischen Kampflinien, die von Kaffernboten überbracht wurde. Dies konnte nicht so leicht gestoppt werden.

Am 19. November 1900 griff ich den Feind gleichzeitig an der Eisenbahn in Balmoral und Wilgeriver an und stellte bald fest, dass die Briten schon vorher von unserem Plan gehört hatten.

Kommandant Müller, der sich mit einigen seiner Bürger und einem Krupp-Geschütz vorsichtig am Wilgeriver an den Feind heranschlich, stieß am frühen Morgen auf heftigen Widerstand. Es gelang ihm zwar, einige kleine Forts einzunehmen, aber die Station war zu stark befestigt, und der Feind setzte in einem der Forts zwei 15-Pfünder mit solcher Präzision ein, dass unser Krupp-Geschütz bald getroffen wurde, das aus der Kampflinie geräumt werden musste.

Die Bürger, die am frühen Morgen die kleinen Forts eingenommen hatten, mussten dort mit drei Verwundeten anhalten, bis sie im Schutz der Dunkelheit entkommen konnten. Die Verluste des Feindes erfuhren wir nicht.

Ebenso viel Pech hatten wir in der Nähe der Balmoral Station, wo ich persönlich den Angriff leitete.

Bei Tagesanbruch befahl ich, eine Festung zu stürmen, in der Erwartung, ein Geschütz zu erbeuten, mit dem wir von dort aus auf die Station schießen und sie dann stürmen könnten. Tatsächlich besetzten wir das Fort ohne große Schwierigkeiten, nahmen einen Hauptmann und 32 Mann gefangen und verloren mehrere Tote und Verwundete, während zwanzig weitere entkamen. Diese gehörten alle zu den „Buffs", demselben Regiment, das jetzt an unserer Bewachung auf St. Helena teilnimmt. Aber insgesamt waren wir enttäuscht, da wir in dem Fort, das westlich der Station lag, kein Geschütz fanden. Zwei Divisionen von Bürgern mit einem 15-Pfünder und einem Pom-Pom näherten sich der Station von Norden und Osten, während ein

Kommando unter Feldkornett Duvenhage, das zur Verstärkung des Angriffs herangezogen worden war, eine wichtige Stellung im Süden einnehmen sollte, bevor der Feind sie einnehmen konnte, denn während der Nacht war sie noch unbesetzt.

Unsere 15-Pfünder-Kanone, eines der Geschütze, die wir den Engländern abgenommen hatten, feuerte sechs Granaten auf den Feind am Bahnhof ab, als sie explodierte, während die Pom-Pom, nachdem sie einige Bomben durch die Bahnhofsgebäude geschickt hatte, ebenfalls klemmte. Wir versuchten, über den kahlen Boden zwischen unserer Stellung und dem stark verbarrikadierten und befestigten Bahnhof zu stürmen, und der Feind wäre zweifellos zur Kapitulation gezwungen gewesen, wenn er nicht gemerkt hätte, dass mit uns etwas nicht stimmte, da unsere Geschütze schwiegen und Feldkornett Duvenhage und seine Bürger nicht aus dem Süden auftauchten. Die Briten, die eine wichtige Stellung eingenommen hatten, von der aus sie uns mit ihrem Feuer decken konnten, schickten uns einige Lydditgranaten aus einer Haubitze im Bahnhofsfort. Obwohl es einen guten Hagel davon gab, schickte der Lyddit-Sprudel die Granaten so langsam, dass wir sie ruhig kommen sehen und rechtzeitig in Deckung gehen konnten, sodass sie sehr wenig Schaden anrichteten.

Um acht Uhr mussten wir zurückweichen, denn obwohl wir über Nacht an mehreren Stellen die Eisenbahn- und Telegrafenverbindungen zerstört hatten, waren diese am Nachmittag wiederhergestellt und feindliche Verstärkungen strömten sowohl aus Pretoria als auch aus Middelburg ein. Ich beobachtete das alles durch mein Fernglas von meiner Position auf einer Anhöhe in der Nähe der Douglas-Kohlegruben.

Unter den Gefangenen, die wir am Morgen gemacht hatten, war ein Kapitän der „Buffs", dem aus irgendeinem Grund die Kragensterne abgenommen worden waren, aber die Markierungen zeigten, dass sie erst vor kurzem entfernt worden waren. Zu dieser Zeit gab es keine Befehle, Offiziere als Kriegsgefangene zu behalten, und dieser Kapitän wurde daher mit den anderen „Tommies" nach Balmoral zurückgeschickt, nachdem wir sie von ihren Waffen und anderen Dingen, die wir brauchten, befreit hatten. Später las ich in einer englischen Zeitung, dass dieser Kapitän die Sterne abgenommen hatte, um sich vor den „Grausamkeiten der Buren" zu schützen.

Ich hielt dies für eine ungerechte und unverdiente Verleumdung.

KAPITEL XXVI.

SCHLACHT BEI RHENOSTERKOP.

Am 27. November 1900 meldeten unsere Späher, dass eine feindliche Truppe aus Richtung Pretoria marschierte und entlang Zustershoek vorrückte. Ich schickte Kommandant Muller mit einer starken Patrouille los, während ich das Lager in eine sichere Position brachte, auf dem Hügelkamm, der einige Meilen nördlich von Rhenosterkop verläuft. Dies ist der Ort, etwa 15 Meilen nordöstlich von Bronkhorst Spruit, wo Oberst Anstruther mit dem 94. Regiment 1881 von den Buren angegriffen und vernichtend geschlagen wurde. Rhenosterkop ist eine hervorragende Position, die sich mehrere hundert Fuß über die benachbarten Höhen erhebt und aus großer Entfernung sichtbar ist. Nach Süden und Südosten hin ist dieser Hügel durch eine tiefe kreisförmige Spalte namens Rhenosterpoort von den Kliprandts (bekannt unter dem Namen Suikerboschplaats) abgeschnitten.

Auf der gegenüberliegenden Seite dieser Spalte bilden die sogenannten „Banken" ein „Plateau" auf etwa derselben Höhe wie das Rhenosterkop, mit einigen kleineren Plateaus auf geringerer Höhe in Richtung Wilge River. Diese Plateaus bilden eine Sichel, die von Südosten nach Norden des Rhenosterkop verläuft. Nur eine Straße, die aus der „Bank" in der Nähe von Blackwood Camp herausführt und sie in der Nähe von Goun kreuzt, bietet Zugang zu dieser Sichel. Auf der Westseite gibt es eine große Lücke bis nach Zustershoek, die nur durch einige „Randjes" oder Bergrücken in der Nähe der Albert-Silberminen und der Reihe von Kopjes unterbrochen wird, auf denen ich jetzt eine Position bezogen hatte.

Die feindliche Streitmacht wurde auf 5.000 Mann geschätzt, die meisten davon beritten, und die uns, ganz entgegen ihrer üblichen Taktik, angriffen, sobald sie uns bemerkten. Müller musste immer wieder zurückweichen. Der Feind unter General Paget verfolgte uns, als wären wir eine große Wildfalle, und es wurde bald klar, dass sie sich entschlossen hatten, uns dieses Mal einzuholen. Ich schickte unsere Karren in den Wald entlang des Poortjesnek nach Roodelaager und leistete in den Kopjes bei Rhenosterkop Widerstand.

Am 28., dem nächsten Tag, schlug General Paget sein Lager in der Nähe unserer Stellungen auf und beschoss uns bis zum Abend mit einigen Batterien Feldgeschütze. Am selben Abend erhielt ich die Information, dass eine Truppe unter General Lyttelton aus Middelburg marschiert war und in der Nähe von Blackwood Camp angekommen war. Das bedeutete, dass uns der Weg in die Nähe von Gourjsberg abgeschnitten war. Wir konnten nur die Straße entlang des Poortjesnek gut verteidigen, denn wenn es dem Feind gelingen sollte, auch diese zu blockieren, wären wir in einer Falle und völlig aufgeschmissen.

Im Westen stand uns General Paget gegenüber, im Süden Rhenosterkop ohne Ausweg und im Osten General Lyttelton, während es im Norden nur eine Straße gab, die zwischen hohen Ketten und tiefen Spalten verlief. Wenn General Paget eine Flankenbewegung unternommen hätte, die die Straße im Norden bedroht hätte , hätte ich mich in aller Eile zurückziehen müssen, aber wir hofften, dass der General nicht daran denken würde. General Lyttelton brauchte nur noch eine Meile vorzurücken, bis zu den ersten „Randts" des Berges in der Nähe von Blackwood Camp, damit seine Kanonen unsere gesamte Stellung beherrschen und es uns unmöglich machen würden, sie zu halten. Zwischen ihm und meinen Bürgern stand jedoch eine Feldkornett-Kompanie mit der Anweisung, so lange wie möglich Widerstand zu leisten und zu verhindern, dass wir von hinten angegriffen würden, was, wie es der Zufall wollte, auch gelang. Meine Krupp- und Pom-Pom-Kanonen waren repariert oder vielmehr geflickt worden, obwohl die ersteren nach ihrer Reparatur nur vierzehnmal abgefeuert worden waren.

Ich habe die Johannesburger links, die Polizei in der Mitte und die Boksburger rechts aufgestellt. Wie ich bereits erwähnt habe, befanden sich diese Positionen in einer Reihe kleiner Hügel, die mit großen „Klips" übersät waren, während der Angreifer über einen nackten „Bult" hinwegstürmen musste und wir uns erst sehen konnten, wenn sie 60 bis 150 Schritte entfernt waren.

Am nächsten Morgen, als der Tag anbrach, schlugen die Wächter Alarm, die uns so wohlbekannte Warnung: „Die Khakis kommen!" Die Pferde wurden alle hinter den „Randts" aus der Schussweite der Kugeln gebracht. Ich ritt mit meinen Offizieren vor unseren Stellungen herum und konnte so bei Tagesanbruch das ganze Gelände überblicken.

Ich war ganz aus dem Häuschen, als ich plötzlich die riesige Armee der „Khakis" direkt vor uns sah, die sich langsam näherte, in großer Formation, Regiment für Regiment, systematisch aufgestellt in der richtigen Kampfordnung, und meine Angst mischte sich mit Bewunderung über die großartige Disziplin des Gegners. Dies war also der erste Akt in dem blutigen Drama, das sich die nächsten fünfzehn Stunden abspielen sollte. Der Feind kam direkt auf uns zu und hatte offensichtlich unsere Stellungen sorgfältig erkundet.

General Paget schien auf einen Kampf aus zu sein, denn es sah nicht so aus, als wolle er einfach nur unseren einzigen Ausweg bedrohen. Seine schwere Artillerie war in der Nähe seines Lagers hinter den Soldaten in Stellung und feuerte über ihre Köpfe hinweg auf uns, während einige 15-Pfünder auf die verschiedenen Regimenter verteilt waren. Der Gedanke, in einen so ungleichen Kampf verwickelt zu sein, lastete schwer auf meinem Gemüt. Mir gegenüber standen vier- bis fünftausend Soldaten, gut ausgerüstet, gut diszipliniert, unterstützt von einer starken Artillerie; direkt hinter mir meine Männer, höchstens 500 Mann, mit einigen geflickten Geschützen, die fast zu wackelig zum Schießen waren.

Aber ich konnte mich darauf verlassen, dass mindestens 90 Prozent meiner Bürger hervorragende Schützen waren und dass jeder von ihnen wusste, wie er mit seinem Munitionsvorrat haushalten konnte, während ihre Herzen leidenschaftlich für die Sache schlugen, für die sie kämpften.

Die Schlacht wurde von unserem Krupp-Geschütz eröffnet, mit dem sie den Befehl hatten, die vierzehn Granaten abzufeuern, die uns zur Verfügung standen, und dann zu „rennen". Die schweren Geschütze des Feindes antworteten bald vom zweiten Bergrücken. Als es helllichtes Tageslicht war, versuchte der Feind seinen ersten Angriff auf die Stellung Johannesburg, über die mein Bruder das Kommando hatte, und näherte sich in Gefechtsaufstellung. Sie stürmten bis auf siebzig Schritt heran, als unsere Männer zum ersten Mal schossen, so dass wir unser Ziel auf so kurze Distanz nicht sehr gut verfehlt haben konnten, außerdem waren die Umrisse der Angreifer gerade noch am Horizont zu erkennen, als sie über den letzten Bergrücken gingen. Nur zwei Salven und alle Khakis lagen flach auf dem Boden, einige tot, andere verwundet, während diejenigen, die nicht getroffen worden waren, sich flach wie ein Pfannkuchen hinlegen mussten.

Die feindlichen Feldgeschütze waren hinter dem Bergrücken, den der Feind beim Angriff passieren musste, außer Sichtweite und feuerten ohne Unterbrechung weiter. Eine halbe Stunde später wurde die Stellung der Johannesburger Polizei unter dem verstorbenen Leutnant D. Smith erneut gestürmt, diesmal mit Unterstützung der Briten durch zwei Feldgeschütze, die sie in den Reihen mitgebracht hatten und die eingesetzt werden sollten, sobald die Soldaten unter Beschuss gerieten. Sie kamen bis auf hundert Schritte heran. Ich glaube, ich sah eines dieser Geschütze aufgestellt, aber bevor sie die Reichweite erreichen konnten, musste es in Sicherheit gebracht werden, denn den angreifenden Soldaten erging es hier ebenso schlecht wie auf unserer linken Flanke.

Dann versuchten sie nach kurzem Zögern erneut den Angriff auf unsere rechte Flanke, als Kommandant Müller und die Boksburger und einige Bürger von Pretoria unter Feldkornett Opperman die Stellung hielten, aber mit dem gleichen verhängnisvollen Ergebnis für die Angreifer. Unsere Fünfzehnpfünder hatten nach einigen Schüssen den Geist aufgegeben, und unsere Pom-Pom konnte nur von Zeit zu Zeit eingesetzt werden, nachdem der Artillerist sie wieder aufgerichtet hatte.

Ich hatte einen Heliographenposten in der Nähe der linken Stellung, einen in der Mitte und einen, der meinem Stab gehörte, ganz rechts. Ich blieb in der Nähe dieser Posten und erwartete eine Flankenbewegung von General Paget, nachdem seine Frontalangriffe gescheitert waren. Von diesem Aussichtspunkt aus konnte ich das gesamte Kampfgebiet überblicken, außerdem war ich in ständigem Kontakt mit meinen Offizieren und konnte ihnen alle Bewegungen des Feindes mitteilen.

Gegen 10 Uhr griffen sie erneut an, und soweit ich sehen konnte, mit einem frischen Regiment. Wir ließen sie wieder ganz nah herankommen, und wieder mähte unser tödliches Mauserfeuer sie nieder, so dass diejenigen, die ungeschoren davonkamen, sich flach auf den Boden legen mussten, während während dieses Angriffs einige, die sich hätten fallen lassen müssen, nun aufsprangen und davonrannten. Wenn ich mich recht erinnere, geschah es während dieses Angriffs, dass ein tapferer Offizier, dem ein Bein zertrümmert worden war, sich auf ein Gewehr oder sein Schwert stützte und weiterhin seine Befehle gab, die Soldaten anfeuerte und ihnen befahl, weiter anzugreifen. Während er in dieser Position war, traf ihn eine zweite Kugel und er fiel tödlich verwundet zu Boden. Später hörten wir, dass es ein gewisser Colonel Lloyd vom West Riding Regiment war. Ein paar Monate später, als wir über dasselbe Schlachtfeld kamen, legten wir einen Blumenkranz auf sein Grab, mit einer Karte mit der Aufschrift: „Zu Ehren eines tapferen Feindes."

General Paget schien entschlossen, unsere Stellungen einzunehmen, egal wie viele Menschenleben dabei verloren gingen. Wenn es ihm schließlich gelang, würde er auf diese Weise vielleicht ein halbes Dutzend verwundeter Bürger finden und, wenn sich seine Kavallerie beeilte, vielleicht eine Anzahl Bürger mit Pferden in schlechtem Zustand, aber sonst nichts.

Hätte er hingegen eine Flankenbewegung unternommen, hätte er sein Ziel möglicherweise erreicht, möglicherweise ohne einen einzigen Mann zu verlieren.

Stolz oder Dummheit müssen ihn dazu gebracht haben, seine Taktik nicht zu ändern. Unbeirrt von den wiederholten Fehlschlägen am Morgen griffen unsere Angreifer erneut an, mal eine Stellung, mal eine andere, und versuchten, ihre Feldgeschütze in Position zu bringen, aber jedes Mal ohne Erfolg. Am Ende ihrer Kräfte versuchte der Feind einen weiteren Trick, indem er seine Geschütze unter dem Schutz einiger Rotkreuzwagen bis an unsere Stellung heranbrachte. Der Offizier, der dies bemerkte, meldete sich per Heliograph bei mir und bat um Anweisungen. Ich antwortete: „Wenn während der Schlacht ein Rotkreuzwagen in die Kampflinien eindringt, ist er dort auf eigene Verantwortung." Außerdem hätte General Paget, unter dem Schutz der weißen Fahne, jeden Moment, jede Stunde oder länger darum bitten können, seine vielen unglücklichen Verwundeten wegzubringen, die zwischen zwei Feuern in der brennenden Sonne lagen.

Als sich herausstellte, dass der Wagen des Roten Kreuzes in der Schusslinie stand, wurde er umgedreht, während einige Kanonen zurückblieben, um aus kurzer Entfernung Schrapnells auf uns abzufeuern. Sie konnten nur ein oder zwei Schüsse abfeuern, denn unsere Bürger setzten die Artilleristen, die sie bedienten, bald außer Gefecht. Gegen Nachmittag ging einigen meiner Bürger die Munition aus. Ich hatte eine Feldkornett-Truppe in Reserve, von der von Zeit zu Zeit fünf bis zehn Mann in die Stellung geschickt wurden, was die Bürger wieder aufmunterte.

General Paget setzte den ganzen Tag lang die gleiche Angriffstaktik fort, die jedoch völlig fehlschlug. Als die Sonne hinter den Magaliesbergen verschwand, unternahm der Feind einen letzten, ja verzweifelten Versuch, unsere Stellungen einzunehmen. Die Kanonen dröhnten, während wir von Staubwolken eingehüllt wurden, die von den Granaten aufgewirbelt wurden.

Die Soldaten griffen mutig wie Löwen an und schlichen sich näher an unsere Stellungen heran, als sie es tagsüber getan hatten.

Aber es schien, als sei das Schicksal auf unserer Seite, denn unsere 15-Pfünder hatten sich gerade bereit gemacht und feuerten ihre Granaten in schneller Folge in die feindlichen Linien, wobei sie die Schussweite perfekt fanden. Auch die Pom-Pom – die wir den ganzen Tag nur ein oder zwei Granaten abfeuern konnten, weil der Schütze nach jedem Schuss zwei oder drei Stunden herumtrödeln musste, um sie zu reparieren – begann zu unserer großen Überraschung plötzlich loszudonnern, und die beiden Geschosse – ich wollte sagen, die „mysteriösen" Geschosse – feuerten einen Strom mörderischen Stahls auf die Angreifer ab, der sie ins Wanken brachte und sie dann zurückweichen ließ, wobei sie viele Kameraden zurückließen.

Auf unserer Seite wurden nur zwei Bürger getötet, während 22 verwundet wurden. Die genauen Verluste des Feindes waren schwer zu schätzen. Sie dürften sich jedoch auf einige Hundert belaufen haben.

Wieder einmal legte die Nacht einen dunklen Schleier über eines der blutigsten Dramen dieses Krieges. Nach der Einstellung der Feindseligkeiten rief ich meine Offiziere zusammen und betrachtete unsere Position. Wir hatten an diesem Tag keinen Zentimeter Boden verloren, während der Feind nichts gewonnen hatte. Im Gegenteil, er hatte von uns eine schwere Niederlage erlitten. Aber unsere Munition wurde knapp, unsere Wagen mit Proviant waren 18 Meilen entfernt. Alles, was wir in unseren Positionen hatten, waren Mais und rohes Fleisch, und die Bürger hatten keine Chance, sie zu kochen. Da wir kein besonderes Interesse daran hatten, diese Positionen zu halten, beschlossen wir daher, uns in dieser Nacht auf Poortjesnek zurückzuziehen, das ein „Mittelweg" zwischen dem Ort war, an dem wir aufbrachen, und unseren Wagen, von wo aus wir unseren Proviant und unsere Reservemunition beziehen konnten.

Wir ließen General Paget daher ohne weiteres diese Positionen einnehmen.

Ich habe versucht, diese Schlacht so genau wie möglich zu beschreiben, um zu zeigen, dass die Inkompetenz der Generäle nicht immer nur auf unserer Seite lag.

Aus dem in den Zeitungen veröffentlichten Bericht des britischen Oberbefehlshabers habe ich gelesen, dass General Paget in dieser Schlacht einen äußerst erfolgreichen und glänzenden Sieg errungen hatte. Die Leute werden vielleicht sagen, dass es dumm von mir war, die Stellungen zu räumen, und dass ich sie am nächsten Tag weiter hätte verteidigen sollen. Nun, in früheren Zeiten hätten europäische Generäle so etwas getan, aber zweifellos kämpften sie unter anderen Umständen. Sie standen keiner zehnmal so starken Streitmacht gegenüber, waren nicht auf eine begrenzte Menge Munition beschränkt und hatten auch keinen Mangel an ausreichender Nahrung oder Verstärkung. Das nächste Burenkommando befand sich in Warmbad, etwa 60 Meilen entfernt. Außerdem bestand weder aus militärischen noch aus strategischen Gründen die Notwendigkeit, an diesen Stellungen festzuhalten. Es war bereits unsere Politik geworden, zu kämpfen, wann immer wir konnten, und uns zurückzuziehen, wenn wir uns nicht länger halten konnten. Die Regierung hatte entschieden, dass der Krieg fortgesetzt werden sollte, und es war die Pflicht eines jeden Generals, so zu manövrieren, dass er verlängert wurde. Wir hatten keine Reservetruppen, also lautete mein Motto: „Töte so viele Feinde wie möglich, aber sorge dafür, dass du deine eigenen Männer nicht gefährdest, denn wir können keinen einzigen entbehren."

Am 30. November, dem Tag nach dem Kampf, war ich mit einer Patrouille auf den ersten „Randts", nordöstlich von Rhenosterkop, gerade als die Sonne aufging, und hatte einen herrlichen Blick auf das gesamte Schlachtfeld des Vortages. Ich sah, wie sich die Späher des Feindes vorsichtig den geräumten Stellungen näherten, und schloss aus den Vorsichtsmaßnahmen, die sie trafen, dass sie nicht wussten, dass wir über Nacht abgereist waren. Tatsächlich sah ich kurz darauf, wie die Khakis die Kopjes stürmten und besetzten. Wie groß muss ihr Erstaunen und ihre Enttäuschung gewesen sein, als sie diese Stellungen verlassen vorfanden, für deren Besitz sie so viel Blut vergossen hatten. Eine Reihe von Sanitätswagen wurden herangezogen und fuhren auf dem Schlachtfeld hin und her, um die Verwundeten in das Lazarettlager zu bringen, das gewaltige Ausmaße angenommen haben muss. Man sah, wie Gräben ausgehoben wurden, in denen die getöteten Soldaten begraben wurden. Ein Trupp Kaffern trug die Leichen, soweit ich es erkennen konnte, und in der Nähe der Gräber konnte ich deutlich einige Haufen khakifarbener Gestalten erkennen.

SCHLACHT VON RHENOSTERKOP – WIE COLONEL LLOYD STARB.

So wie das Schlachtfeld jetzt aussah, bot es ein trauriges Schauspiel. Tod und Verstümmelung, Kummer und Elend waren die Spuren, die der gestrige Kampf hinterlassen hatte. Wie traurig, dachte ich, dass zivilisierte Nationen versuchen, sich gegenseitig zu vernichten. Die wiederholten tapferen Angriffe von General Pagets Soldaten, trotz unseres tödlichen Feuers, hatten uns die größte Bewunderung des Feindes eingebracht, und so mancher Bürger seufzte sogar während der Schlacht. Wie schade, dass so tapfere Kerle in die Vernichtung geführt werden müssen wie so viele Schafe zum Hackklotz!

Inzwischen waren die Kolonnen von General Lyttelton nicht näher gekommen, und es schien uns, als hätte er nur eine Show abgezogen, um uns zu verwirren und uns angesichts ihrer überwältigenden Stärke zur Flucht zu bewegen.

Am 1. Dezember schickte General Paget uns eine starke berittene Truppe entgegen, und wir lieferten uns einen kurzen, heftigen Kampf, bei dem es auf keiner Seite große Verluste gab.

Diese Kolonne lagerte in Langkloof, in der Nähe unserer Stellungen, und zwang uns, unsere Pferde am Fuße der „Kenge" im Wald grasen und tränken zu lassen, wo Pferdekrankheit weit verbreitet war. Wir waren daher sehr bald gezwungen, weiterzuziehen.

Etwa zu dieser Zeit erhielt ich die Meldung, dass eine Anzahl Frauen und Kinder in der Nähe von Rhenosterkop entlang des Wilge River umherirrten. Ihre Häuser waren auf Befehl von General Paget niedergebrannt worden und wir wurden gebeten, diese unglücklichen Menschen zu beschützen.

Einige Bürger boten an, nachts loszureiten, um sie zu suchen, und brachten am nächsten Morgen mehrere Familien in unser Lager. Die Ehemänner dieser armen Leidenden waren in der Nachbarschaft im Dienst, so dass sie nun das Nötige für ihre Frauen und Kinder tun konnten. Ich stellte einigen der Frauen einige Fragen, aus denen hervorging, dass die Engländer zwar angefleht hatten, ihre Kleidung und Lebensmittel nicht zu verbrennen, dies aber dennoch getan worden war. Einige Australier und Kanadier, die anwesend waren, hatten ihr Bestes getan, um einen Teil der Lebensmittel und Kleidung zu retten, und diese Kolonisten hatten ihnen in jeder Hinsicht viel Rücksicht entgegengebracht, aber, so fügten die Frauen hinzu, eine Bande von Kaffern, die den Befehl erhalten hatte, diese Zerstörung herbeizuführen, verhielt sich auf die barbarischste und grausamste Weise und war von den britischen Soldaten nicht unter Kontrolle.

Ich fühlte mich verpflichtet, gegen diese skandalösen Akte des Vandalismus zu protestieren und schickte am nächsten Tag zwei meiner Adjutanten mit einer Notiz von etwa folgendem Inhalt in das englische Lager:

„An GENERAL PAGET , *Kommandeur der Streitkräfte Seiner Majestät in Rhenosterkop* .

"Es ist meine schmerzliche Pflicht, Eure Ehren auf die grausame Art und Weise aufmerksam zu machen, mit der die Truppen unter Ihrem Kommando wehrlose Frauen und Kinder misshandeln. Nicht nur ihre Häuser, sondern auch ihre Nahrung und Kleidung werden verbrannt. Diese armen Geschöpfe wurden im offenen Veldt zurückgelassen, der Gnade der Kaffern ausgeliefert, und wären ohne unsere Hilfe an Hunger und Erschöpfung gestorben. Diese Art, diese unglücklichen Menschen zu behandeln, verstößt zweifellos gegen die Regeln der zivilisierten Kriegsführung, und ich möchte betonen, dass die Verantwortung für diese Grausamkeit ganz bei Ihnen liegt. Sie können sicher sein, dass eine ähnliche Behandlung unserer Familien die Dauer des Krieges nicht verkürzen wird, sondern dass im Gegenteil solche

Barbareien die Bürger dazu zwingen werden, den Kampf zu verlängern und mit mehr Bitterkeit und Entschlossenheit als je zuvor weiterzukämpfen."

Die beiden Depeschenboten, die ich unter einer weißen Flagge an den britischen General schickte, wurden für Spione gehalten, und so sehr sie auch versuchten, ihre Identität festzustellen, General Paget ließ sich nicht überzeugen und ließ sie verhaften und drei Tage lang festhalten. Ihre Pferde wurden jeden Tag von den englischen Offizieren benutzt, was ich alles andere als gentlemanhaft halte. Am dritten Tag wurden meine beiden Adjutanten erneut vor den General gebracht und verhört, aber es konnten keine Beweise dafür gefunden werden, dass sie echte Boten waren. Paget sagte ihnen, meine Depesche sei völliger Unsinn und gebe ihnen nicht das Recht, seine Linien unter der weißen Flagge zu betreten, und fügte hinzu, während er ihnen einen an mich gerichteten Brief überreichte:

„Sie können jetzt gehen. Sagen Sie Ihrem General, wenn er gerne kämpft, würde ich mich jederzeit freuen, ihn im Freien zu treffen. Sie haben einige meiner Rotkreuz-Leute getötet, aber ich weiß, dass das diese ‚verdammten' skrupellosen Johannesburger getan haben. Sagen Sie ihnen, ich werde sie dafür bezahlen!"

Bevor meine Adjutanten gingen, sagte ein gewisser Kapitän zu einem von ihnen:

„Ich sage: Was denken Ihre Leute über den Kampf?"

„Welchen Kampf meinen Sie?" fragte der Adjutant.

„Der Kampf hier", erwiderte der Kapitän.

„Oh", bemerkte der Adjutant, „wir glauben, es war eher ein Missmanagement." Worauf der Kapitän antwortete: „Bei Gott! Sie sind nicht die einzigen, die das denken."

Der Inhalt des Briefes von General Paget war kurz und knapp: „Die Verantwortung für das Leid der Frauen und Kinder liegt auf den Schultern derer, die den hilflosen Kampf blind fortsetzen" usw. usw.

Ich darf hier anmerken, dass dies das erste Mal in diesem Krieg war, dass die englischen Offiziere meine Kuriere unter der weißen Flagge auf eine derartige Art und Weise behandelten und mir gleichzeitig eine derart unhöfliche Antwort gaben.

Zweifellos gab es auf unserer Seite Generäle, die sich so verhalten haben, und ich gebe zu, dass wir uns nicht immer an die Etikette gehalten haben.

Wie bereits erwähnt, lagerte ein Teil der feindlichen Truppen in der Nähe von Poortjesnek, so nah, dass wir unser Lager und unser Kommando wegen der Pferdekrankheit in einen gesünderen Teil verlegen mussten. Der Feind errichtete eine dauerhafte Besetzung in Rhenost erkop und wir zogen in den Bezirk Lydenberg, wo wir, wie wir wussten, ein gesundes „Veldt" in den Steenkamps Mountains finden würden. Wir gingen durch den Wald in der Nähe von Maleemskop über Roodekraal zum Fuß des Bothasbergs, wo wir uns ein paar Wochen ausruhten.

KAPITEL XXVII.

DAS ZWEITE WEIHNACHTEN IM KRIEG.

Am Fuße des Bothasbergs, wo wir unser Lager aufgeschlagen hatten, war das Veldt in prächtigem Zustand. Überall fanden wir Mais und Vieh. Der Feind wusste nicht, wo wir uns wirklich befanden, und konnte uns daher vorläufig nicht belästigen. Unsere Regierung befand sich in Tautesberg, etwa 12 Meilen nördlich von Bothasberg, und wir bekamen Besuch von amtierendem Präsidenten Burger, der die neuesten Nachrichten aus Europa und die Berichte der anderen Kommandos mitbrachte. Herr Burger sagte, es täte ihm leid, dass wir den Bezirk Pretoria verlassen müssten, aber er könne verstehen, dass unsere Pferde alle an der Krankheit gestorben wären, wenn wir in Poortjesnek Halt gemacht hätten. Was die Schlacht von Rhenosterkop betraf, brachte er die Zufriedenheit der Regierung mit dem Ergebnis zum Ausdruck.

Am 16. Dezember feierten wir Dingaans Tag in feierlicher Weise. Pastor J. Louw, der uns während dieser anstrengenden Monate der Exerzitien und Widrigkeiten treu begleitet hatte, hielt eine äußerst eindrucksvolle Ansprache, in der er unsere Lage beschrieb. Auch mehrere Offiziere sprachen, und ich selbst versuchte mich, obwohl ich mich auf die Politik beschränkte. Am Nachmittag veranstalteten die Bürger Sport, bestehend aus Rennen zu Fuß und zu Pferd. Die Preise wurden durch kleine Beiträge der Offiziere zusammengetragen. Alles lief gut, ohne Zwischenfälle, und es wurde einstimmig als sehr unterhaltsam gewertet.

Es war ein eigenartiger Anblick – unter Berücksichtigung der Umstände –, diese Leute auf dem „Veldt" feiernd und gut gelaunt zu sehen, jeder versuchte, den anderen zu unterhalten, unter dem flatternden „Vierkleur" – dem einzigen, das wir besaßen –, dessen Anblick jedoch die Herzen vieler erfreute, die an diesem Fest in der Wildnis teilnahmen. Wie hätten wir in wahrhaft festlicher Stimmung sein können, ohne das geliebte Banner zu sehen, dessen Schutz so viele Opfer gekostet hatte und für dessen Rettung so viel Afrikanerblut vergossen worden war.

Und vielen von uns drängte sich der Gedanke auf: „O Vierkleur unseres Transvaal, wie lange dürfen wir dich noch entrollt sehen? Wie lange, o Herr, muss ein Strom aus Tränen und Blut fließen, bis wir wieder die unangefochtenen Herrscher unserer kleinen Republik sind, die auf der Weltkarte kaum sichtbar ist? Wie lange darf unser verehrtes Vierkleur über den Köpfen unserer verfolgten Nation schweben, deren Blut Ihre Farben seit Generationen befleckt und durchtränkt hat? Wir hoffen und vertrauen darauf, dass, so sicher wie die Sonne im Osten auf- und im Westen untergeht, auch diese unsere Flagge, die jetzt in traurige Trauer gehüllt ist, bald wieder in all ihrer Pracht hoch oben über dem Land wehen möge, das die Natur mit ihren wundersamsten Schätzen überhäuft."

Der Charakter des Afrikanders kann in vielerlei Hinsicht als eigenartig bezeichnet werden. In Momenten der Krise, wenn die Zukunft düster aussieht, kann man leicht seine pessimistischen Tendenzen erkennen. Aber sobald seine Kameraden begraben, die Verwundeten versorgt und der Feind ihm einen Moment Ruhe gegönnt hat, setzt sich der fröhliche Teil der Burennatur durch und er ist voller Spaß und Sport. Wenn jemand in einer Predigt oder Rede versucht, ihm den Ernst der Lage klarzumachen, indem er darauf hinweist, wie unsere Vorfahren gelitten haben und wie wir in ihre Fußstapfen treten müssen, sieht man unseren Helden von gestern, den lustigen Jungen, der vor einer Minute noch ausgelassen lachte und Witze machte, dahinschmelzen und ihm die Tränen in die Augen steigen. Ich beziehe mich jetzt auf den wahren Afrikander. Natürlich gibt es viele, die sich Afrikander nennen, die sich während dieses Krieges als Abschaum der Nation erwiesen haben. Ich möchte sie von den wahren, edlen Männern dieser Nationalität unterscheiden, auf die ich mein Leben lang stolz sein werde, ganz gleich, wie der Krieg ausgehen wird.

Die Lage unserer Lager war nicht sehr zufriedenstellend, was mehr unsere Sicherheit als unsere Gesundheit betraf, da man davon ausging, dass sich Krankheiten erst später im Jahr bemerkbar machen würden.

Wir beschlossen daher, noch 10 Meilen östlich von Witpoort durch Korfsnek zu den Steenkampsbergen zu „wandern", um in Windhoek unser Lager aufzuschlagen oder zu campen. Windhoek (Windecke) war ein passender Name, da die Brisen dort manchmal mit unerbittlicher Heftigkeit wehten.

Hier feierten wir Weihnachten 1900, vermissten aber schmerzlich die vielen Geschenke, die uns unsere Freunde und Bekannten zum vorherigen Fest aus Johannesburg geschickt hatten und die das letzte Weihnachtsfest auf der Tugela zu einem solchen Erfolg gemacht hatten.

Kein Mehl, Zucker oder Kaffee, kein Schnaps oder Zigarren, um unsere festliche Tafel aufzuhellen. Solche Dinge gehörten zu den Genüssen, die uns schon lange nicht mehr zuteil wurden, und wir mussten uns mit Maisbrei und Fleisch, abwechselnd mit Fleisch und Maisbrei, begnügen.

Dennoch sah man viele Gruppen von Bürgern, die sich mit allerlei Spielen vergnügten, oder man sah einen Pfarrer, der den Gottesdienst leitete und die Bürger ermahnte. So feierten wir unser zweites Weihnachtsfest auf dem Feld.

Etwa zu dieser Zeit wurden die Kommandos aus dem Bezirk Lydenburg (wo wir uns jetzt befanden) sowie jene aus dem nördlichen Teil von Middelburg unter mein Kommando gestellt, und ich war mehrere Tage damit beschäftigt, die Neuankömmlinge neu zu organisieren. Die Tatsache, dass die Eisenbahn fast ununterbrochen in den Händen des Feindes war und auch die Straße von Machadodorp nach Lydenburg von ihnen blockiert wurde (letztere war an mehreren Stellen von großen oder kleinen Garnisonen besetzt), zwang uns, eine große Anzahl Außenposten zu errichten, um uns vor ständigen Angriffen zu schützen und zu melden, wann immer sich eine der ständig in Bewegung befindlichen Kolonnen näherte.

Der Ort, an dem sich jetzt unsere Lager befanden, war nur 13 Meilen von Belfast und Bergendal entfernt, zwischen diesen beiden Orten war General Smith-Dorriens starke Truppe stationiert; während ein kleines Stück hinter Lydenburg General Walter Kitchener mit einer ebenso starken Garnison stationiert war. Wir mussten daher ständig auf der Hut sein und durften keinen einzigen Moment in unserer Wachsamkeit nachlassen. Ein oder zwei Bürger desertierten immer noch von Zeit zu Zeit und verschlimmerten ihr schändliches Verhalten, indem sie den Feind über unsere Bewegungen informierten, was oft dazu führte, dass ein gut durchdachter Plan scheiterte. Wir wussten, dass dies einfach diesen sehr gefährlichen Verrätern zuzuschreiben war.

Die Staatsartilleristen, die nun ihrer Waffen beraubt worden waren, wurden in ein berittenes Korps von 85 Mann unter den Majoren Wolmarans und Pretorius umgewandelt und vorerst meinem Kommando unterstellt.

Jetzt war es an der Zeit, in die Offensive zu gehen, bevor der Feind uns angriff. Ich ging daher mit mehreren meiner Offiziere einige Tage auf Erkundungstour, um die Stellungen des Feindes zu ermitteln und seine schwächsten Stellen zu finden. Meine Aufgabe wurde zu anstrengend und ich beschloss, Kommandant Müller zum Kampfgeneral zu befördern. Er erwies sich als aktiver und zuverlässiger Assistent.

KAPITEL XXVIII.

GEFANGENSCHAFT VON „LADY ROBERTS".

Nachdem ich die feindlichen Stellungen sorgfältig erkundet hatte, beschloss ich nach Rücksprache mit meinem General Müller, die Garnison von Helvetia anzugreifen, eine der feindlichen Befestigungen oder Lager zwischen Lydenburg und Machadodorp. Diese Befestigungen dienten dem Schutz der Eisenbahnstraße vom Bahnhof Machadodorp nach Lydenburg, auf der ihre Konvois zweimal wöchentlich fuhren, um das Dorf Lydenburg zu versorgen. Helvetia liegt drei Meilen östlich von Machadodorp, vier Meilen westlich des Bahnhofs Watervalboven, wo eine Garnison stationiert war, und etwa drei Meilen südlich eines Lagers in der Nähe von Zwartkoppies. Es war nur auf der Nordseite geschützt. Obwohl es wegen einer gebirgigen Uferzone, durch die der Crocodile River fließt, schwierig war, sich dieser Seite zu nähern, war dies dennoch die einzige Straße, die man nehmen konnte. Sie führte über Witrand oder Bakenkop; Die Kommandos waren daher gezwungen, ihm zu folgen, und zwar bei Nacht, denn hätten sie den Bakenkop bei Tag passiert, wären sie dem feindlichen Artilleriefeuer aus den Garnisonen von Machadodorp und Zwartkoppies ausgesetzt gewesen.

In der Nacht des 28. Dezember 1900 marschierten wir von Windhoek an Dullstroom vorbei bis in die Gegend von Bakenkop, wo wir anhielten und die Kommandos für den Angriff aufteilten, der ungefähr in folgender Reihenfolge erfolgen sollte:

Kampfgeneral Muller sollte mit 150 Mann die Konvoistraße zwischen Helvetia und Zwartkoppies bis nach Watervalboven entlangmarschieren und dabei seine Bewegungen vor dem Gegner geheim halten. Kommandant W. Viljoen (mein Bruder) sollte mit einem Teil der Johannesburger und der Johannesburger Polizei bis auf wenige hundert Schritte an die nördlichen und südlichen Teile Helvetias herankommen. Dieses Kommando zählte 200 Mann.

Um die verschiedenen Forts fast gleichzeitig stürmen zu können, sollten wir alle um 3.30 Uhr aufbrechen, und ich gab den Männern ein Losungswort, um Verwirrung und die Möglichkeit zu vermeiden, dass wir uns beim allgemeinen Angriff gegenseitig treffen. Da es mehrere Forts und Schützengräben zu erobern gab, sollten die Bürger bei der Einnahme jedes Forts so laut wie möglich „Hurra!" rufen, um uns zu zeigen, dass es erobert war, und gleichzeitig die anderen zu ermutigen. Zwei unserer tapfersten Feldkornette, P. Myburgh und J. Cevonia, ein italienischer Afrikander, wurden mit 120 Mann nach links hinter Helvetia geschickt, um Zwartkoppies anzugreifen, sobald wir Helvetia stürmen sollten, während ich die Staatsartilleristen und eine Feldkornettgruppe von Lydenburgern rechts von letzterem Ort in der Nähe von Machadodorp in Reserve hielt, was es mir ermöglichen würde, alle von dort oder aus Belfast auf die andere Seite geschickten Verstärkungen aufzuhalten. Denn wenn die Briten von dort Kavallerie schicken würden, könnten sie uns den Rücken kehren und, wenn sie sofort nach Helvetia marschieren würden, sobald sie den ersten Schusswaffengebrauch hören, mich mit meinem gesamten Kommando in Stücke reißen. Ich stelle nur die Möglichkeit dieser Möglichkeit in den Raum und kann mir nicht erklären, warum sie es nicht versucht haben. Ich kann den britischen Offizieren nur dankbar sein, dass sie dies unterlassen haben.

Ich hatte wie vereinbart mit einigen meiner Adjutanten eine Position zwischen den Kommandos eingenommen und wartete mit der Uhr in der Hand auf den Moment, in dem der erste Schuss abgefeuert werden sollte. Meine Männer kannten alle ihre Plätze und ihre Aufgaben, aber leider zog gegen 2 Uhr dichter Nebel auf, wodurch die beiden Feldkornette, die die Zwartkoppies angreifen sollten, ihre Orientierung verloren und die Chance, ihr Ziel vor Tagesanbruch zu erreichen, verloren.

Die Nachricht von diesem Fehlschlag erhielt ich um 3.20 Uhr, *also* zehn Minuten vor dem vereinbarten Zeitpunkt. Ein schlechter Anfang, dachte ich, und diese letzten zehn Minuten kamen mir wie viele Stunden vor.

Ich zündete jeden Augenblick ein Streichholz an, im Schutz meines Macintosh, um zu sehen, ob es schon halb vier war. Noch eine Minute und es würde sich bald entscheiden, ob ich der Besiegte oder der Sieger sein würde. Wie viele Bürger, die jetzt so eifrig marschierten, um den Feind in seinen Schützengräben anzugreifen, würden morgen in unseren Reihen fehlen? Es sind diese Momente der Spannung, die einem Offizier graue Haare färben lassen. Die Beziehung zwischen unserem Bürger und seinen Offizieren ist so völlig anders als die zwischen dem britischen Offizier und seinen Männern oder vielleicht zwischen diesen Reihen in jeder anderen stehenden Armee. Wir sind alle Freunde. Das Leben jedes einzelnen Bürgers in unserer Armee wird von seinem Offizier hoch geschätzt und nur um den allerhöchsten Preis geopfert. Wir bedauern den Verlust eines einfachen Bürgers ebenso wie den des ranghöchsten Bürgers. Und es war die Not und Sorge, diese Leben verloren zu sehen, die mich vor der Schlacht nachdenken ließ.

Plötzlich rief einer meiner Adjutanten: „Ich höre Geschrei. Was kann das sein?"

Ich warf mir meinen Regenmantel über den Kopf, zündete ein Streichholz an und rief: „Es ist Zeit, Jungs!" Und innerhalb weniger Sekunden loderte eine Feuerkette um die Forts herum, unmittelbar gefolgt vom Rasseln und Knistern der Mausergewehre der Bürger. Der Feind zögerte nicht, unser Feuer zu erwidern.

Es ist nicht leicht, den Eindruck einer Schlacht im Dunkeln angemessen wiederzugeben. Bei jedem Schuss sieht man einen mehrere Meter langen Feuerblitz, und wenn man bedenkt, dass in geringer Entfernung von einem etwa 500 bis 600 Gewehre abgefeuert werden, erinnert das an ein riesiges Feuerwerk.

Obwohl es noch dunkel war, konnte ich den Verlauf des Kampfes problemlos verfolgen. Das Feuer der Verteidiger ließ an einigen Stellen nach, um an anderen Stellen ganz zu verstummen, während unsere Männer aus den anderen Schüssen und Blitzen offensichtlich näher kamen und den Ring um den Feind enger zogen.

Bislang war nach Aussagen meiner Späher noch kein Aufruhr aus Belfast zu verzeichnen, was mich dazu veranlasste, die Offiziere zu informieren, dass wir nicht abgeschnitten waren. Bei Tagesanbruch fielen nur wenige Schüsse, und als sich der Nebel lichtete, stellte ich fest, dass die Helvetia in unseren Händen war.

General Müller meldete, dass sein Teil des Angriffs erfolgreich abgeschlossen worden sei und dass in der großen Festung ein 4,7-Schiffsgeschütz gefunden worden sei. Ich gab den Befehl, dieses Geschütz unverzüglich aus der Festung zu holen, die Gefangenen, die wir gemacht hatten, und so viele Verpflegungskräfte wie möglich wegzubringen und den Rest zu verbrennen.

Gegen Abend wurden wir bei Zwartkoppies mit zwei Kanonen beschossen, was es für uns sehr schwierig machte, den Proviant wegzubringen.

Im feindlichen Verpflegungsraum wurde eine große Menge Rum und andere Spirituosen gefunden, und sobald die britischen Soldaten entwaffnet waren, liefen sie dorthin, füllten ihre Flaschen und tranken so viel, dass etwa dreißig von ihnen bald nicht mehr laufen konnten. Ihrem schlechten Beispiel folgten mehrere Bürger, und so mancher Mann, der nicht dem Trinken verfallen war, nutzte diese Gelegenheit, um eine ordentliche Menge zu trinken, was es uns sehr schwer machte, Ordnung zu halten.

Ungefähr 60 Männer der Garnison waren getötet oder verwundet worden, und ihr kommandierender Offizier hatte einige Verletzungen erlitten, aber glücklicherweise war ein Arzt da, der sich sofort um diese Fälle kümmerte. Auf unserer Seite hatten wir fünf Männer getötet und sieben verwundet – darunter der tapfere Leutnant Nortje und Corporal J. Coetzee.

Durch ein Missverständnis war ein zwischen den anderen gelegenes kleines Fort übersehen worden, und zwanzig Soldaten, die dort stationiert waren, wurden vergessen und nicht entwaffnet.

Ein undiszipliniertes Kommando ist manchmal nicht leicht zu kontrollieren. Es erfordert das ganze Taktgefühl und die ganze Klugheit der Offiziere, um alle erbeuteten Güter – wie Waffen, Munition, Proviant usw. – abzutransportieren, insbesondere wenn in einem eroberten Lager Alkohol gefunden wird.

Als wir später über den Sieg sprachen, wurde ganz klar, dass unsere Taktik beim Sturm auf die feindlichen Stellungen auf der Ost- und Südseite hervorragende Ergebnisse gebracht hatte, denn die Engländer waren an diesen Punkten überhaupt nicht vorbereitet, obwohl sie im Norden auf der Hut gewesen waren. Tatsächlich war es sehr mühsam gewesen, sie dort zur Kapitulation zu zwingen. Der kommandierende Offizier, der später aus der britischen Armee entlassen wurde, hatte sein Bestes getan, wurde jedoch zu Beginn des Kampfes am Kopf verwundet, und soweit ich feststellen konnte, gab es niemanden, der seinen Platz einnehmen konnte. Drei Leutnants wurden in ihren Betten überrascht und zu Kriegsgefangenen gemacht. In dem großen Fort, in dem wir das Schiffsgeschütz fanden, hatte ein Kapitän der Artillerie der Garnison das Kommando. Diese Festung war, wie bereits erwähnt, von der Seite gestürmt worden, auf der der Angriff nicht erwartet worden war, und der Kapitän hatte keine Gelegenheit gehabt, viele Schüsse aus seinem Revolver abzufeuern, als er am Arm verwundet wurde und gezwungen war, sich den heranstürmenden Bürgern zu ergeben. Es wurden 250 Gefangene gemacht, darunter vier Offiziere. Die meisten gehörten dem Liverpooler Regiment und dem 18. Husarenregiment an. Sie wurden alle in unser Lager gebracht.

Es gelang uns, die erbeuteten Geschütze und einige Wagen geordnet wegzubringen. Leider blieb der Wagen mit den Geschossen bzw. Granaten im Morast stecken und musste zurückgelassen werden.

Ich gab den Befehl, ein Geschütz, das wir bei den Reservebürgern in Bakenkop zurückgelassen hatten, herbeizuschaffen, um das Feuer auf die beiden Geschütze zu eröffnen, die von Zwartkoppies aus auf uns schossen, und um unsere Bewegungen zu decken, während wir die Kriegsgefangenen und die erbeuteten Vorräte wegbrachen. Ich hoffte, eine Gelegenheit zu bekommen, die feststeckenden Karren zu befreien. Aber das Schicksal war gegen uns. Ein schwerer Hagelsturm, begleitet von Donner und Blitz, heftiger als ich ihn in Südafrika je zuvor erlebt hatte, brach über unseren Köpfen aus. Mehrere Male schlug der Blitz in den Boden um uns herum ein, und das Wetter wurde so beunruhigend, dass die betrunkenen „Tommies" anfingen, über ihre Seelen zu reden, und weitere Versuche, die Karren zu retten, mussten aufgegeben werden.

Wer auch immer der befehlshabende Offizier bei Zwartkoppies gewesen sein mag, er hatte wirklich ein DSO verdient, das er auch erhielt.

Was dieser Orden wirklich bedeutet, weiß ich nicht, aber ich weiß, dass ein englischer Soldat durchaus bereit ist, sein Leben zu riskieren, um ihn zu verdienen, und da die Auszeichnung selbst nicht sehr teuer sein kann, zahlt es sich für die britische Regierung aus, sehr großzügig damit umzugehen. Ein Bur wäre mit nichts weniger als einer Beförderung als Belohnung für sein Heldentum zufrieden.

Als der Sturm nachließ, machten wir uns auf den Weg. Es war ein bemerkenswerter Anblick – eine lange Prozession von „Tommies", Bürgern, Karren und dem Schiffsgeschütz, 18 Fuß lang, ein Elefant im Vergleich zu unseren kleinen Geschützen.

Bei dieser Gelegenheit fiel mir wieder auf, wie wenig Feindseligkeit es zwischen Buren und Briten tatsächlich gab und wie beide nur darum kämpften, ihre Pflicht als Soldaten zu erfüllen. Als ich am Strom der Männer entlangritt, bemerkte ich mehrere Gruppen von Bürgern und Soldaten, die zusammen am Straßenrand saßen, aus einer Dose Marmelade aßen, ihr Brot unter sich aufteilten und aus derselben Feldflasche tranken.

Ich erinnere mich an einige Gesprächsfetzen, die ich aufgeschnappt habe:

TOMMY: Meine Güte, ihr Jungs habt uns aber einen Korb gegeben. Wenn ihr etwas später gekommen wärt, hättet ihr uns nicht so leicht erwischt, wisst ihr.

BURGHER: Macht nichts, Tommy, wir haben dich erwischt. Ich schätze, das nächste Mal wirst du uns erwischen. Kriegsglück, weißt du. Nimm noch etwas, alter Junge. Oh, ich sage, da kommt der General.

TOMMY: Wer ist er? Du Wyte oder Viljohn?

Und als ich dann an ihnen vorbeiging, salutierte die ganze Gruppe sehr höflich.

Wir machten in dieser Nacht in Dullstroom Halt, wo wir eine Unterkunft für die gefangenen britischen Offiziere fanden. Wir bedauerten, dass einem der Engländer nicht genügend Zeit gegeben worden war, sich richtig anzuziehen, denn wir hatten nur sehr wenig Kleidung zur Verfügung und es war schwierig, welche für ihn zu finden.

Am nächsten Morgen fand ich ein halbes Dutzend Kriegsgefangene, die während des Kampfes leichte Fleischverletzungen erlitten hatten, und ich schickte sie auf einem Rollwagen mit einer Depesche an General Smith-Dorrien nach Belfast. Ich teilte ihm mit, dass sich vier seiner Offiziere und 250 Mann in unserer Gewalt befänden und dass man sich gut um sie kümmern würde, und dass ich nun die Leichtverletzten zurückschickte, die man irrtümlicherweise weggebracht hatte.

Ich werde versuchen, den Schlusssatz meiner Mitteilung, soweit ich mich daran erinnere, und auch die Antwort darauf wiederzugeben. Ich möchte hinzufügen, dass die Worte „Lady Roberts" in das Schiffsgeschütz gemeißelt waren und dass viele Personen gerade aus Pretoria und anderen Orten ausgewiesen worden waren, weil sie als „unerwünscht" galten.

Mein Brief endete wie folgt:—

„Ich war gezwungen, „Lady Roberts" aus Helvetia zu vertreiben, da diese Dame eine „unerwünschte" Bewohnerin dieses Ortes ist. Ich freue mich, Ihnen mitteilen zu können, dass sie sich in ihrer neuen Umgebung ganz zu Hause zu fühlen scheint und mit der Abwechslung zufrieden ist."

Worauf General Smith-Dorrien antwortete:

„Da die Dame, auf die Sie sich beziehen, nicht daran gewöhnt ist, im Freien zu schlafen, würde ich Ihnen empfehlen, es mit Flanell auf der Haut zu versuchen."

Ich hatte die Anweisung, die gefangengenommenen Offiziere bis auf weiteres in Gewahrsam zu halten, und diese vier wurden daher in einem leerstehenden Gebäude in der Nähe von Roos Senekal unter Bewachung untergebracht. Die Buren hatten diesen Ort „Ceylon" getauft, aber die Offiziere nannten ihn „das schöne Haus", weil er so wenig attraktiv war.

Sie durften ihren Verwandten und Freunden schreiben, Briefe empfangen sowie Lebensmittel und Kleidung erhalten, die normalerweise unter der weißen Flagge durch unsere Linien geschickt wurden. Die Kompanie wurde bald durch die Ankunft vieler weiterer britischer Offiziere verstärkt, die von Zeit zu Zeit gefangen genommen wurden.

Die 250 gefangenen Soldaten wurden einige Tage später aus militärischen Gründen den britischen Behörden in Middelburg übergeben.

„The Lady Roberts" war das erste und bislang letzte große Geschütz, das den Engländern abgenommen wurde, und wir können mit Stolz sagen, dass es den Briten trotz aller Wechselfälle und Rückschläge während des gesamten Krieges nie gelungen ist, eines unserer großen Geschütze abzunehmen.

Man könnte das als Prahlerei bezeichnen, aber das ist nicht meine Absicht, und ich glaube nicht, dass ich zum Prahlen neige. Wir erzählen es nur als einen der bemerkenswertesten Vorfälle des Krieges und als eine Tatsache, an die wir uns mit Genugtuung erinnern können.

Wie bereits erwähnt, musste der Karren mit den Granaten für „The Lady Roberts" nach der Schlacht zurückgelassen werden. Nichts hätte uns mehr Freude bereitet, als am letzten Tag des Jahres 1900 einige Granaten von „Her Ladyship" mit den „Komplimenten der Saison" in das Belfaster Lager zu schicken. Natürlich nicht, um Zerstörung anzurichten, sondern einfach als Neujahrsgruß. Wir hätten sie in die Nähe geschickt, wie die Amerikaner in

Mark Twains Buch: „Nicht direkt hinein, wissen Sie, aber dicht dran oder in der Nähe." Nur die Granaten fehlten, denn mit dem Gewehr waren 50 geladene „Hulzen" und eine Kiste Kordit „Schokbuizen".

Wir versuchten, aus einer leeren „Long Tom"-Granate eine zu machen, indem wir diese aufschnitten (denn die „Long Toms"-Granaten hatten ein größeres Kaliber) und sie mit vier Pom-Pom-Patronen, etwas Kordit usw. füllten, sie mit Kupferdraht festmachten und alles zusammenlöteten.

Doch als die Granate abgefeuert wurde, explodierte sie wenige Schritte von der Mündung der Kanone entfernt, und wir mussten alle Hoffnung aufgeben, jemals einen Schrei aus der Kehle der vornehmen „Lady" zu hören.

Es wurde sicher in der Nähe von Tautesberg verstaut und von einer Gruppe Viehzüchter oder besser gesagt „Buschlanzenträgern", wie sie später genannt wurden, bewacht, für den Fall, dass wir eines Tages an die richtigen Granaten gelangen sollten.

Im Zusammenhang mit dem Angriff auf Helvetia möchte ich folgende Zeilen zitieren, die einer unserer Dichter, Staatssekretär FW Reitz, im Felde schrieb, obwohl die Übersetzung kaum eine angemessene Vorstellung von der eigentümlichen Behandlung des Themas vermitteln wird:

„Hurra für General Müller, Hurra für Ben Viljoen. Sie haben sich auf die Suche nach ‚Lady Roberts' gemacht und sie sehr bald gefangen. Sie haben sie bei Helvetia gefangen, Helvetias Fall war gewaltig! Kommt herauf und seht ‚Die Lady', ihr Onkel und Tantes alle.

Es war ein Weihnachtsgeschenk (sie machten eine großartige Beute) und schickte „Lady Roberts" ein Geschenk an Onkel Paul. Es munterte die armen Buschlanzenkämpfer auf, es munterte die „Treckburen" alle auf, es ließ sie freudig dem Ruf der Freiheit folgen.

Lord Roberts gab den Kampf auf, es war ihm völlig egal, aber er verließ seine liebe alte „Lady", die Maisbrei liebte. Er brannte die glücklichen Heime unserer lieben Frauen und Kinder nieder, er macht Tantes gern Sorgen, fürchtet aber die robusten Onkel.

Aber seine alte „Lady Roberts" (die Lyddit spuckende Kanone) schickte er nach Helvetia, um die Garnison aufzumuntern. Er dachte, sie wäre dort in der Obhut des alten Smith-Dorrien sicher. Die Buren würden es nie wagen, den Schutz der Kopjes zu verlassen.

Gut gemacht, Johannesburger, Boksburger und Polizei. Gebt ihnen keine Gnade, lasst ihnen keine Ruhe. Bevor die schläfrigen „Tommies" ihre Strümpfe anziehen konnten, waren die Festungen gestürmt und eingenommen und alle Bürger verschwunden.

Wir nahmen 300 Soldaten, Proviant und ihre Waffen mit, und von ihrer Munition erbeuteten wir viele Tonnen. „Das ist Guerillakrieg", sagt Mr. Chamberlain, „aber die, die wir überwältigt haben, werden nie wieder kämpfen."

Mögen Roberts aus Kandahar und Kitchener aus Khartum, möge Buller aus Colenso all ihre Kanonen dröhnen lassen. Sie mögen die Kaffern mit Schild und Assegai niedermähen, doch auf seine treue Mauser kann sich der Bürger verlassen.

Denn jetzt kämpft der weiße Mann, diese Helden dürfen nicht bleiben, Lord Kitchener ist in Pretoria, die anderen sind geflohen. Lord Roberts *kann die Bürger nicht* besiegen, obwohl er es *kann* . Die Lords sind weit weg, die Generäle sind wenige und weit weg!

Sie mögen annektieren und erobern, sie haben erobert und annektiert, doch wenn die Mauser klappert, sind die Briten ratlos. Bleibt also standhaft, Afrikander, verlängert den glorreichen Kampf, entrollt die gute alte „Vierkleur". Bleibt standhaft, denn Recht ist Macht!

Auch wenn der Himmel bewölkt ist, auch wenn es kein Licht mehr gibt; der Tag wird morgen anbrechen, die Sonne wird bald scheinen; und auch wenn in bösen Augenblicken die Hand eines Helden versagen mag, die Starken werden zuschanden, und doch wird das Recht siegen!"

KAPITEL XXIX.

Ein düsteres „frohes neues Jahr".

Dies ist der 31. Dezember 1900, zwei Tage nach dem Sieg unserer Bürger über die englischen Truppen bei Helvetia, gleichzeitig der letzte Tag des Jahres oder, wie sie ihn nennen, „Silvester", der in unserem Land mit großer Freude gefeiert wird. Die Mitglieder jeder Familie trafen sich an diesem Tag, manchmal kamen sie aus allen Teilen des Landes. Wenn dies nicht möglich war, luden sie ihre engsten Freunde ein, um das alte Jahr zu verabschieden – um „das alte zu verabschieden und das neue einzuläuten", für „Auld Lang Syne". Dies war einer der festlichsten Tage für alle in Südafrika. Am 31. Dezember 1899 mussten wir unseren altehrwürdigen Brauch aufgeben, da es keine Möglichkeit gab, an dem freundschaftlichen Treffen zu Hause teilzunehmen, da die meisten von uns seit Anfang Oktober 1899 an der Front waren, während unsere Kommandos noch im Zentrum von Natal oder im nördlichen Teil der Kapkolonie waren; Ladysmith, Kimberley und Mafeking waren noch immer belagert, und am 15. Dezember war der große Sieg von Colenso über die englische Armee errungen.

Zwar waren wir auch damals weit von unseren geliebten Freunden entfernt, aber diejenigen, die nicht gefangen genommen worden waren, standen immer noch in direktem Kontakt mit denen, die ihnen nahestanden und teuer waren. Und obwohl wir den großen Tag nicht im Kreis der Familie verbringen konnten, konnten wir ihnen doch unsere besten Wünsche per Brief oder Telegramm übermitteln. Wir hatten damals gehofft, dass es das letzte Mal sein würde, dass wir den letzten Tag des Jahres unter solch qualvollen Umständen verbringen müssten, im Vertrauen darauf, dass der Krieg bald vorbei sein würde.

Nun waren 365 Tage vergangen – lange, trostlose, ermüdende Tage unaufhörlichen Kampfes; und wieder einmal hatten sich unsere Erwartungen nicht erfüllt und unsere Hoffnungen wurden aufgeschoben. Wir sollten nicht das Privileg haben, mit unserem Volk „das Alte und das Neue" zu feiern, wie wir es uns im Vorjahr auf der Tugela so sehnlich gewünscht hatten.

Der Tag verlief unter weitaus deprimierenderen Umständen. In vielen Häusern waren die Familienmitglieder, die wir zurückließen, nicht in festlicher Stimmung, da sie an die Lage des Landes dachten, die Toten betrauerten und sich mit dem Schicksal der Verwundeten, der Vermissten und der Kriegsgefangenen beschäftigten.

Es war Nacht, und alle waren von der gegenwärtigen ernsten Lage niedergedrückt. Muss man sagen, dass wir alle in Gedanken versunken waren und die Ereignisse des vergangenen Jahres Revue passieren ließen? Muss man sagen, dass jeder von uns voller Trauer an unsere vielen Niederlagen dachte, an das Elend, das wir auf den Schlachtfeldern erlitten hatten, an unsere toten, verwundeten und gefangenen Kameraden; daran, dass wir gezwungen worden waren, Ladysmith, Kimberley und Mafeking aufzugeben, und daran, dass die wichtigsten Städte unserer Republiken, Bloemfontein und Pretoria, wo unsere geliebte Flagge so viele Jahre lang über einem unabhängigen Volk geweht hatte, nun in den Händen des Feindes waren? Muss man sagen, dass wir in dieser Nacht mehr denn je an unsere vielen Verwandten dachten, die in diesem traurigen Krieg ihr Blut und ihren Schatz für die gute Sache geopfert hatten; an unsere Frauen und Kinder, die nicht wussten, was aus uns geworden war, und die die meisten von uns in den letzten acht Monaten nicht gesehen hatten. Waren sie noch am Leben? Würden wir sie jemals lebend sehen? Solche schrecklichen Gedanken gingen uns durch den Kopf, als wir an diesem Abend schweigend um die Feuer saßen.

Auch nichts half, die düstere Monotonie zu erhellen. Diesmal hatten wir keine Chance, ein paar kleine Dinge zu erhalten, die uns aufheitern und uns daran erinnern würden, dass unsere liebsten Freunde an uns gedacht hatten. Unsere Kost würde an diesem Tag das ewige Fleisch und die ewigen Maiskolben sein – Maiskolben und Fleisch.

Aber warum all diese düsteren Erinnerungen an die Vergangenheit ins Gedächtnis rufen? Es scheint, als ob das Übel dieser Zeit schon genug war. Warum das Elend der Kämpfe eines ganzen Jahres zusammenfassen? Und so „feierten" wir Silvester 1900, bis wir unseren Trost in dem größten Segen für einen erschöpften Menschen fanden – einem erholsamen Schlaf.

Doch kaum waren wir am nächsten Morgen aufgestanden, klangen uns die fröhlichen Komplimente in den Ohren: „Ein frohes neues Jahr!" oder „Meine besten Wünsche für das neue Jahr". Wir alle versuchten offensichtlich, die möglichen Segnungen der Zukunft hervorzuheben, um einander die Vergangenheit vergessen zu lassen, aber ich fürchte, wir erwarteten nicht die Erfüllung der Hälfte unserer Wünsche.

Denn wir wussten genau, wie schlimm die Lage insgesamt war, wie viele dunkle Wolken über unseren Köpfen hingen und wie wenige Lichtblicke am politischen Horizont zu sehen waren.

KAPITEL XXX.

ALLGEMEINER ANGRIFF AUF BRITISCHE FESTUNGEN.

Meine Anwesenheit wurde am 3. Januar 1901 vom Generalkommandanten bei einem Kriegsrat angefordert, der zwei Tage später in Hoetspruit, einige Meilen östlich von Middelburg, stattfinden sollte. General Botha würde mit seinem Stab dort sein, und eine kleine Eskorte würde ihn von Ermelo über die Eisenbahn durch die feindlichen Linien bringen. Meine Kommandos sollten sich in Bereitschaft halten. Ich hatte keinen Zweifel daran, dass einige große Pläne im Gange waren und dass wir am nächsten Tag viel zu tun haben würden, denn der Generalkommandant würde nicht den ganzen Weg auf sich nehmen, wenn nicht etwas Wichtiges anstand. Und warum sollten meine Kommandos sich in Bereitschaft halten müssen?

Am Morgen des 5. ging ich zum Bestimmungsort, den wir um 11 Uhr erreichten, und stellte fest, dass der Generalkommandant und sein Gefolge bereits eingetroffen waren. General Botha war die ganze Nacht geritten, um durch die feindlichen Linien zu kommen, und hatte sich im Schatten eines Baumes in Hoetspruit ausgeruht. Das Treffen zwischen seinen Adjutanten und mir war ziemlich ausgelassen und weckte ihn, woraufhin er sofort aufstand und mit seinem üblichen freundlichen Lächeln auf mich zukam. Wir waren im Krieg oft viele Monate lang zusammen gewesen, und die Beziehungen zwischen uns waren sehr herzlich gewesen. Ich zögere daher nicht, ihn einen Busenfreund zu nennen, mit gebührendem Respekt für seine Ehre als mein Chef.

„Hallo, alter Bruder, wie geht es dir?", begrüßte Botha ihn.

„Guten Morgen, General, danke, wie geht es Ihnen?", antwortete ich.

Meine hohe Wertschätzung und mein Respekt für seine Position hielten mich davon ab, ihn Louis zu nennen, obwohl wir uns im Alter nicht sehr unterschieden und ein vertrautes Verhältnis pflegten.

„Ich muss Ihnen zu Ihrem erfolgreichen Angriff auf Helvetia gratulieren. Sie haben das gut gemacht", sagte er. „Ich hoffe, Sie hatten einen schönen Silvesterabend. Aber", fuhr er fort, „es tut mir in gewisser Weise leid, denn der Feind wird jetzt auf der Hut sein, und es wird uns vielleicht nicht gelingen, die Pläne auszuführen, die wir heute besprechen werden und die genau diese Gebiete betreffen."

„Es tut mir leid, General", antwortete ich, „aber natürlich weiß ich nichts von diesen Plänen."

„Gut", erwiderte der Generalkommandant, „wir werden es trotzdem versuchen und das Beste hoffen."

Eine Stunde später trafen wir uns zur Beratung. Louis Botha erklärte kurz, wie er mit General Christian Botha und Tobias Smuts mit 1.200 Mann nach Komatiboven zwischen Carolina und Belfast gefahren war, wo sie die Kommandos zurückgelassen hatten, um die Linie zu überqueren und die Offiziere zu treffen, die sich nördlich davon befanden, mit dem Ziel, die Einzelheiten eines gemeinsamen Angriffs auf die Lager des Feindes zu besprechen.

Alle waren sich einig und so wurde beschlossen, dass der Angriff in der Nacht des 7. Januar um Mitternacht erfolgen und die feindlichen Stellungen gleichzeitig gestürmt werden sollten.

Der Angriff sollte folgendermaßen erfolgen: Der Generalkommandant und General C. Botha sollten zusammen mit F. Smuts die südliche Seite der Garnisonen an folgenden Orten angreifen: Pan Station, Wonderfontein Station, Belfast Camp and Station, Dalmanutha und Machadodorp, während ich diese Orte von Norden aus angreifen sollte. Die Kommandos sollten so aufgeteilt werden, dass an jedem Ort die Truppen eines Feldkornetts angreifen.

Ich muss sagen, dass es mir erhebliche Schwierigkeiten bereitete, mit wenig Mitteln viel zu erreichen und meine kleine Truppe über eine so lange Reihe von Lagern zu verteilen, aber die Mehrheit war für diese Politik der „Vergeudung", und so musste es getan werden.

Die Stärke des Feindes an verschiedenen Orten war nicht leicht zu ermitteln. Ich wusste, dass die stärkste Garnison in Belfast über 2.500 Mann zählte, und dieser Ort sollte zum Hauptangriffspunkt gemacht werden, obwohl die Garnison in Machadodorp ebenfalls ziemlich stark war. Die Entfernung, über die der gleichzeitige Angriff erfolgen sollte, betrug etwa 22 Meilen, und es mussten mindestens sieben Punkte gestürmt werden, nämlich Pan Station, Wonderfontein, Belfast Village, Monument Hill (in der Nähe von Belfast), die Kohlenminen (in der Nähe von Belfast), Dalmanutha Station und Machadodorp. Zweifellos ein großes Programm.

Ich kann natürlich nur eine Beschreibung der Vorfälle auf meiner Seite der Eisenbahnlinie geben, denn die Blockhäuser und die mit Kanonen ausgestatteten Forts, die entlang der Eisenbahnlinie gebaut worden waren, trennten uns vollständig von den Kommandos im Süden. Die Kommunikation zwischen beiden Seiten der Eisenbahnlinie konnte nur nachts und mit großem Aufwand mithilfe von Depeschen aufrechterhalten werden. Wir wussten daher nicht einmal, wie die Angreifer auf der Südseite verteilt waren. Wir wussten nur, dass jeder Ort, der von Norden angegriffen werden sollte, gleichzeitig auch von Süden gestürmt werden würde, mit Ausnahme der Kohlenmine westlich von Belfast, die von Lieutenant Marshall mit einer halben Abteilung des Gloucester-Regiments besetzt war und die wir separat angreifen sollten, da sie etwas nördlich der Eisenbahnlinie lag.

Ich schmiedete folgende Pläne: Kommandant Trichardt sollte mit zwei Feldkornettgruppen aus Middelburgern und einer aus Germiston-Bürgern Pan und Wonderfontein angreifen; die Staatsartillerie würde sich um die Kohlenmine kümmern; die Lydenburger würden sich um Dalmanutha und Machadodorp kümmern, während General Muller mit den Johannesburgern und Boksburgern ihre Aufmerksamkeit Monument Hill widmen würde.

Ich würde Belfast Village persönlich mit einer Polizeieinheit angreifen, die zwischen der Kohlenmine und Monument Hill vorbeikommt. Mein Angriff könnte natürlich erst beginnen, nachdem die beiden letztgenannten Orte erfolgreich waren, da mir sonst höchstwahrscheinlich der Rückzug abgeschnitten wäre.

GENERAL VILJOEN TRIFFT GENERAL BOTHA
IN HOEDSPRUIT, IN DER NÄHE VON MIDDLEBURG.

Am Abend des 7. Januar marschierten alle Kommandos, denn der Feind hätte uns auf diesem flachen Gelände aus der Ferne sehen können, wenn wir bei Tageslicht aufgebrochen wären, und hätte mit seinen 4,7 Kanonen auf uns geschossen, von denen wir wussten, dass sich eine in Belfast befand. Zwischen Einbruch der Dunkelheit und Mitternacht mussten wir eine Strecke von 15 Meilen zurücklegen . Es gab daher keine Zeit zu verlieren, denn ein Kommando bewegt sich nachts sehr langsam, wenn es von vorne Gefahr gibt. Wenn die Gefahr von hinten kommt, geht es oft schneller, als gut für die Pferde ist. Dann müssen die Männer zusammengehalten werden, und die Führer werden dicht verfolgt, denn wenn ein Bürger zurückbliebe und die Kette risse, könnten 20 oder 30 von ihnen abschweifen, was uns ihre Dienste kosten würde.

Es war eine jener Nächte, die in den Steenkampbergen als „schmutzige Nächte" bekannt sind: sehr dunkel, mit einem schneidenden Ostwind, der uns unaufhörlich einen feinen, nebligen Regen ins Gesicht blies. Gegen neun Uhr verwandelte sich der Nebel in heftige Regenschauer, und wir waren bald bis auf die Haut durchnässt, denn nur sehr wenige von uns trugen regendichte Mäntel.

Um zehn hörte der Regen auf, aber dichter Nebel verhinderte die Sicht vor uns, und der kalte Ostwind hatte unsere Glieder betäubt und fast steif gemacht. Einige Bürger mussten daher mit dem Krankenwagen abtransportiert werden, um ihren Kreislauf durch Medikamente oder künstliche Behandlungen wieder in Gang zu bringen. Die undurchdringliche Dunkelheit machte das Vorankommen sehr schwierig, da wir mit Hilfe von Meldereitern Kontakt halten mussten; denn wie bereits erwähnt, musste ich mit der Polizei auf das Ergebnis des Angriffs auf die beiden Stellungen rechts und links von mir warten.

Pünktlich um Mitternacht waren alle am Bestimmungsort angekommen. Leider tobte der Wind so stark, dass man selbst auf hundert Schritte keine Schüsse hören konnte.

Die Stellungen in der Nähe von Monument Hill und der Kohlenmine wurden gleichzeitig angegriffen, aber leider konnten unsere Artilleristen die Schützengräben wegen der Dunkelheit nicht deutlich sehen, und sie stürmten direkt an ihnen vorbei und mussten umkehren, als sie dies bemerkten. Zu diesem Zeitpunkt hatte der Feind herausgefunden, was los war, und ließ seine Angreifer dicht an sich herankommen (es war ein rundes Fort von etwa fünf Fuß Höhe mit einem Schützengraben darum herum) und empfing sie mit einer gewaltigen Salve. Die Artilleristen stürmten jedoch mutig davon, und bevor sie die Mauer erreicht hatten, waren vier getötet und neun verwundet. Der Feind schoss heftig und zielte gut.

Unsere tapferen Jungs stürmten davon, und bald sprangen einige von ihnen über die Mauer, und es kam zu einem Nahkampf. Der Kommandant der Festung, Leutnant Marshall, wurde schwer am Bein verwundet, was großen Einfluss auf den Verlauf des Kampfes gehabt haben muss, denn er ergab sich bald darauf. Einige Soldaten konnten entkommen, einige wurden getötet, etwa 10 verwundet und 25 gefangen genommen. Nicht weniger als fünf Artilleristen wurden getötet und 13 verwundet, unter den Letzteren war der tapfere Leutnant Coetsee, der später von Kaffern in der Nähe von Roos Senekal grausam ermordet wurde. Sowohl die Verteidiger als auch die Angreifer hatten sich ausgezeichnet verhalten.

In der Nähe von Monument Hill, in einiger Entfernung von der Stellung, wurden die Pferde der Bürger zurückgelassen und die Männer marschierten in verstreuter Ordnung in Form eines Halbmondes heran. Als wir bei den Außenposten des Feindes ankamen, hatten sie sich 100 Schritte von den Forts entfernt aufgestellt, aber in der Dunkelheit sahen uns die Soldaten erst, als wir fast mit ihnen zusammenstießen. Es blieb keine Zeit, Worte zu verlieren. Glücklicherweise ergaben sie sich ohne jede Verteidigung, was unsere Aufgabe viel leichter machte, denn wenn ein Schuss abgefeuert worden wäre, wäre die Garnison der Forts über unsere Annäherung informiert worden. Erst 20 Schritte von den Forts in der Nähe des Monuments (es waren vier an der Zahl) wurden wir mit dem üblichen „Halt, wer da geht" begrüßt. Nachdem dies dreimal wiederholt worden war, ohne dass wir es bemerkten, und als wir immer näher kamen, schossen die Soldaten aus allen Forts. Erst jetzt konnten wir sehen, wie sie aufgestellt waren. Wir fanden sie von einem Stacheldrahtzaun umgeben vor, der so stark und dick war, dass sich einige Bürger bald darin verfingen, die meisten ihn jedoch überwinden konnten.

Das erste Fort wurde nach einer kurzen, aber heftigen Verteidigung eingenommen. Das übliche „Hurra" der in das Fort gesprungenen Bürger war wie ein Hoffnungsschimmer in der Dunkelheit eine Ermutigung für die übrigen stürmenden Bürger, die nun bald die anderen Forts einnahmen, nicht ohne auf heftigen Widerstand zu stoßen. Viele Bürger wurden getötet, darunter der tapfere Feldkornett John Ceronie, und viele wurden verwundet.

Zunächst sah es so aus, als wolle der Feind nicht nachgeben, aber wir konnten nicht zurück, und „vorwärts" war die Parole. In mehreren Fällen kam es in wenigen Schritten Entfernung zu einem Kampf, wobei nur die Mauer der Festung zwischen den Bürgern und den Soldaten stand. Die Bürger riefen: „Hände hoch, ihr Teufel", aber die Soldaten antworteten: „Hy kona", ein Kaffernausdruck, der „wird nicht" bedeutet.

"Springt über die Mauern, meine Männer!", riefen meine Offiziere, und schließlich waren sie in den Forts: natürlich nicht ohne den Verlust vieler wertvoller Menschenleben. Nun folgte ein "Melee"; die Engländer schlugen mit ihren Gewehren und Fäusten um sich, und mehrere Bürger lagen auf dem Boden und rangen mit den Soldaten. Ein "Tommy" wollte einem Buren ein Bajonett durchbohren, wurde aber von einem seiner Kameraden von hinten gepackt und niedergeschlagen, und es kam zu einem allgemeinen Nahkampf, einem Hin und Her, bis einer der Beteiligten erschöpft, entwaffnet, verwundet oder getötet war. Einer der englischen Kapitäne (Vosburry) und 40 Soldaten wurden tot oder verwundet aufgefunden, mehrere waren von ihren eigenen Bajonetten durchbohrt worden.

Einige Bürger waren im Kampf mit dem Feind mit Gewehrkolben bewusstlos geschlagen worden.

Dieses Blutbad hatte zwanzig Minuten gedauert, in denen das Ergebnis zu unseren Gunsten entschieden worden war, und aus den Kehlen einiger hundert Bürger erklang ein „Hurra" voller Ruhm und Dankbarkeit. Wir hatten den Tag gewonnen und 81 Kriegsgefangene gemacht, darunter zwei Offiziere – Captain Milner und Lieutenant Dease – beide tapfere Verteidiger der englischen Flagge .

Sie gehörten zum Royal Irish Regiment, auf das alle Briten stolz sein sollten.

In den eroberten Forts fanden wir ein Maxim in einwandfreiem Zustand, 20 Kisten Munition und andere Dinge, neben Proviant auch eine Menge Spirituosen, die jedoch zur Enttäuschung vieler Bürger sofort vernichtet wurden.

Wir drangen nun in Richtung des Dorfes Belfast vor, fanden aber jede Klippe und jeden Graben besetzt vor. Alle Versuche, mit den Kommandos Kontakt aufzunehmen, die das Dorf von Süden her angreifen wollten, waren vergebens. Außerdem hörten wir keinen einzigen Schuss und wussten nicht, was aus dem Angriff von Süden geworden war. In tiefer Dunkelheit schossen wir von Zeit zu Zeit aufeinander, so dass es unter diesen Umständen nicht ratsam war, unsere Operationen fortzusetzen, und bei Tagesanbruch befahl ich allen meinen Kommandos, damit aufzuhören.

Die Angriffe auf Wonderfontein, Pan Station, Dalmanutha und Machadodorp waren gescheitert.

Später erhielt ich von den Kommandos auf der anderen Seite der Linie die Meldung, dass ihre Angriffe, obwohl sie mit Bedacht und großem Mut durchgeführt wurden, aufgrund der dunklen Nacht alle erfolglos geblieben seien. Sie hätten die Forts wiederholt verfehlt und aufeinander geschossen.

General Christian Botha war es gelungen, einige der Außenposten des Feindes einzunehmen. Beim Weitermarschieren stieß er auf eine Abteilung

Gordon Highlanders und musste sich mit einem Verlust von 40 Toten und Verwundeten zurückziehen.

Wir fanden diese Forts daher in den Händen von Soldaten vor, die meiner Meinung nach zu den besten Regimentern der englischen Armee gehörten.

Zu den Gästen unserer Regierung im „schönen Haus" in der Nähe von Roos Senekal gesellten sich zwei Herren, Captain Milner und Lieutenant Dease, und sie waren vier Monate lang meine Kriegsgefangenen. Während dieser Zeit lernte ich Captain Milner als einen der ehrenhaftesten britischen Offiziere kennen, die ich in diesem Krieg kennenlernen durfte. Nicht nur durch sein männliches Auftreten, sondern vor allem durch seinen edlen Charakter überragte er seine Offizierskameraden um Längen.

Leutnant Dease hatte einen sehr guten Charakter, war aber jung und unerfahren. Aus mehreren Gründen freue ich mich, diese Aussagen öffentlich machen zu können.

Die Soldaten, die wir während dieses Kampfes gefangen genommen hatten, sowie jene, die wir in Helvetia gefangen nahmen, wurden einige Tage später den britischen Offizieren übergeben, da wir nicht in der Lage waren, sie richtig zu ernähren, und es wäre weder menschlich noch fair gewesen, die Soldaten, die das Unglück hatten, uns in die Hände zu fallen, ohne richtige Nahrung zu lassen. Dies war natürlich ein sehr unbefriedigender Zustand, denn wir mussten erbittert kämpfen, wertvolle Leben mussten geopfert werden, alle Kräfte mussten gespannt werden, um den Feind zur Kapitulation und zur Einnahme seiner Stellungen zu zwingen; und dann, als wir sie gefangen genommen hatten, wurden die Soldaten lediglich entwaffnet und nach kurzer Zeit zu den englischen Linien zurückgeschickt, nur um sie wenige Tage später erneut gegen uns kämpfen zu sehen.

Die Buren fragten: „Warum müssen diese ‚Tommies' vor ihrer Freilassung nicht einen Eid ablegen, nicht wieder gegen uns zu kämpfen?" Ich glaube, das wäre gegen die Regeln der zivilisierten Kriegsführung gewesen, und wir hielten es nicht für ritterlich, von einem Gefangenen einen Eid als Gegenleistung für seine Freilassung zu verlangen.

Ein Kriegsgefangener hat keine Handlungsfreiheit und könnte unter den gegebenen Umständen Dinge versprochen haben, die er nicht getan hätte, wenn er ein freier Mann gewesen wäre.

KAPITEL XXXI.

EIN „BLUFF" UND EINE SCHLACHT.

Die letzten Februartage 1901 waren für unsere Kommandos auf dem „Hoogeveld" südlich der Eisenbahnlinie sehr anstrengend. General French überquerte mit Unterstützung eines halben Dutzends weiterer Generäle und einer Streitmacht von 60.000 Mann das „Hoogeveld" zwischen der Grenze zu Natal und der Delagoa-Eisenbahnlinie und trieb dabei alle Bürger und das Vieh vor sich her, immer näher an die Grenze zu Swasiland, um dort einen „letzten Schlag" zu führen.

Die Engländer nannten diese Operationen „Die große Säuberung vom Februar 1901".

Generalkommandant Botha ließ ausrichten, dass er sich am Hoogeveld in einer schlimmen Lage befände, da der Feind alle verfügbaren Truppen gegen ihn konzentriert habe. Ich wurde gebeten, die Aufmerksamkeit des Feindes durch wiederholte Angriffe auf die Eisenbahnlinie so weit wie möglich abzulenken und ihn überall zu beunruhigen.

Ein Angriff auf die befestigten Stellungen in diesen Teilen, wo wir gerade erst in die Offensive gegangen waren und der Feind auf der Hut war, wäre nicht ratsam gewesen. Ich beschloss daher, einen Scheinangriff auf Belfast durchzuführen.

Eines Nachts zogen wir mit allen Bürgern, die Pferde hatten, etwa 15 Karren, Wagen und andere Fahrzeuge, Gewehre und Pompons zu einem hohen „Bult" in der Nähe der „Pannetjes". Als am nächsten Morgen die Sonne aufging, hatten wir den Feind in Belfast, von dem wir etwa zehn Meilen entfernt waren, voll im Blick.

Hier wurde unser Kommando in zwei Teile geteilt, und die berittenen Männer verteilten sich in Gruppen von jeweils fünfzig Mann, während überall in den Reihen Karren verstreut standen. In dieser Reihenfolge näherten wir uns langsam Belfast. Unser Kommando zählte etwa 800 Mann, und wenn man unsere Verteilung in Betracht zog, sah es aus, als wären es dreimal so viele. Wir machten mehrere Male Halt, und die Heliographen, die überall in Sichtweite des Feindes postiert waren, machten so viel Aufhebens wie möglich. Überall ritten Kundschafter herum und machten ein großes Spektakel, indem sie überall herumsausten, von einer Gruppe Bürger zur anderen. Nachdem wir wieder eine Weile gewartet hatten, zogen wir weiter, und so dauerte die Komödie bis zum Sonnenuntergang; tatsächlich waren wir in Reichweite der feindlichen Geschütze gekommen. Wir hatten aus Belfast die Information erhalten, dass General French alle Geschütze mit nach Belfast genommen hatte und nur einige wenige Kleinkaliber zurückgelassen hatte, die uns erst erreichen konnten, als wir etwa 4.000 Yards vom Fort entfernt waren. Unsere Pom-Pom und unsere 15-Pfünder wurden auf die beiden Divisionen aufgeteilt, und die Offiziere hatten den Befehl, bei Sonnenuntergang einige Schüsse auf Belfast abzufeuern. Wir konnten den ganzen Tag lang beobachten, wie die Engländer in der Nähe von Monument Hill Gräben um das Dorf zogen und Stacheldrahtzäune errichteten.

Züge fuhren zwischen Belfast und den nächstgelegenen Bahnhöfen hin und her, wahrscheinlich um Verstärkung zu holen.

In der Dämmerung marschierten wir immer noch und im Licht der letzten Sonnenstrahlen feuerten wir wie vereinbart gleichzeitig unsere beiden wertvollen Feldgeschütze ab. Ich konnte nicht sehen, wo die Granaten einschlugen, aber wir hörten sie explodieren und trösteten uns mit dem Gedanken, dass sie in der Nähe des Feindes eingeschlagen sein mussten. Jedes Geschütz feuerte ein halbes Dutzend Granaten ab, und in Abständen wurden einige Salven aus einigen Gewehren abgefeuert. Wir dachten, der Feind würde diese letzte Bewegung mit Sicherheit für einen Generalangriff halten. Was er wirklich dachte, lässt sich nicht sagen. Wie die Bürger es ausdrückten: „Wir versuchen, ihnen Angst zu machen, aber man muss wissen, ob sie Angst hatten?" Damit war unser Tagesprogramm abgeschlossen und wir zogen uns für die Nacht zurück, wobei wir den Feind im Unklaren ließen, ob wir ihm noch weitere Schwierigkeiten bereiten wollten, uns jedoch nicht dafür entschuldigten, seine Ruhe gestört zu haben.

Das Ergebnis dieses unblutigen Kampfes war, dass es auf beiden Seiten *weder Verwundete noch Tote gab.*

Am 12. Februar 1901 sollte gerade das erste Todesurteil gegen einen Verräter auf unserer Seite vollstreckt werden, als plötzlich unsere Außenposten um Belfast von einer starken britischen Kolonne unter General Walter Kitchener angegriffen wurden. Als die Meldung in unser Lager gelangte, eilten alle Bürger zu Hilfe, um den Feind so weit wie möglich vom Lager fernzuhalten und ihn zurückzuschlagen. Unterdessen zogen sich die Außenposten kämpfend zurück. Wir nahmen die günstigsten Positionen ein und warteten. Der Feind kam an diesem Abend nicht näher an uns heran, sondern kampierte auf einem runden Hügel zwischen Dullstroom und Belfast, und wir konnten deutlich sehen, wie die Soldaten alle damit beschäftigt waren, Gräben und Schützengräben rund um das Lager auszuheben und Stacheldrahtzäune zu errichten. Sie hatten höchstwahrscheinlich Angst vor einem Nachtangriff und vergaßen das alte Sprichwort „Wer rechtzeitig weise ist, ist klug".

In der Nähe der Stelle, an der sich ihr Lager befand, führten mehrere Straßen in verschiedene Richtungen, so dass wir im Unklaren darüber waren, in welche Richtung sie gehen wollten und ob sie uns angreifen wollten oder auf dem Weg nach Witpoort-Lydenburg waren.

Am nächsten Morgen, bei Sonnenuntergang, brach der Feind sein Lager ab und machte Aufruhr. Zuerst kam eine dichte Masse berittener Männer, die sich nach einigen hundert Schritten in zwei Divisionen aufteilten. Ein Teil bewegte sich in westlicher Richtung, der andere nach Norden, langsam gefolgt von einer langen Reihe oder, wie man auf Afrikander sagt, „gedermte" (gut) von Wagen und Karren, die natürlich den Konvoi bildeten. Kompanien Infanterie mit Gewehren marschierten zwischen den Fahrzeugen.

Ich kam zu dem Schluss, dass sie von zwei Seiten angreifen wollten, und befahl daher, die Reihen zu zerstreuen. General Müller marschierte mit einem Teil der Bürger an der linken Flanke des Feindes vor, und als die Engländer ihre Reihen ausbreiteten, taten wir dasselbe.

Gegen 9 Uhr hatten unsere Außenposten an der rechten Flanke der Engländer bereits Kontakt mit dem Feind, und in regelmäßigen Abständen war Gewehrfeuer zu hören.

Ich hatte noch die alte 15-Pfünder-Kanone, aber der Munitionsvorrat war beträchtlich zurückgegangen, und dasselbe kann man von der berühmten Pom-Pom aus Rhenosterkop sagen. Wir feuerten einige Schüsse aus der 15-Pfünder-Kanone auf eine Kavalleriedivision am Fuße eines Hügels ab. Unser würdiger Artilleriefeldwebel schwor, er habe sie genau in die Mitte getroffen, aber selbst mit meinem starken Fernglas konnte ich die Granaten nicht explodieren sehen, obwohl ich zugeben muss, dass der Feind ein wenig Respekt vor ihnen zeigte, was man daran erkennen kann, dass sie sofort auf ihre Pferde stiegen und Deckung suchten.

Ein britischer Soldat hat viel mehr Angst vor Granaten als ein Bur, und die Bewegungen des Feindes sind daher nicht immer ein Kriterium für unsere Reichweite. Außerdem hatten wir nur noch einige gewöhnliche Granaten übrig, von denen einige nicht explodierten, da die „Schokbuizen" defekt waren und wir nicht sicher sein konnten, ob sie Schaden anrichten würden.

Die andere Seite verfügte über einige Haubitzen, die wahllos über Lyddit feuerten. Sie verfügten auch über einige schnellfeuernde Geschütze mit kleinem Kaliber, die allerdings nicht besonders weit reichten. Sie waren jedoch sehr lästig, da sie isolierte Bürger angriffen, ohne mit der Munition sparsam umzugehen.

Inzwischen reichte die linke Flanke des Feindes bis nach Schoonpoort, wo einige Bürger, die gute Stellungen innehatten, gegen sie kämpfen konnten. Dies führte zu ständigen Zusammenstößen mit unseren Außenposten. Auch hier hatten die Angreifer zwei 15-Pfünder-Armstrongs, die auf jedes bewegliche Ziel feuerten und kaum je aufhörten, mal auf ein oder zwei Bürger, die sich zeigten, mal auf einen Baum, einen Ameisenhaufen oder einen hervorstehenden Felsen. So gelang es ihnen, ein ohrenbetäubendes Kanonenfeuer aufrechtzuerhalten, das einen hätte glauben lassen, es handele sich um einen fürchterlichen Kampf, aber stattdessen war es ein sehr harmloses Bombardement.

Es richtete keinen größeren Schaden an als die englischen Manöver, obwohl es zweifellos eine brillante Demonstration war, eine Art Vorführung, um die Tapferkeit des britischen Löwen zu demonstrieren. Ich konnte jedoch keinen praktischen Nutzen daraus ziehen.

Nur auf dem rechten Flügel des Feindes kamen wir nahe genug heran, um die Wirkung der gewaltigen Artilleriebemühungen zu spüren, die uns hier zu einigen heftigen, aber harmlosen kleinen Kämpfen zwischen den Außenposten zwangen. Gegen 16 Uhr nachmittags stürmte die britische Kavallerie unseren linken Flügel, der unter dem Kommando von General Müller stand. Wir schlugen sie jedoch bald zurück. Eine halbe Stunde später sahen wir, wie die feindlichen Karren zurückfuhren.

Ich schickte General Müller, mit dem ich in engem Kontakt stand, eine heliografische Nachricht mit dem Inhalt, dass sie ihre Karren wegfahren würden und dass wir versuchen sollten, sie an allen Punkten so gut wie möglich anzugreifen.

„In Ordnung", antwortete er. „Sollen wir sofort aufbrechen?" Ich antwortete mit „Ja" und befahl einen allgemeinen Angriff.

Die Bürger tauchten nun entlang der gesamten Kampflinie auf.

Die feindlichen Kanonen, die gerade zum Abtransport bereitstanden, wurden wieder in Stellung gebracht und eröffneten das Feuer, doch unsere Männer griffen überall an, was General Kitchener offenbar nicht gefiel, denn seine Soldaten begannen mit ihren Kanonen zu fliehen, und es entstand allgemeine Verwirrung. Einige dieser Kanonen feuerten noch immer auf die Buren, doch diese stürmten entschlossen davon. Die Briten verloren viele Tote und Verwundete.

Die Kavallerie floh in solcher Eile, dass die Infanterie die einzige Verteidigung der Geschütze darstellte, und obwohl auch diese Männer den Rückzug antraten, geschah dies zumindest im Kampf.

Ich glaube nicht, dass ich übertreibe, wenn ich behaupte, General Walter Kitchener habe es der hartnäckigen Verteidigung seiner Infanterie zu verdanken, dass wir seine Karren an diesem Tag nicht erbeuteten.

Ihr Krankenwagen, in dem sich Dr. Mathews und vier Assistenten befanden, sowie einige Verwundete fielen in unsere Hände und wurden anschließend zurückgeschickt.

Wir verfolgten den Feind, so gut wir konnten, doch etwa neun Meilen von Belfast entfernt, wohin der sich zurückziehende Feind marschierte, eröffneten die Forts das Feuer auf uns mit einem 4,7-Schiffsgeschütz und hatten die Distanz so gut im Blick, dass uns bald Lydditgranaten um die Ohren explodierten.

Wir befanden uns nun im Freien, völlig ungeschützt und in Sichtweite der Belfaster Forts. Zwei unserer Bürger wurden hier verwundet.

Feldkornett Jaapie Kriege, der später getötet wurde, versuchte mit etwa 35 Bürgern, dem Feind den Weg zu einem „Spruit"-Drift abzuschneiden. Der Angriff war sehr mutig, aber unsere Männer wagten sich zu weit vor und wären alle gefangen genommen worden, wenn die andere Seite es nicht so eilig gehabt hätte, uns zu entkommen. Glücklicherweise erkannte auch ein anderer Feldkornett die Situation und hielt den Feind gut unter Feuer, wodurch er Krieges Aufmerksamkeit erregte, der nun aus dieser Patsche kam.

Als es dunkel wurde, ließen wir den Feind in Ruhe und kehrten in unser Lager zurück. Am nächsten Morgen meldeten die Außenposten, dass alle potenziellen Angreifer verschwunden waren.

Wie viel diese Farce General Kitchener gekostet hat, konnten wir nicht mit Sicherheit sagen. Ein englischer Offizier erzählte mir später, dass er im Kampf dabei gewesen sei und dass sie dort 52 Tote und Verwundete verloren hätten, darunter auch einige Offiziere. Er teilte mir auch mit, dass ihr Ziel an diesem Tag gewesen sei, uns zu vertreiben. Wenn das so ist, dann bemitleide ich die Soldaten, die diese Arbeit verrichten sollten.

Unsere Verluste bestanden, wie bereits erwähnt, aus zwei verwundeten Bürgern.

KAPITEL XXXII.

HINRICHTUNG EINES VERRÄTERS.

Wie im letzten Kapitel kurz erwähnt, ereignete sich Anfang Februar 1901 einer der für mich unangenehmsten Vorfälle des gesamten Feldzugs, und selbst jetzt kann ich nicht darüber berichten, ohne die schmerzlichsten Erinnerungen zu wecken. Ich beziehe mich auf die standrechtliche Hinrichtung eines Verräters in unseren Reihen, und da über diese tragische Episode schon viel geschrieben wurde, wage ich es, sie in vollem Umfang zu schildern. Die Fakten des Falles sind wie folgt:

In dieser Kriegsphase und auch später wurde unserer Sache großer Schaden zugefügt, indem sich verschiedene Bürger dem Feind ergaben und aus den schändlichsten Motiven die Briten auf jede erdenkliche Weise gegen uns unterstützten. Einige dieser verräterischen Buren fielen uns gelegentlich in die Hände und wurden vor ein Kriegsgericht wegen Hochverrats gestellt. Doch wie belastend die gegen sie vorgebrachten Beweise auch sein mochten, sie konnten normalerweise mit einer leichten Strafe davonkommen. In einigen Fällen wurde das Todesurteil gegen sie verhängt, doch es wurde ausnahmslos in lebenslange Haft umgewandelt, und da wir große Schwierigkeiten hatten, solche Gefangenen zu behalten, gelang es ihnen normalerweise früher oder später, zu fliehen. Diese irrtümliche Nachsicht war der Grund für viel Unzufriedenheit in unseren Reihen, die es zutiefst übel nahmen, dass diese Verräter ihres Landes ungeschoren davonkamen.

Etwa zu dieser Zeit wurde in Pretoria eine Gesellschaft gegründet, die sich hauptsächlich aus kapitulierten Bürgern zusammensetzte und die „Friedenskommission" genannt wurde, bei uns aber besser als die „Hands-Uppers" bekannt war. Ihre Mitglieder verteilten heimlich Flugblätter und Rundschreiben unter unseren Truppen, in denen sie ihnen rieten, sich zu ergeben und sich dem Feind anzuschließen. Der unvoreingenommene Leser wird zweifellos zustimmen, dass ein solcher Zustand nicht toleriert werden konnte. Stellen Sie sich zum Beispiel vor, englische Offiziere und Soldaten hätten ähnliche Mitteilungen unter den kaiserlichen Truppen verbreitet! Wäre ein solches Vorgehen toleriert worden?

Der Vorsitzende dieser Gesellschaft war ein Mann namens Meyer De Kock, der einer Truppe eines Feldkornetts von Steenkampsberg angehört hatte und zum Feind übergelaufen war. Er war der Mann, der den britischen Behörden als erster den Plan vorschlug, die burischen Frauen und Kinder in Konzentrationslager zu stecken – ein System, das so viel Elend und Leid zur Folge hatte – und er behauptete, dies sei der wirksamste Weg, die Buren zur Kapitulation zu zwingen, und argumentierte, kein Bürger würde weiterkämpfen, wenn seine Familie erst einmal in britischer Hand sei.

Eines Tages brachte ein Kaffer mit einer weißen Fahne einen Brief von der Frau dieses Mannes, der an einen meiner Feldkornetts adressiert war. Darin wurde ihm mitgeteilt, dass ihr Mann, Herr De Kock, ihn treffen und mit ihm die Zweckmäßigkeit einer Kapitulation mit seinen Männern vor dem Feind besprechen wolle. Mein Feldkornett war jedoch vernünftig und loyal genug, um keine Antwort zu senden.

Und so kam es, dass Herr De Kock eines Morgens, zweifellos in der Annahme, er könne der Strafe so leicht entgehen wie andere vor ihm, die Kühnheit besaß, kaltblütig in unsere Außenposten zu reiten. Er wurde umgehend verhaftet und in Roos Senekal Gaol eingesperrt, das Dorf, das zu dieser Zeit in unserer Hand lag. Bald darauf wurde er vor ein Kriegsgericht gestellt und aufgrund der belastendsten Beweise und nach Durchsicht einer Vielzahl belastender Dokumente, die in seinem Besitz gefunden wurden, zum Tode verurteilt.

HINRICHTUNG EINES VERRÄTERS.

Etwa vierzehn Tage später fuhr ein Wagen zu unserem Lager in Windhoek. Darin befanden sich Leutnant De Hart, ein Mitglied der Leibwache von Präsident Burger, einige bewaffnete Bürger und der Verurteilte De Kock. Sie hielten an meinem Zelt, und der Offizier überreichte mir einen Befehl unserer Regierung, der die Bestätigung des Todesurteils durch den Präsidenten enthielt und mich anwies, es innerhalb von 24 Stunden auszuführen. Es versteht sich von selbst, dass ich sehr betrübt war, diesen Befehl zu erhalten, aber da er befolgt werden musste, dachte ich, je früher er ausgeführt wurde, desto besser für alle Beteiligten. Also näherte ich mich auf der Stelle dem Verurteilten auf dem Feld und sagte:

„Herr De Kock, die Regierung hat das gegen Sie verhängte Todesurteil bestätigt, und es ist meine schmerzliche Pflicht, Sie darüber zu informieren, dass dieses Urteil morgen Abend vollstreckt wird. Wenn Sie ein Anliegen haben oder Ihrer Familie schreiben möchten, haben Sie jetzt die Gelegenheit dazu."

Daraufhin wurde er totenbleich und es dauerte einige Minuten, bis er sich von seiner Erregung erholt hatte. Dann äußerte er den Wunsch, seiner Familie zu schreiben, und wurde unter Bewachung in ein Zelt geführt, wo Schreibmaterial vor ihm lag. Er schrieb seiner Frau eine lange Nachricht, die wir an die nächstgelegenen britischen Offiziere schickten, damit sie sie an ihren Bestimmungsort weiterleiteten. Er schrieb mir auch einen Brief, in dem er sich für meine „freundliche Behandlung" bedankte und mich bat, den Brief an seine Frau weiterzuleiten. Später bot ihm unser Pastor spirituellen Trost an und spendete ihm.

Am nächsten Tag wurden wir, wie im vorigen Kapitel berichtet, von einem Trupp von General Kitcheners Truppen aus Belfast angegriffen. Das beschäftigte mich den ganzen Tag und ich beauftragte zwei meiner Unteroffiziere, die Hinrichtung durchzuführen. Bei Einbruch der Dunkelheit wurden dem Verurteilten die Augen verbunden und er an den Rand eines offenen Grabes geführt, wo zwölf Bürger eine Salve abfeuerten, woraufhin der Tod augenblicklich eintrat. Man erzählt mir, dass De Kock seinem Schicksal mit beträchtlicher Tapferkeit begegnete.

Soweit ich weiß, war dies die erste „Hinrichtung" eines Buren in unserer Geschichte. Später las ich in der englischen Presse Berichte darüber, in denen es als Mord beschrieben wurde, aber ich weise diese Beschreibung einer völlig gerechtfertigten Tat entschieden zurück. Das Verbrechen war schwerwiegend und die Strafe wohlverdient, und ich habe keinen Zweifel, dass jedem englischen Soldaten, der sich eines ähnlichen Vergehens schuldig gemacht hätte, dasselbe Schicksal zuteil geworden wäre. Es ist jedoch sehr schade, dass kein Krieg ohne diese traurigen Vorfälle stattfinden kann.

KAPITEL XXXIII.

IN DER ENGEN ECKE.

Es war jetzt März 1901. Unsere Bürger hatten sich seit einiger Zeit über Untätigkeit beschwert, und das ermüdende und eintönige Leben begann ihnen allmählich zu langweilig zu werden. Doch es wurde klar, dass der April ein ereignisreicher Monat werden würde, da der Feind beschlossen hatte, unsere Anwesenheit in diesen Gegenden nicht länger zu dulden. Daher wurde eine gewaltige Bewegung in Gang gesetzt, um uns einzukreisen und das gesamte Kommando *en bloc gefangen zu nehmen*.

Es begann mit einem Nachtangriff auf eine Feldkornett-Truppe, die in Krugers Posten nördlich von Lydenburg stationiert war. Hier gelang es dem Feind, 35 Mann und eine Menge „Impedimenta" gefangen zu nehmen; der betreffende Feldkornett hatte, obwohl rechtzeitig gewarnt, keine angemessenen Vorkehrungen getroffen. Mitte April war der Vormarsch des Feindes in vollem Gange. General Plumer kam aus Pietersburg, General Walter Kitchener aus Lydenburg und General Barber aus Middelburg. Sie näherten sich uns aus sechs verschiedenen Richtungen, insgesamt eine Streitmacht von 25.000 Mann, und das Ganze unter dem Oberbefehl von General Sir Bindon Blood.

Für uns gab es keine Fluchtmöglichkeit durch Secoekuniland im Norden, da die Eingeborenen hier, seit die Briten ihr Territorium besetzt hatten, uns gegenüber offen feindlich eingestellt waren. Um zu entkommen, mussten wir daher die feindlichen Linien durchbrechen und auch die Eisenbahnlinie überqueren, die streng bewacht war.

Der Feind rückte langsam aus verschiedenen Richtungen vor. Alle unsere Straßen wurden sorgfältig bewacht, und der Kordon um uns wurde allmählich enger. Wir wurden wiederholt angegriffen, mal von dieser, mal von jener Seite, da die Briten offensichtlich darauf aus waren, unsere Position und Stärke zu ermitteln. In einem heftigen Gefecht mit einer Kolonne aus Lydenburg wurde mein treuer Kampfgeneral Müller schwer an der Schulter verwundet, und ein Kommando Lydenburger wurde von mir isoliert und vom Feind entlang des Waterfal River bis nach Steelpoort getrieben, wo sie auf feindliche Kaffernstämme trafen. Der Kommandant des Korps war nach einer kurzen Verteidigung gezwungen, seine Geschütze zu zerstören, sein Gepäck zurückzulassen und mit seinen Bürgern in kleinen Gruppen in die Berge zu fliehen.

Unsere Lage wurde immer kritischer, aber ich beschloss, Widerstand zu leisten, bevor wir unsere Karren und Wagen im Stich ließen, obwohl es wenig Hoffnung gab, irgendetwas retten zu können. Tatsächlich war die Situation äußerst gefährlich. Soweit ich sehen konnte, waren wir völlig eingekesselt, alle Straßen waren blockiert, mein bester Offizier war verwundet, ich hatte kaum 900 Mann bei mir und unser Munitionsvorrat war sehr begrenzt.

Ich habe vergessen zu erwähnen, dass ich Anfang April, als wir erstmals eine Ahnung von diesem Schritt bekamen, alle britischen Offiziere freiließ, die ich in Middelburg gefangen hielt, und den britischen Behörden so viele DSO ersparte, die sonst von ihren Rettern eingefordert worden wären.

Die Briten um uns herum waren nun wie folgt postiert: In Diepkloof auf dem Tautesberg nordwestlich von uns; in Roodekraal zwischen Tautesberg und Bothasberg westlich von uns; in Koebold unter Roodehoogte; in Windhoek östlich von uns; in Oshoek nordöstlich; und nördlich von uns zwischen Magneetshoogte und Klip Spruit. Wir waren auf dem Mapochsberg in der Nähe von Roos Senekal positioniert, etwa auf halbem Weg zwischen Tautesberg und Steenkampsberg. Wir hatten Karren, Wagen, zwei Feldgeschütze und einen Colt-Maxim.

Wir erkannten schnell, dass wir unser Gepäck und unsere Waffen zurücklassen und uns hauptsächlich auf unsere Pferde und Gewehre verlassen mussten. Wir hatten unsere Krankenhäuser so gut wie möglich eingerichtet, eines in einem leeren Schulgebäude in Mapochsberg mit 10 Verwundeten unter der Obhut von Dr. Manning; das andere, unser einziges Feldkrankenhaus, in Schoonpoort unter der Aufsicht von Dr. H. Neethling. Ob diese armen verwundeten Buren dem Feind überlassen werden müssten, war eine Frage, die uns sehr verwirrte. Wenn ja, hätten wir nur noch einen Arzt gehabt, Dr. Leitz, einen jungen Deutschen, der mit einem Packpferd durchkommen könnte. Viele Offiziere und Männer hatten jedoch jede Hoffnung auf Flucht aufgegeben.

Es war etwa am 20. April, als die Briten so nahe kamen, dass wir den ganzen Tag kämpfen mussten, um unsere Stellungen zu halten. Ich gab in derselben Nacht den Befehl, unsere Wagen zu verbrennen, unsere Kanonen mit Dynamit zu zerstören und durch die feindlichen Linien zu stürmen, also durch jene Bürger, die keine Pferde hatten, um die Maultiere des Konvois zu besteigen. Daraufhin teilten mir etwa 100 Bürger und ein Offizier kühl mit, dass sie genug vom Kämpfen hätten und es vorzogen, sich zu ergeben. Ich war zu diesem Zeitpunkt machtlos, sie daran zu hindern, also nahm ich ihnen alle Pferde und Munition weg, worüber sie nicht sehr erfreut zu sein schienen. Vor Einbruch der Dunkelheit herrschte in unserem Lager ein wildes Durcheinander. Wagen und Karren brannten lichterloh, Dynamit wurde gesprengt und pferdelose Bürger versuchten, die Maultiere, die ihnen als Reittiere dienen sollten, zu zerbrechen. Inzwischen fand ein Gefecht zwischen unseren Außenposten und denen des Feindes statt.

Es war eine seltsame Prozession, die Mapochsberg in dieser Nacht verließ, als wir durch die britischen Linien stürmten. Viele Buren ritten auf Maultieren, viele andere hatten keinen Sattel, und nicht wenige stapften zu Fuß und trugen Gewehre und Decken auf den Schultern. Meine Späher hatten berichtet, dass der beste Weg durchzukommen auf der Südseite entlang Steelpoort war, etwa eine Viertelmeile vom feindlichen Lager in Bothasberg entfernt. Aber selbst wenn es uns gelingen sollte, die Sperre um uns herum zu durchbrechen, mussten wir die Linie bei Wondersfontein vor Tagesanbruch überqueren, um nicht zwischen den feindlichen Truppen und den Blockhäusern gefangen zu werden.

Ungefähr 100 Kundschafter, die unsere Vorhut bildeten, trafen bald auf die Wachen des Feindes. Sie wandten sich nach rechts, dann nach links; doch überall fragten die neugierigen „Tommies": „Wer ist da?" Da sie nicht allzu sehr darauf erpicht waren, ihre Neugier zu befriedigen, ließen sie uns sofort ausrichten, dass wir uns verstecken sollten, und wir begannen, die Umgebung sehr vorsichtig zu erkunden. Doch es schien keinen Ausweg aus dem Schlamassel zu geben. Wir hätten irgendeine Schwachstelle angreifen und uns so einen Weg bahnen können, doch es war immer noch ein vier- oder fünfstündiger Ritt bis zur Eisenbahnlinie, und mit unseren armen Pferden wären wir gefangen genommen worden. Außerdem hätte der Feind die Blockhausgarnisonen warnen können, und in diesem Fall wären wir zwischen zwei Feuerstürmen gefangen worden.

Nein, wir wollten unentdeckt durchkommen, und da ich sah, dass dies in dieser Nacht aussichtslos war, beriet ich mich mit meinen Offizieren und beschloss, in unser verlassenes Lager zurückzukehren, wo wir unsere ursprünglichen Positionen wieder einnehmen konnten, ohne dass der Feind von unserem nächtlichen Ausflug etwas mitbekam.

Am nächsten Morgen fand uns die aufgehende Sonne wieder in unseren alten Stellungen. Wir schickten wie üblich Kundschafter in alle Richtungen, um den Feind glauben zu machen, dass wir beabsichtigten, dauerhaft dort zu bleiben, und wir verhielten uns auf der Hut, bereit, einen Angriff jederzeit und in kürzester Zeit abzuwehren.

Aber der Feind war viel zu vorsichtig und dachte offensichtlich, er hätte uns sicher in seinen Händen. Er vergnügte sich damit, alles Lebende zu vernichten und die Häuser und die Ernte niederzubrennen. Das ganze Veld rundherum war schwarz, alles schien in Trauer, und die einzige Abwechslung zu dieser trüben Monotonie der Farben boten die unzähligen khakifarbenen Flecken um uns herum. Ich glaube, ich sagte, es seien 25.000 Mann dort, aber jetzt kam es mir so vor, als wären es fast doppelt so viele.

Wir mussten warten, bis es dunkel wurde, bevor wir einen zweiten Fluchtversuch unternehmen konnten. Der Tag schien kein Ende zu nehmen.

Viele Bürger murrten lautstark, und sogar einige Offiziere erklärten offen, dass dies alles mit Absicht geschehen sei. Natürlich waren diese beleidigenden Bemerkungen auf mich gerichtet. Schließlich wurde die Situation zu ernst. Ich konnte nur einige Offiziere zusammentrommeln, um einem Angriff des Feindes auf der Ostseite entgegenzutreten, und es musste etwas getan werden, um eine allgemeine Meuterei zu verhindern. Daher befahl ich dem Bürger, der sich am lautesten zu beschweren schien, 15 Schläge mit einem Sjambok zu verabreichen, und ich ließ ein Feldkornett verhaften. Danach blieben die Murrenden mürrisch still.

Die einzige Lücke in den feindlichen Linien schien in Richtung Pietersburg auf dem von General Plumer gehaltenen Abschnitt zu liegen, der viel zu beschäftigt damit zu sein schien, Rinder und Schafe von den „Bush-Lancers" zu erbeuten, um uns eng einzukreisen. Wir beschlossen daher, unsere Chance dort zu nutzen und so schnell wie möglich in diese Richtung zu ziehen und dann nach links abzubiegen, wo wir den Feind am wenigsten wachsam erwarteten. Kurz vor Sonnenuntergang schickte ich 100 berittene Männer los, um offen in die entgegengesetzte Richtung zu reiten, die wir einschlagen wollten, um die Aufmerksamkeit des Feindes von unserem Einsatzgebiet abzulenken, und setzte mich hin, um auf die Dunkelheit zu warten.

KAPITEL XXXIV.

Der britischen Sperre entkommen.

„Die Abenddämmerung senkte sich schnell", als wir uns vorsichtig von Mapochsberg entfernten und durch Landdrift, Steelpoort und Tautesberg zogen. Um 3 Uhr morgens hielten wir in einer Senke an, wo wir nicht beobachtet werden konnten, aber wir waren immer noch anderthalb Meilen von der feindlichen Absperrung entfernt. Unsere Lage war jetzt kritischer als je zuvor; denn sollte der Feind unseren Aufbruch entdecken und General Plumer an diesem Morgen auf uns zueilen, hätten wir kaum eine Chance zu entkommen.

Im Laufe des Tages war ich gezwungen, alle Bürger zusammenzurufen und sie ernsthaft über die Ereignisse des Vortages zu befragen. Ich forderte sie auf, mir offen zu sagen, ob sie das Vertrauen in mich verloren hätten oder ob sie irgendeinen Grund hätten, mir nicht unbedingt zu vertrauen, da ich ihr Verhalten vom Vortag nicht dulden würde. Ich fügte hinzu:

„Wenn Sie nicht in der Lage sind, meinen Befehlen bedingungslos zu gehorchen, mir treu zu sein und zu glauben, dass ich Ihnen treu bin, werde ich Sie sofort verlassen, und Sie können jemand anderen damit beauftragen, sich um Sie zu kümmern. Wir sind noch lange nicht über den Berg, und es ist jetzt mehr denn je notwendig, dass wir einander voll vertrauen können. Daher bitte ich diejenigen, die das Vertrauen in mich verloren haben oder Einwände gegen meine Führung haben, sich zurückzuziehen."

Niemand rührte sich. Andere Offiziere und Bürger erhoben sich und sprachen. Sie versicherten mir, dass alle Rebellen in der vergangenen Nacht desertiert seien und dass alle Männer bei mir treu und ergeben seien. Dann wandte sich Pastor J. Louw sehr ernsthaft an die Bürger und wies sie auf die beleidigende Art und Weise hin, in der einige von ihnen über ihre Vorgesetzten gesprochen hatten, und dass es unter den gegenwärtigen schwierigen Umständen absolut notwendig sei, dass es unter uns zu keiner Trennung und Zwietracht käme. Ich denke, all diese Reden hatten eine sehr heilsame Wirkung. Aber solche Schwierigkeiten hatten wir Offiziere durch undisziplinierte Männer zu bewältigen, die übertriebene Vorstellungen von Handlungs- und Redefreiheit hatten, und ich war nicht der einzige Burenoffizier, der in dieser Hinsicht zu leiden hatte.

Gegen zwei Uhr nachmittags gab ich den Befehl aufzusatteln, da wir vor Sonnenuntergang aufbrechen mussten, um den Olifant River vor Tagesanbruch überqueren zu können, damit der Feind uns nicht überholen konnte, falls er uns bemerkte. Wir stiegen ab und führten unsere Pferde, denn wir hatten festgestellt, dass die Engländer nicht zwischen einer Gruppe von

Männern, die ihre Pferde führten, und einer Herde Vieh unterscheiden konnten, solange die Pferde alle dicht beieinander blieben. Alle Hügel um uns herum waren mit Vieh bedeckt, das wir unseren „Bush-Lancern" abgenommen hatten, und deshalb blieb unser Vorbeimarsch unbemerkt.

Wir folgten einem alten Fuhrwerksweg entlang des Buffelskloof, wo eine Straße von Tautesberg zum Blood River führt. Der Fluss verläuft zwischen Botha's und Tautesbergen und mündet in der Nähe von Mazeppa Drift in den Olifant's River. Er wird Blood River genannt, weil sich dort viele Jahre zuvor ein schreckliches Massaker ereignet hat, als die Swazi-Kaffern einen ganzen Kaffernstamm ohne Unterschied von Alter oder Geschlecht ermordeten und den Fluss buchstäblich rot vom Blut färbten.

Gegen Abend erreichten wir den Fuß der Berge und bewegten uns in nordwestlicher Richtung an Makleerewskop vorbei. Auf einigen Fußpfaden gelangten wir ohne Schwierigkeiten durch die englischen Linien, kamen aber nur sehr langsam voran, da wir in Indianerreihen vorrücken mussten und häufig anhalten mussten, um sicherzustellen, dass niemand zurückblieb. Das Land war dicht bewaldet, und häufig verfing sich das Gepäck der Packpferde in Ästen und musste befreit und vom Rücken der Pferde gezogen werden, was ebenfalls zu erheblichen Verzögerungen führte.

Es war 3 Uhr morgens, bevor wir den Olifant's River erreichten, an einer Stelle, die einst ein Fußweg war, aber jetzt weggespült und mit Bäumen und Sträuchern überwuchert war, was es sehr schwierig machte, die richtige Stelle zum Überqueren zu finden. Unser einziger Führer, der den Weg kannte, war seit 15 Jahren nicht mehr dort gewesen, erkannte die Stelle aber an einigen hohen Bäumen, die über die anderen hinausragten. Wir hatten erhebliche Schwierigkeiten beim Überqueren, da das Wasser bis zu den Sätteln unserer Pferde reichte und die Ufer sehr steil waren. Als wir alle durchquert hatten, war die Sonne aufgegangen. Alle anderen Ströme auf dem Fluss waren vom Feind besetzt, und unsere Späher berichteten, dass der Mazeppa-Stollen, drei Meilen flussabwärts, von einer starken englischen Truppe verschanzt war, ebenso wie der Kalkfontein-Stollen, etwas weiter oben. Ich nehme an, dieser Stollen war ihnen nicht bekannt und wurde daher unbewacht gelassen.

ÜBERQUEREN DER EISENBAHNLINIE NACH NORDEN
(ZWISCHEN DEN BAHNHÖFEN BALMORAL UND BRUGSPRUIT).

Nachdem wir durchgekommen waren, ritten wir bis etwa 9 Uhr morgens in nördlicher Richtung, und erst dann waren wir sicher, dass wir uns aus den Fängen des Feindes befreit hatten. Es bestand jedoch die Gefahr, dass die Engländer unsere Abwesenheit bemerkt hatten und uns gefolgt waren. Ich schickte daher Späher auf die hohen Hügel in der Umgebung, und erst als diese Entwarnung gaben, riskierten wir es, abzusatteln. Sie können sich vorstellen, wie dankbar wir waren, nachdem wir über 19 Stunden im Sattel verbracht hatten, und ich glaube, unsere armen Tiere waren für die Ruhe nicht weniger dankbar.

Wir hatten drei Nächte hintereinander nicht geschlafen, und bald schlief das ganze Kommando, mit Ausnahme der Wachposten, tief und fest. Nur wenige von uns dachten an Essen, denn unsere Müdigkeit und Schläfrigkeit waren größer als unser Hunger. Aber wir konnten nur zwei Stunden schlafen, denn wir waren dem Feind viel zu nahe und wir wollten, dass er unsere Spur ganz verliert.

Die Bürger murrten sehr, als sie geweckt und zum Satteln aufgefordert wurden, aber wir zogen trotzdem weiter. Ich schickte einige Männer los, um in einem Kaffern-Kral nach dem Weg nach Pietersburg zu fragen, und obwohl ich nicht die Absicht hatte, in diese Richtung zu gehen, wusste ich, dass die Kaffern, sobald wir gegangen waren, dem nächsten britischen Lager melden würden, dass sie ein Kommando Buren getroffen hätten, das dorthin unterwegs war. Kaffern taten dies in der Hoffnung auf eine Belohnung, die sie oft in Form von Spirituosen erhielten. Wir zogen den ganzen Tag in Richtung Pietersburg weiter, bis wir kurz vor Sonnenuntergang an einen kleinen Bach kamen. Hier machten wir eine Stunde Halt und zogen dann weiter, diesmal jedoch nach links in südlicher Richtung durch den Busch nach Poortjesnek bei Rhenosterkop, wo kurz zuvor der Kampf mit General Pagets Truppen stattgefunden hatte. Wir mussten uns durch den Busch beeilen, da hier Pferdekrankheit weit verbreitet war und wir noch einen langen Weg vor uns hatten. Es war Mitternacht, bevor wir den Fuß des Poortjesnek erreichten.

Hier teilten mir meine Offiziere mit, dass zwei junge Bürger durch Müdigkeit und Schlafmangel wahnsinnig geworden seien und dass mehrere von ihnen, während sie im Sattel schliefen, von herabhängenden Ästen vom Pferd gerissen und schwer verletzt worden seien. Doch wir mussten erst durch den Nek und das Plateau erreichen, bevor ich ihnen Ruhe gönnen konnte. Ich ging hin und sah mir die Wahnsinnigen an. Sie sahen aus, als wären sie betrunken und sehr gewalttätig. Alle unsere Männer und Pferde waren völlig erschöpft, aber wir zogen weiter und erreichten schließlich das Plateau, wo wir zur großen Freude aller den ganzen Tag ruhten. Die Wahnsinnigen wollten nicht schlafen, aber ich hatte zum Glück einige Opiumpillen dabei und gab jedem Mann eine davon, sodass sie ruhiger wurden und nach dem Einschlafen wieder zu sich kamen.

Meine Späher berichteten am nächsten Tag, dass uns eine starke englische Patrouille gefolgt sei, dass aber ansonsten „alles ruhig" sei. Wir zogen weiter durch Langkloof über unser altes Kampfgebiet bei Rhenosterkop, dann durch den Wilge River bei Gousdenberg bis zum Blackwood Camp, etwa neun Meilen nördlich von Balmoral Station. Hier blieben wir ein paar Tage, damit sich unsere Tiere ausruhen und von ihren Strapazen erholen konnten, und zogen dann weiter über die Eisenbahn in die Bezirke Bethel und Ermelo. Hier war der Feind viel weniger aktiv, und wir hatten die Möglichkeit, eine kurze Zeit ungestört zu bleiben. Aber wir verloren 40 unserer Pferde, die sich beim Durchqueren des Buschlandes die gefürchtete Pferdekrankheit eingefangen hatten.

Am zweiten Tag unseres Aufenthalts im Blackwood Camp schickte ich 150 Männer unter den Kommandanten Groenwald und Viljoen über Staghoek durch die Banks, um das feindliche Lager in der Nähe von Wagendrift am Olifant's River anzugreifen. Dies war eine Abteilung der Truppe, die uns umzingelt hatte. Wir stellten fest, dass sie immer noch versuchten, uns zu finden, und dass die Patrouille, die uns gefolgt war, nichts von unserer Flucht gewusst hatte. Es scheint, dass sie dies erst mehrere Tage später entdeckten, und die Überraschung des guten Generals muss groß gewesen sein, als er feststellte, dass die Vögel davongeflogen waren und seine großen Pläne gescheitert waren.

Meine 150 Männer näherten sich am frühen Morgen dem Lager des Feindes und begannen auf kurze Distanz ein tödliches Gewehrfeuer auf der Westseite zu eröffnen. Die britischen Soldaten, die nicht im Traum an einen Angriff dachten, rannten in wilder Unordnung hin und her. Unsere Bürger stellten jedoch das Feuer ein, als sie sahen, dass sich viele Frauen und Kinder im Lager befanden, doch der Feind begann bald, ein Gewehr- und Geschützfeuer zu eröffnen, und unsere Männer waren gezwungen, den Kampf fortzusetzen.

Nach ein paar Tagen Abwesenheit kehrten sie in unser Lager zurück und berichteten mir, dass „sie den Engländern einen gehörigen Schrecken eingejagt hätten, denn sie dachten, wir wären im Osten bei Roos Senekal, während wir aus dem Westen kamen."

Natürlich entdeckten die Briten schnell, wo wir waren, und marschierten mit großer Streitmacht aus Poortjesnek heran. Aber wir schickten eine Patrouille aus, um sie zu treffen, und diese trieb sie erfolgreich in die Irre, indem sie westlich von Rhenosterkop an ihnen vorbeikamen, und wir konnten ungestört im Blackwood Camp zurückbleiben.

So blieb uns Zeit, uns auf die Überquerung der Eisenbahn vorzubereiten. Ich schickte also Kundschafter nach Süden, um zu sehen, wie die Lage war, und bat sie, am nächsten Tag wiederzukommen. Wir wussten, dass sich auf der Südseite der Eisenbahnlinie eine Reihe kleiner Kommandos befanden, aber eine Kreuzung zu schaffen, war schwierig, und wenn wir uns wahllos bewegten, würden wir Gefahr laufen, zwischen den Kolonnen gefangen zu werden. Die Eisenbahnlinie und alle Straßen wurden streng bewacht, und es wurde große Sorgfalt darauf verwendet, jegliche Kommunikation zwischen den Bürgern auf beiden Seiten der Linie zu verhindern.

KAPITEL XXXV.

Die burische Regierung entkam knapp.

In der ersten Maiwoche 1901 teilten wir uns in zwei Gruppen auf und verließen Blackwood Camp am frühen Abend. General Muller brachte eine Gruppe über die Eisenbahnlinie bei Brugspruit, während ich die andere Gruppe in der Nähe des Bahnhofs Balmoral überquerte. Natürlich hielten wir uns so weit wie möglich von den Blockhäusern entfernt, durchschnitten leise die Stacheldrahtzäune, die sich entlang der gesamten Linie erstreckten, und schafften es, sie zu überqueren, ohne dass ein Schuss abgefeuert wurde. Die Aufteilung in zwei Gruppen war eine notwendige Vorsichtsmaßnahme, erstens, weil das gesamte Kommando zu lange gebraucht hätte, um die Linie an einem Punkt zu überqueren, und zweitens, um sicherzustellen, dass zumindest eine Gruppe hinüberkam. Wäre der Feind außerdem auf eine der Gruppen gestoßen, hätte er wahrscheinlich geschlussfolgert, dass dies unsere gesamte Truppe war.

Wir hielten etwa sechs Meilen von der Eisenbahnlinie entfernt an, da es inzwischen 2 Uhr morgens war. Ich befahl ein allgemeines Absteigen, und wir konnten endlich unsere Pfeifen anzünden, was wir in der Nähe der Eisenbahnlinie nicht gewagt hatten, weil wir befürchteten, der Feind könnte die Lichter sehen. Die Männer saßen in Gruppen zusammen, rauchten und plauderten fröhlich. Wir verbrachten den Rest der Nacht hier, und mit Ausnahme der Wachposten konnten alle einen erholsamen Schlaf genießen, lagen jedoch mit ihren ungesattelten Pferden an ihrer Seite und den Zügeln in ihren Händen – eine äußerst notwendige und nützliche Vorsichtsmaßnahme. Zusammen mit meinem Adjutanten Nel machte ich die Runde bei den Wachposten und blieb ein paar Minuten bei jedem, um sie aufzumuntern und wach zu halten; denn es gibt nichts, was ich mehr ablehne, als im Schlaf vom Feind überrascht zu werden.

Die wenigen Stunden Ruhe, die uns gewährt wurden, vergingen sehr schnell, und beim ersten Morgengrauen befahl ich, die Männer zu rufen. Dies geschieht einfach dadurch, dass die Offiziere laut „Opzâal, opzâal" (aufsatteln) rufen. Als es hell genug war, um uns umzusehen, konnten wir mit Genugtuung feststellen, dass alles ruhig war und sich keine Truppen in der unmittelbaren Umgebung befanden. Wir machten uns auf den Weg zu einem Ort namens Kroomdraai, etwa auf halbem Weg zwischen Heidelberg und Middelburg, wo wir wussten, dass es noch Mais gab; und obwohl wir uns dort zwischen den Lagern des Feindes befinden würden, hatte ich das Gefühl, dass keine Gefahr bestand, gestört oder überrascht zu werden.

Ich schickte auch einen Bericht an den Generalkommandanten, der sich zu dieser Zeit mit der Regierung in der Nähe von Ermelo aufhielt, und schilderte ihm alles, was geschehen war. Einige Tage später erhielt ich eine Antwort mit der Aufforderung, mein Kommando in Kroomdraai zurückzulassen und zu ihm zu fahren, da ein wichtiger Kriegsrat zwischen den verschiedenen Generälen und der Regierung stattfinden sollte.

Vier Tage später erreichte ich in Begleitung dreier meiner Adjutanten den Begin der Lijn („Anfang der Linie") am Fluss Vaal südöstlich von Ermelo und meldete mich beim Generalkommandanten.

Gleichzeitig mit meiner Ankunft kamen zwei britische Kolonnen unter dem Kommando unseres alten Freundes Colonel Bullock, dessen Bekanntschaft wir zuvor in Colenso gemacht hatten. Sie kamen offenbar mit der Absicht, uns zu verfolgen, möglicherweise in der Hoffnung, uns einzuholen. Das war alles andere als angenehm für mich. Ich war vier Tage lang in Eile geritten und mein Pferd und ich waren sehr müde und erschöpft. Aber daran ließ sich nichts ändern. Ich hatte kaum Zeit, die Mitglieder der Regierung zu grüßen und ein paar Worte mit General Botha zu wechseln, als wir schon „aufgeben" mussten. Acht Tage lang irrten wir umher, Colonel Bullock auf den Fersen, blieben jedoch immer in derselben Gegend. Die Taktik dieses Offiziers, uns gefangen zu nehmen, war kindisch einfach. Tagsüber kam es zu Scharmützeln zwischen dem Feind und General Bothas Männern, aber jeden Abend versuchte ersterer, indem er sich zurückzog, uns in Sicherheit zu wiegen. Aber sobald die Sonne untergegangen war, machten sie kehrt, kehrten mit voller Geschwindigkeit dorthin zurück, wo sie uns zurückgelassen hatten, umzingelten uns die ganze Nacht hindurch sorgfältig, griffen uns am Morgen tapfer an und rechneten fest damit, die gesamte Burenregierung und mindestens ein halbes Dutzend Generäle gefangen zu nehmen. Das war ein ausgesprochenes Ärgernis, aber die Taktik dieses ehrenwerten Offiziers war so einfach, dass wir sie sehr bald durchschauten. Dementsprechend taten wir jeden Abend so, als ob wir unser Lager für die Nacht aufschlugen; aber sobald es dunkel geworden war, zogen wir vorsichtshalber etwa 10 oder 15 Meilen weiter. Am nächsten Morgen stellte Colonel Bullock, der uns die ganze Nacht sorgfältig „umzingelt" hatte, fest, dass wir unerklärlicherweise abwesend waren. Sehr verärgert darüber schickte er dann seine „fliegenden" Kolonnen hinter uns her. Das ging mehrere Tage so, bis schließlich, wie wir erwartet hatten, seine Pferde erschöpft waren, und ich glaube, er wurde dann in eine andere Garnison versetzt, da er als „Burenpirscher" als Versager galt. Zweifellos gab er sein Bestes, aber dennoch führte er sein Geschäft sehr ungeschickt.

Erst neun Tage nach meiner Ankunft in diesem mobilen Regierungssitz hatten wir Gelegenheit, uns ein paar Stunden auszuruhen. Wir befanden uns jetzt an einem Ort namens Immegratie zwischen Ermelo und Wakkerstroom. Hier wurde eine Sitzung des Exekutivrates abgehalten, an der der Generalkommandant, General Jan Smuts, General C. Botha und ich teilnahmen. General T. Smuts konnte nicht anwesend sein, da er damit beschäftigt war, Colonel Bullock zu unterhalten.

Bei diesem Treffen besprachen wir die allgemeine Lage und beschlossen, einen Brief an Präsident Steyn zu schicken, doch unsere Nachricht fiel später in die Hände des Feindes. In Übereinstimmung mit diesem Brief traten Präsident Steyn und die Generäle De Wet und De la Rey unserer Regierung bei, und später fand ein Treffen statt.

Am Tag nach diesem Treffen in Immegratie verabschiedete ich mich von meinen Freunden und begann die Reise in gemächlicherer Weise über Ermelo und Bethel zurück zu meinem Kommando in Kroomdraai. Der amtierende Präsident hatte mir einen Karren und vier Maultiere geschenkt, da sie uns bemitleideten, weil wir bei der Flucht aus Roos Senekal alle unsere Fahrzeuge hatten verbrennen müssen. Wir saßen also wieder in einem Karren, was die Würde unseres Stabes erheblich steigerte. Wie lange ich dieses Transportmittel noch besitzen würde, hing natürlich ganz vom Feind ab. Mein alter farbiger Stallbursche „Mooiroos", der hinter mir herfuhr und mein Pferd führte, dachte offensichtlich dasselbe, denn er bemerkte naiv: „Baas, die Engländer werden uns bald in eine andere Ecke drängen; sollten wir den Karren nicht besser wegwerfen?"

Wir fuhren an diesem Nachmittag nach Ermelo. Der schreckliche Ostwind wehte heftig und wirbelte große Staubwolken um uns herum auf. Das Dorf war etwa ein halbes Dutzend Mal vom Feind besetzt und jedes Mal geplündert, geraubt und evakuiert worden und befand sich nun wieder in unserer Hand. Zumindest hatten die Engländer es am Tag zuvor verlassen, und ein Landdrost hatte sich an die Spitze gestellt; ein kleiner Holländer mit spitzer Nase und kleinen, glitzernden Augen, der zwischen jedem Satz, den er sprach, seine kleinen Augen hin und her rollte und die benachbarten Hügel sorgfältig nach Anzeichen der Engländer absuchte. Die einzige andere wichtige Person in der Stadt war ein würdiger Prädikant, der sich offensichtlich seit Kriegsbeginn nicht die Haare schneiden ließ und große Schwierigkeiten hatte, sein kleines Schwarzes auf dem Kopf hellwach zu halten. Er schien sehr stolz auf seine üppigen Locken zu sein.

Es gab auch einige Familien im Ort, die zum Personal des Roten Kreuzes gehörten und die örtlichen Krankenhäuser leiteten. Einer meiner Adjutanten war ernsthaft erkrankt, und als ich nach einer Apotheke suchte, um Medikamente zu besorgen, kam ich mit der spärlichen Bevölkerung der Stadt in Kontakt. Ich fand die Apotheke geschlossen vor, da der Besitzer mit den Engländern abgereist war, und der Landdrost war aus Angst, in Schwierigkeiten zu geraten, nicht geneigt, sie zu öffnen. Er wurde sehr aufgeregt, als wir uns großzügig an den Medikamenten bedienten, und benahm sich unangenehm. Also gaben wir ihm deutlich zu verstehen, dass seine Anwesenheit in dieser unmittelbaren Nachbarschaft nicht erforderlich sei.

Unser Karren wartete auf uns in der High Street, und während unserer Abwesenheit war eine Dame auf der Veranda eines Hauses erschienen und hatte einen Diener geschickt, um zu fragen, wer wir seien. Als wir mit unserer Beute beladen wieder auftauchten, lud sie uns freundlich ein, hereinzukommen. Sie war eine Frau P. de Jager und gehörte dem Roten Kreuz an. Sie bat uns, zu bleiben und etwas zu Abend zu essen, das gerade zubereitet wurde. Stellen Sie sich vor, was für ein Luxus es für uns war, wieder einmal in einem Haus zu sein, von einer Dame angesprochen und mit einer üppigen Mahlzeit bewirtet zu werden! Unsere Kleidung war in einem zerlumpten und heruntergekommenen Zustand, und wir machten einen sehr ungepflegten Eindruck, was uns nicht ganz wohl fühlen ließ. Trotzdem brachte uns die nette Dame mit viel Taktgefühl bald ganz zu Hause unter.

Wir nahmen ein köstliches Mahl ein, das wir nicht so schnell vergessen werden. Ich kann mich nicht mehr an das Menü erinnern und bin mir nicht ganz sicher, ob es mit einem Abendessen in einem erstklassigen Café mithalten kann, aber ich habe in meinem Leben noch nie ein Mahl so genossen und werde es wahrscheinlich auch nie.

Nach dem Abendessen erzählte uns die Dame, wie am Vortag, als die Briten ins Dorf einmarschierten, drei genesende Bürger in ihrem Haus waren, die jedoch weder reiten noch laufen konnten. Mit Tränen in den Augen erzählte sie uns, wie ein englischer Arzt und ein Offizier dorthin gekommen waren, die Türen ihres ordentlich gepflegten Hauses aufgestoßen und es betreten hatten, gefolgt von einer Menge Soldaten, die sich die meisten Messer, Gabeln und anderen Utensilien genommen hatten. Sie versuchte dem Arzt zu erklären, dass sie verwundete Männer im Haus hatte, aber er war zu eingebildet und arrogant, um auf ihre Beteuerungen zu hören. Zum Glück für sie wurden die Männer nicht entdeckt, denn die Engländer nahmen beim Verlassen des Dorfes alle unsere Verwundeten und sogar unseren Arzt mit. Mit einem stolzen Lächeln führte sie nun dieses Trio vor, das, da es nicht wusste, ob wir Freund oder Feind waren, zunächst große Angst hatte.

Ich sprach der Dame mein Mitgefühl für die harte Behandlung aus, die sie am Vortag erfahren hatte, dankte ihr für ihre große Freundlichkeit und warnte sie davor, bewaffnete Bürger in ihrem Haus zu lassen, da dies gegen die Genfer Konvention verstoße.

Wir erzählten ihr, was für eine große Freude es für uns war, eine Dame kennenzulernen, da alle unsere Frauen in Konzentrationslagern untergebracht waren und wir nur die Gesellschaft unserer Mitbürger genossen hatten. Bevor wir gingen, ergriff sie unsere Hände und wünschte uns mit Tränen in den Augen Gottes Segen: „Auf Wiedersehen, meine

Freunde! Möge Gott Ihre Bemühungen für Ihr Land belohnen. General, seien Sie guten Mutes; denn wie düster die Zukunft auch erscheinen mag, seien Sie sicher, dass der Allmächtige für Sie sorgen wird!" Man kann mich kaum als sentimental bezeichnen, doch die aufrichtigen Worte dieser guten Dame, vielleicht zusammen mit ihrem ausgezeichneten Abendessen, trugen viel dazu bei, unsere Stimmung zu heben, und irgendwie schien die Zukunft jetzt nicht ganz so düster und schrecklich, wie wir zuvor zu glauben geneigt waren.

Wir setzten unsere Reise bald fort und erreichten in dieser Nacht eine Farm, die einem gewissen Venter gehörte. Wir wussten, dass hier einige Häuser der allgemeinen Zerstörung entgangen waren, und wir fanden heraus, dass ein Wohnhaus noch stand und von der Familie Venter bewohnt wurde. Es war nicht unsere Gewohnheit, die Nacht in der Nähe von bewohnten Häusern zu verbringen, da die Leute dadurch in Schwierigkeiten mit dem Feind geraten könnten, aber nachdem wir abgesattelt waren, schickte ich einen Adjutanten zum Haus, um zu fragen, ob er ein paar Eier und Milch für unsere kranken Gefährten kaufen könnte. Er kehrte schnell zurück, gefolgt von der Dame des Hauses in einem sehr aufgeregten Zustand:

„Sind Sie der General?", fragte sie.

„Ich habe diese Ehre", antwortete ich. „Was ist los?"

„Da ist viel los", erwiderte sie laut. „Ich will nichts mit Ihnen oder Ihrem Volk zu tun haben. Sie sind nichts weiter als eine Bande von Räubern und Schurken, und Sie müssen meinen Hof sofort verlassen. Alle anständigen Leute haben sich längst ergeben, und nur solche Leute wie Sie führen den Krieg weiter, während Sie persönlich einer der Rädelsführer dieser Rebellen sind."

„Na, na", sagte ich, „wo ist Ihr Mann?"

„Mein Mann ist dort, wo alle anständigen Leute sein sollten: bei den Engländern, versteht sich."

„Hände hoch, ist es das?", antworteten meine Männer im Chor, und sogar der Eingeborene Mooiroos stimmte mit ein. „Ihr verdient das DSO", sagte ich, „und wenn wir auf die Engländer treffen, werden wir es ihnen gegenüber erwähnen. Und jetzt geht zurück in euer Haus, bevor diese Rebellen und Räuber euch geben, was ihr verdient."

Sie überschüttete mich, die anderen Generäle und die Regierung weiterhin mit Beleidigungen und Verwünschungen und ging schließlich weg, immer noch vor sich hin murmelnd. Ich konnte kaum umhin, diese patriotische Dame mit der in Ermelo zu vergleichen, die uns so freundlich behandelt hatte. Ich erlebte noch viele weitere solcher Vorfälle und erwähne diese beiden nur, um die unterschiedlichen Ansichten aufzuzeigen, die unsere Frauen damals zu diesen Themen hatten. Um unseren Frauen gerecht zu werden, muss ich jedoch hinzufügen, dass diese Art von Frauen nur eine kleine Minderheit darstellte.

Es war eine bitterkalte Nacht. Unsere Decken waren sehr dünn, und der Wind zerstreute ständig unser Feuer, sodass wir kaum Gelegenheit hatten, uns aufzuwärmen. Außer dem Gras gab es kein Futter für die Pferde. Wir zogen sie dicht beieinander an, und jeder von uns hielt abwechselnd Wache, da wir jeden Moment Gefahr liefen, vom Feind überrascht zu werden, und da viele in diesem Gebiet zu Verrätern geworden waren, mussten wir unsere Vorsichtsmaßnahmen verdoppeln. Während der ganzen kalten Nacht schlief ich nur wenig, und ich wünschte inbrünstig, dass der Tag kommen möge, und war überaus dankbar, als die Sonne aufging und es ein wenig wärmer wurde.

Wir fuhren weiter und überquerten die Bergrücken östlich von Bethel, und als dieses Dorf in Sicht kam, rief mein Stallbursche Mooiroos aus: „Dort gibt es viele Khakis, Baas."

Ich hielt an und konnte mit meinem Fernglas die feindlichen Truppen deutlich erkennen, die von Bethel in unsere Richtung kamen. Ihre Späher waren überall rechts und links der Hügelketten zu sehen. Während wir noch berieten, was zu tun sei, stürmte der Feldkornett des Bezirks, ein gewisser Jan Davel, mit zwanzig Bürgern zwischen uns und die Briten. Er teilte mir mit, dass die feindlichen Truppen aus Brugspruit kamen und dass er seine Bürger in alle Richtungen verstreut hatte, um sie daran zu hindern, Widerstand zu leisten. Die feindlichen Kanonen feuerten jetzt auf uns, und obwohl die Entfernung groß war, waren die Hügelketten, auf denen wir uns befanden, völlig kahl und boten uns keine Deckung.

Wir waren daher gezwungen, nach rechts abzubiegen und auf dem Weg nach Klein Spionkop den Feind entlang der Vaalkop und Wilmansrust zu umfahren.

In Steenkoolspruit traf ich einige Bürger, die mir erzählten, dass der Feind von Springs in der Nähe von Boksburg aus marschiert war und direkt auf unser Kommando in Kroomdraai zusteuerte. Wir schafften es, diesen Ort am Abend zu erreichen, gerade rechtzeitig, um unsere Männer zu warnen und loszufahren. Ich ließ einen Teil meiner Männer zurück, um den Vormarsch des Feindes zu behindern, auf den sie am nächsten Tag trafen, aber da sie die Streitmacht als zu stark einschätzten, mussten sie sich zurückziehen, und ich weiß nicht genau, wohin sie kamen. Zu dieser Zeit befanden sich nicht weniger als neun feindliche Kolonnen in diesem Bezirk, und sie alle versuchten ihr Bestes, um die Buren einzuholen, aber da die Buren ebenfalls ihr Bestes taten, um nicht eingeholt zu werden, fürchte ich, dass die Engländer oft enttäuscht wurden. Hier wird der Leser vielleicht bemerken, dass es nicht sehr mutig war, auf diese Weise wegzulaufen, aber man sollte auch unsere Umstände berücksichtigen.

Kaum hatten wir eine Kolonne angegriffen, wurden wir auch schon von zwei weiteren angegriffen und hatten erhebliche Schwierigkeiten, zu entkommen. Der Feind war uns außerdem in jeder Hinsicht überlegen. Er hatte viele Gewehre und konnte unsere Reihen in Stücke reißen, bevor wir uns nahe genug heranwagten, um mit unseren Gewehren Schaden anzurichten. Er war uns zahlenmäßig weit überlegen. Er verfügte über einen ständigen Nachschub an frischen Pferden – einige von uns hatten überhaupt keine Pferde. Er erhielt ständig Verstärkung. Seine Truppen waren gut ernährt, besser ausgerüstet und insgesamt in besserer Verfassung. Kein Wunder also, dass der Krieg zu einer einseitigen Angelegenheit geworden war.

Am 20. Mai 1901 nutzte ich die Gelegenheit, General Plumer auf seinem Weg von Bethel nach Standerton anzugreifen.

Wir hatten uns mit Kommandant Mears verbündet und griffen den Feind an. Wären da nicht mehrere Burenfamilien mitgekommen, hätten wir ihr ganzes Lager gefangen nehmen können. Es war uns bereits gelungen, ihre Infanterie von den Wagen mit diesen Familien wegzutreiben, als ihre Infanterie dazwischenstürmte und aus 200 Schritten Entfernung das Feuer auf uns eröffnete. Wir konnten nichts anderes tun, als dieses Feuer zu erwidern, obwohl es durchaus möglich war, dass wir dabei eine oder zwei unserer eigenen Frauen und Kinder verwundeten. Diese wedelten ständig mit ihren Taschentüchern, um uns zu warnen, nicht zu schießen, aber es war unmöglich, den Salven der Infanterie zu widerstehen, ohne zu schießen. Inzwischen stellte die Kavallerie ihre Gewehre hinter die Frauenwagen und feuerte aus diesem günstigen Winkel auf uns.

Hier machten wir 25 Gefangene, 4.000 Schafe und 10 Pferde. Unsere Verluste betrugen zwei Tote und neun Verwundete. Der Feind ließ mehrere Tote und Verwundete auf dem Feld zurück, sowie zwei Ärzte und einen Krankenwagen der Queensland Imperial Bushmen, die wir zusammen mit den Gefangenen, die wir gemacht hatten, zurückschickten.

Bei dieser Gelegenheit blieb den Engländern eine schwere Niederlage erspart, indem sie Frauen und Kinder in ihrem Lager hatten, und zweifellos behielten sie diese aus Sicherheitsgründen so lange wie möglich bei sich. Ich will damit nicht andeuten, dass dies im Allgemeinen der Fall war, und ich bin sicher, dass Lord Kitchener oder jeder andere verantwortliche Kommandant eine solche Taktik lautstark verurteilt hätte; aber Tatsache bleibt, dass diese unangenehmen Vorfälle gelegentlich stattfanden.

Anfang Juni 1901 (ohne meine Notizen fällt es mir schwer, genaue Angaben zu machen) wurde ein weiterer gewaltsamer Versuch unternommen, die Mitglieder der Regierung und den Generalkommandanten gefangen zu nehmen. Colonel Benson trat nun als neuer „Burenpirscher" auf und hätte nach mehreren erfolglosen Versuchen, sie einzukreisen, die Regierung in den Bergen zwischen Piet Retief und Spitskop beinahe gefangen genommen. Gerade als Colonel Benson dachte, er hätte sie in Sicherheit und langsam, aber sicher sein Netz um sie gewebt – ich glaube, das war in Halhangapase – verließen die Mitglieder der Regierung ihre Kutschen, packten die notwendigsten Gegenstände und Dokumente auf ihre Pferde und flohen in der Nacht auf einem Fußweg, den der Feind freundlicherweise unbewacht gelassen hatte, und der direkt durch die britischen Linien in Richtung Ermelo führte. Am nächsten Tag fanden die Engländer, als sie ihren Kordon schlossen, wie üblich nichts weiter als die verbrannten Überreste einiger Fahrzeuge und einiger lahmer Maultiere.

Gemeinsam mit dem verstorbenen General Spruit, der sich zufällig in der Gegend aufhielt, war ich gebeten worden, mit einem kleinen Kommando der Regierung und dem Generalkommandanten zu Hilfe zu marschieren. Wir waren sofort aufgebrochen und hatten erst auf dem Weg erfahren, dass ihnen die Flucht gelungen war.

Wir fuhren bis nach Bankop, ohne zu wissen, wo wir sie finden könnten, und es war keine leichte Sache, sie zwischen den britischen Kolonnen zu finden.

KAPITEL XXXVI.

EINE REGIERUNG ZU PFERDE.

Zehn Tage lang durchsuchten wir die Gegend und trafen schließlich einen der Meldereiter des Generalkommandanten, der mir ihren Aufenthaltsort mitteilte, den sie aus Angst vor Verrat geheim halten mussten. Wir trafen die ganze Gruppe auf William Smeets Farm in der Nähe des Vaal-Flusses, jeder Mann zu Pferd oder auf einem Maultier, ohne einen einzigen Karren oder Wagen. Es war ein sehr seltsamer Anblick, die gesamte Regierung von Transvaal zu Pferd zu sehen. Manche hatten sich noch nicht an diese Regierungsmethode gewöhnt und hatten große Probleme mit ihrem Gepäck, das ständig auf der Straße verloren ging.

General Spruit und ich übernahmen die Aufgabe, den Exekutivrat durch den Bezirk Ermelo zu eskortieren, vorbei an Bethel nach Standerton, wo sie die Mitglieder der Regierung des Oranje-Freistaats treffen sollten. Ich hatte jetzt nur noch 100 Mann unter Feldkornett RD Young bei mir; den Rest ließ ich in der Nähe von Bethel unter dem Kommando von General Muller und den Kommandanten Viljoen und Groenwald zurück, mit der Anweisung, wachsam zu bleiben und jede Kolonne anzugreifen, die sich ein wenig vor die anderen wagte.

Auf dem Rückweg brachte mir ein Bürger einen Bericht von General Müller, der mich darüber informierte, dass er in der vergangenen Nacht mit Unterstützung der Kommandanten W. Viljoen und Groenwald mit 130 Mann eines der feindlichen Lager in Wilmansrust gestürmt und nach kurzem Widerstand des Feindes das gesamte Lager eingenommen hatte, wobei jedoch sechs Tote und einige Verwundete zu beklagen waren. Das Lager stand unter dem Kommando von Colonel Morris und seine Garnison bestand aus 450 Männern, die dem 5. Victorian Mounted Rifles-Regiment angehörten. Etwa 60 von ihnen wurden getötet und verwundet, und der Rest wurde entwaffnet und freigelassen. Unsere Beute bestand aus zwei Pompons, Karren und Wagen mit Gespannen und etwa 300 Pferden, der erbärmlichsten Ansammlung von Tieren, die ich je gesehen habe. Hier nahmen wir auch einen bekannten Bürger gefangen, der, glaube ich, Trotzki hieß und mit dem Feind gegen uns kämpfte. Er wurde vor ein Kriegsgericht gestellt, wegen Hochverrats angeklagt und zum Tode verurteilt, das Urteil wurde anschließend vollstreckt.

Unsere Regierung erhielt etwa zu dieser Zeit eine Nachricht von General Brits, dass die Mitglieder der Regierung des Oranje-Freistaats Blankop nördlich von Standerton erreicht hätten und uns in Waterval erwarten würden. Wir eilten dorthin und erreichten es am Abend des 20. Juni 1901. Hier fanden wir Präsident Steyn und die Generäle De Wet, De la Rey und

Hertzog mit einer Eskorte von 150 Mann. Es war sehr erfreulich, diese großen Führer wiederzusehen, und noch erfreulicher war die Herzlichkeit, mit der sie uns empfingen. Wir saßen die ganze Nacht um unsere Feuer herum und erzählten uns gegenseitig unsere verschiedenen Erlebnisse. Manche davon sorgten für viel Spaß und Unterhaltung, andere trieben selbst dem hartgesottenen Krieger Tränen in die Augen. General De Wet litt damals schwer an Rheuma, aber er zeigte kaum eine Spur seiner Beschwerden und war so fröhlich wie der Rest von uns.

Am nächsten Tag trennten wir uns, und jeder ging seinen eigenen Weg. Wir hatten entschieden, was jeder von uns tun sollte, und gemäß dieser Vereinbarung sollte ich in die Bezirke Lydenburg und Middelburg zurückkehren, wo wir bereits so knapp davongekommen waren. Ich gestehe, dass mir das nicht viel ausmachte, aber wir mussten dem Generalkommandanten gehorchen, und damit war die Sache erledigt. Inzwischen kamen Berichte, dass sich auf der anderen Seite der Eisenbahn die zurückgebliebenen Bürger Tag für Tag ergaben und dass ein Feldkornett mit dem Feind über eine allgemeine Waffenniederlegung verhandelte. Ich schickte sofort General Müller dorthin, um dem ein Ende zu setzen.

Wir bereiteten uns nun erneut darauf vor, die Eisenbahnlinie zu überqueren, die strenger denn je bewacht wurde, und niemand wagte es, mit irgendeinem Transportmittel hinüberzugehen. Wir hatten jedoch ein Lager in unseren Besitz gebracht – zwanzig Wagen und zwei Pompons – und ich beschloss, diese Karren und Gewehre mitzunehmen, denn meine Männer schätzten sie umso mehr, seit sie erbeutet worden waren. Sie waren für uns tatsächlich so süß wie gestohlene Küsse, obwohl ich mit letzterem keine große Erfahrung habe.

KAPITEL XXXVII.

EINEN PANZERZUG IN DIE SPRACHE sprengen.

Wir näherten uns der Linie zwischen Balmoral und Brugspruit, kamen ihr so nahe, wie es aus Sicherheitsgründen möglich war, und hielten in einer „Dunk" (Höhle) an, in der Absicht, dort bis zur Dämmerung zu bleiben, bevor wir versuchten, die Linie zu überqueren. Die Blockhäuser waren nur 1.000 Yards voneinander entfernt, und um unsere Wagen hinüberzubringen, gab es nur eines zu tun, nämlich zwei Blockhäuser zu stürmen, ihre Besatzungen zu überwältigen und unseren Konvoi zwischen diesen beiden hinüberzubringen. Glücklicherweise gab es hier keine Hindernisse in Form von Dämmen oder Ausgrabungen, da die Linie auf gleicher Höhe mit dem Veldt verlief. Wir zogen am Abend (27. Juni) weiter, der Mond schien hell, was für uns sehr unglücklich war, da der Feind uns sehen und hören würde, lange bevor wir in Reichweite kamen. Ich hatte dafür gesorgt, dass Kommandant Groenwald das Blockhaus auf der rechten Seite und Kommandant W. Viljoen das auf der linken Seite stürmen sollte, jeder mit 75 Mann. Wir hielten etwa 1.000 Schritte von der Linie entfernt an, und hier ließen die Abteilungen ihre Pferde zurück und marschierten in verstreuter Formation auf die Blockhäuser zu. Der Feind war an diesem Morgen telefonisch vor unserer Nähe gewarnt worden, und alle Wachposten und Außenposten entlang der Linie waren auf der Hut. Als wir 150 Yards von den Blockhäusern entfernt waren, eröffnete die Garnison das Feuer auf unsere Männer, und ein Kugelhagel von Lee-Metford breitete sich über eine Entfernung von etwa vier Meilen aus, wobei die britischen Soldaten aus den Blockhäusern und hinter Erdhügeln feuerten. Das von Kommandant Viljoen angegriffene Blockhaus leistete etwa zwanzig Minuten lang den entschlossensten Widerstand, aber unsere Männer steckten ihre Gewehre durch die Schießscharten der Blockhäuser und schossen hinein, wobei sie die ganze Zeit „Hände hoch" riefen, während die „Tommies" darin erwiderten: „Diesmal habt ihr es nicht mit VMRs zu tun!" Wir machten es ihnen jedoch bald zu heiß und ihr Prahlen wurde in Gnadengeschrei umgewandelt, aber nicht bevor drei unserer Männer getötet und mehrere verwundet worden waren. Die „Tommies" riefen nun: „Wir ergeben uns, Sir; um Gottes Willen, hören Sie auf zu schießen." Mein tapferer Feldkornett, G. Mybergh, der den Blockhäusern am nächsten stand, antwortete: „Also gut, kommen Sie raus." Die „Tommies" antworteten: „Gut, wir kommen", und wir hörten auf zu schießen.

Feldkornett Mybergh ging nun zum Eingang des Forts, doch als er es erreichte, wurde von innen ein Schuss abgefeuert, und er fiel tödlich in den Bauch. Gleichzeitig rannten die Soldaten mit erhobenen Händen hinaus. Unsere Bürger waren über diesen Verrat außer sich vor Wut, doch der

Sergeant und die Männer schworen bei allem, was heilig war, dass es ein Unfall gewesen sei und dass beim Herunterwerfen spontan ein Gewehr losgegangen sei. Der Soldat, der zugab, den tödlichen Schuss abgefeuert zu haben, weinte wie ein Baby und küsste die Hände seines Opfers. Wir hielten eine kurze Beratung unter den Offizieren ab und beschlossen, seine Erklärung der Angelegenheit zu akzeptieren . Ich war jedoch sehr bestürzt über den Verlust eines der tapfersten Offiziere, die ich je gekannt habe.

Unterdessen ging der Kampf am anderen Blockhaus weiter. Kommandant Groenwald teilte mir später mit, er habe sich dem Blockhaus genähert und festgestellt, dass es aus Stein gebaut war; es war in Wirklichkeit ein befestigtes Vorarbeiterhaus, das von der Niederländisch-Südafrikanischen Eisenbahngesellschaft gebaut worden war. Er sah keine Möglichkeit, den Ort einzunehmen; viele seiner Männer waren gefallen, und ein Panzerzug mit Suchscheinwerfer näherte sich aus Brugspruit. Auf der anderen Seite des Blockhauses fanden wir einen Graben, der etwa drei Fuß tief und zwei Fuß breit war. Wir füllten ihn hastig auf und ließen die Karren darüberfahren. Als der fünfte hinübergekommen war und der sechste auf den Gleisen stand, raste der Panzerzug mit voller Geschwindigkeit in unsere Mitte. Wir hatten kein Dynamit, um die Gleise zu sprengen, und obwohl wir auf den Zug schossen, raste er direkt auf die Stelle zu, an der wir hinübergingen, zerschmetterte ein Maultiergespann und teilte uns in zwei Gruppen. Der Feind richtete den Suchscheinwerfer auf uns und eröffnete das Feuer mit Gewehren, Maxims und Kartätschengewehren auf uns. Kommandant Groenwald musste sich entlang des unbesiegten Blockhauses zurückziehen und schaffte es irgendwie, durchzukommen. Die meisten Bürger waren bereits hinüber und geflohen, während der Rest mit einem Pompon und den anderen Karren zurückeilte. Ich hatte nicht erwartet, dass der Zug uns so nahe kommen würde, und saß auf meinem Pferd in der Nähe des übergebenen Blockhauses, als es plötzlich keine vier Schritte von mir entfernt anhielt. Der Suchscheinwerfer machte die Umgebung taghell und enthüllte das seltsame Schauspiel der Bürger, zu Fuß und zu Pferd, die in alle Richtungen flohen und von Vieh und Karren begleitet wurden, während viele Tote auf dem Veldt lagen. Wir retteten jedoch alles mit Ausnahme eines Karrens und zweier Karren, von denen einer leider mein eigener war. So verlor ich zum vierten Mal im Krieg all meine weltlichen Besitztümer, meine Kleidung, meine Decken, mein Essen, mein Geld.

Meine beiden Kommandanten befanden sich nun mit der Hälfte der Männer südlich der Linie, während ich mit der anderen Hälfte nördlich davon war. Am nächsten Morgen begruben wir unsere Toten, und am Abend schickte ich den übrigen Kommandos eine Nachricht, in der ich sie aufforderte, die Linie am Bahnhof Uitkijk südwestlich von Middelburg zu überqueren, während Captain Hindon eine Mine unter der Linie in der Nähe des

Bahnhofs legen sollte, um jeden Panzerzug in die Luft zu sprengen, der herunterkam. Hier gelang es uns, den Rest unseres Lagers ohne große Schwierigkeiten hinüberzubringen. Die „Tommies" feuerten wütend aus den Blockhäusern, und unser Freund, der Panzerzug, kam aus Middelburg heran und pfiff uns eine freundliche Warnung zu. Er kam wie zuvor mit voller Geschwindigkeit, erreichte aber nur die Stelle, an der die Mine für ihn gelegt worden war. Es gab eine laute Explosion; etwas flog in die Luft, und dann verstummte das schrille Pfeifen, und alles war still.

Am nächsten Morgen schlugen wir alle wieder gemeinsam unser Lager in Rooihoogte auf.

KAPITEL XXXVIII.

PRO-BRITISCHE BUREN IN DIE FALLE SETZEN.

Im Juli 1901 befanden wir uns wieder auf dem Schauplatz unserer früheren Kämpfe und wurden hier von General Müller unterstützt, der seine Mission südlich der Eisenbahn beendet hatte. Nachdem dieses Gebiet drei Wochen lang von dreißigtausend englischen Soldaten durchkämmt worden war, die sorgfältig alles Lebende und Tote entfernt und vernichtet hatten, kann man sich die Bedingungen vorstellen, unter denen wir leben mussten. Zweifellos konnte vom Feind aus strategischer Sicht nichts anderes erwartet werden, als das Land zu verwüsten, aber was uns am meisten betrübte, war das große Leid, das dies für unsere Frauen und Kinder mit sich brachte. Oft wurden die Waggons, in denen sie zu ihren Gefangenen in die Konzentrationslager gebracht wurden, durch die ungeschickte Lenkung der Soldaten oder ihrer Kaffernbediensteten umgeworfen, und viele Frauen und Kinder wurden auf diese Weise verletzt.

Außerdem wurde eine gewisse Mrs. Lindeque in der Nähe von Roos Senekal von einer englischen Kugel getötet, da die Soldaten sagten, sie sei gegen Anweisungen durch die Außenposten gegangen. Kein Wunder also, dass viele unserer Frauen mit ihren Kindern vor dem Anmarsch des Feindes flohen und all ihren weltlichen Besitz zurückließen, um der allgemeinen Zerstörung zum Opfer zu fallen. Wir trafen oft auf solche Familien in größter Not, einige hatten in Höhlen Zuflucht gesucht, andere lebten in Hütten aus halb verbranntem Wellblech inmitten der verkohlten Ruinen ihrer ehemaligen glücklichen Häuser. Die Leiden unserer halb bekleideten und hungrigen Bürger waren gering im Vergleich zum Elend und den Entbehrungen dieser armen Geschöpfe. Ihre Ehemänner und andere Verwandte sorgten jedoch nach besten Kräften für sie, und diese Familien waren trotz allem vergleichsweise glücklich, solange sie unter ihren eigenen Leuten bleiben konnten.

Unsere Kommandos waren nun ziemlich erschöpft, und unsere Pferde brauchten dringend eine Pause, da sie durch die Wanderungen der letzten Wochen in einen erbärmlichen Zustand versetzt worden waren. Ich ließ General Müller daher in der Nähe der Kobaltminen am Oberlauf des Olifant River zurück, direkt neben dem Wagenhang, während ich mit 100 Männern und einem Pompom nach Witpoort und Windhoek aufbrach, um dort meine verstreuten Bürger einzusammeln, mein dezimiertes Kommando neu zu organisieren und uns um unsere Lebensmittelvorräte zu kümmern. In Witpoort hatten die Bürger, die unter dem ehemaligen Feldkornett Kruge gestanden hatten und den Angriffen des Feindes entkommen waren, die Mühle repariert, die die Engländer gesprengt hatten, und diese funktionierte nun wieder so gut wie zuvor. Ein guter Vorrat an Mais war dort vergraben und unentdeckt geblieben, und wir waren den „Bush-Lancers" für diese Gabe sehr dankbar.

Dennoch war nicht alles ganz „schön". Die Lage war eher kritisch, da Verrat weit verbreitet war und viele Bürger hin und her zum Feind ritten und sich zur Kapitulation bereit machten, während die treue Division machtlos war, sie daran zu hindern. Wir mussten mit großer Entschlossenheit und Entschlossenheit vorgehen, um diesen Tendenzen Einhalt zu gebieten, und innerhalb einer Woche nach unserer Ankunft waren ein halbes Dutzend Personen wegen Hochverrats im Gefängnis von Roos Senekal inhaftiert. Darüber hinaus führten wir einen radikalen Führungswechsel durch, entließen alte und kriegskranke Offiziere und setzten jüngere und energischere Männer ins Kommando.

Mehrere Familien verursachten hier erhebliche Schwierigkeiten. Als der Feind durch ihr Gebiet zog, hatten sie keine Gelegenheit, sich mit ihrem Vieh zu ergeben. Als die Engländer jedoch zurückkehrten, versuchten sie, in das Lager des Feindes in Belfast zu gelangen und nahmen ihr gesamtes Vieh und ihre beweglichen Güter mit. Die loyalen Bürger waren darüber wütend und drohten, ihr gesamtes Vieh und ihre Güter zu konfiszieren. Als diese Familien, die ich Steenkamps nennen werde, dies sahen, gaben sie ihren Versuch auf, zum Feind überzulaufen, und bezogen ihren Wohnsitz in einer Kirche in Dullstroom, dem einzigen Gebäude, das nicht zerstört worden war, obwohl die Fenster, Türen und die Kanzel längst verschwunden waren. Hier warteten sie ruhig auf eine Gelegenheit, sich dem Feind zu ergeben, dessen Lager in Belfast nur 10 oder 12 Meilen entfernt war. Wir waren sehr darauf bedacht, dass ihr Vieh und ihre Schafe, von denen sie eine große Zahl besaßen, nicht in die Hände des Feindes fielen, konnten ihnen jedoch keinen Verrat vorwerfen, da sie sehr glattzüngige Schurken waren und uns immer Treue schworen.

Ich habe dies als Beispiel für die gefährlichen Elemente erwähnt, mit denen wir in unserem eigenen Volk zu kämpfen hatten, und um zu zeigen, wie tief ein Bur sinken kann, wenn er sich einmal dazu entschlossen hat, seine heiligsten Pflichten zu vernachlässigen und die Waffe, die er noch vor kurzem zu ihrer Verteidigung eingesetzt hatte, gegen seine eigenen Landsleute einzusetzen. Glücklicherweise waren solche Männer in der Minderheit. Dennoch begegnete mir oft Fälle, in denen Väter gegen ihre eigenen Söhne und Brüder gegen Brüder kämpften. Ich kann nicht umhin zu glauben, dass es von Seiten unseres Feindes alles andere als edel war, solche Landesverräter einzusetzen und solche Schurkenverbände wie die National Scouts zu bilden.

Während wir uns darum bemühten, unsere Kommandos neu zu organisieren und die Verräter auszumerzen, ließ uns der Feind kaum Ruhe, und einmal marschierten sie plötzlich von Helvetia aus in unsere Richtung. Eine schlagkräftige Truppe, hauptsächlich bestehend aus Männern aus Lydenburg und Middelburg, unter dem Kommando eines neu ernannten Offiziers, Captain Du Toit, ging dem Feind zwischen Bakendorp und Dullstroom entgegen. Hier entbrannte ein erbitterter Kampf, bei dem wir einige Männer verloren, aber es gelang, den Vormarsch des Feindes aufzuhalten. Der Kampf wurde jedoch am nächsten Tag wieder aufgenommen, und da die Briten starke Verstärkung erhalten hatten, mussten sich unsere Bürger zurückziehen, während der Feind an einem Ort in der Nähe der „Pannetjes" drei Meilen von Dullstroom entfernt blieb.

Das englische Lager war nun in der Nähe unserer Freunde, der Steenkamps, die gespannt auf eine Gelegenheit warteten, „Hands-Upper" zu werden. Sie hatten natürlich schon vor langer Zeit mit dem Kämpfen aufgehört; einer klagte, er habe eine Nierenkrankheit, ein anderer, er leide an einer anderen Krankheit. Sie saßen auf den Kopjes und beobachteten die Kämpfe und die verschiedenen Manöver und gratulierten einander, wenn der Feind ihnen etwas näher kam.

Ich möchte den Leser nun um die Nachsicht bitten, einen unserer kleinen Streiche zu beschreiben, den wir in der Kirche von Dullstroom spielten und der für viele andere ähnliche Vorfälle während des Feldzugs typisch war. Man wird sehen, wie diese Möchtegern-„Hände hoch"-Spieler in eine kleine Falle gerieten, die einige meiner Stabsoffiziere vorbereitet hatten.

Meine drei Adjutanten Bester, Redelinghuisen und J. Viljoen, sorgfältig in so viel Khaki gekleidet wie sie nur konnten, und als Oberst Bullock, „Jack" und „Cooper" aufmarschierend, alle Streitkräfte Seiner Majestät, begaben sich eines schönen Abends zur Kirche von Dullstroom, um sich zu vergewissern, ob die Steenkamps bereit wären, sich zu ergeben und unter britischer Flagge zu kämpfen. Sie kamen dort gegen 21 Uhr an und klopften laut an die Tür, als sie feststellten, dass die Insassen alle eingeschlafen waren. Diese wurde von einem gewissen jungen Herrn Van der Nest geöffnet, der mit seinem Bruder die Nacht in der Kirche verbrachte. J. Viljoen, alias „Cooper", der als Dolmetscher zwischen den Pseudo-Engländern und den abtrünnigen Buren fungierte, sprach den jungen Mann folgendermaßen an:

„Guten Abend! Ist Herr Steenkamp da? Hier ist ein britischer Offizier, der ihn und seinen Schwager sprechen möchte."

Van der Nest wurde blass und eilte hinein. Er stammelte: „Oom Jan, da sind Leute an der Tür", weckte seinen Bruder und beide verließen das Haus durch die Hintertür. Steenkamps Schwager jedoch, den ich Roux nennen werde, erschien bald und sagte lächelnd und unter kriechender Verbeugung:

„Guten Abend, meine Herren, guten Abend."

Der selbsternannte Colonel Bullock wandte sich an den Dolmetscher „Cooper" und sagte: „Sagen Sie Mr. Roux, dass wir Informationen haben, die er und sein Bruder preisgeben möchten."

Sobald „Cooper" mit dem Dolmetschen begann, antwortete Roux in gebrochenem Englisch: „Ja, Sir, Sie haben völlig Recht. Mein Schwager und ich haben zwölf Monate auf eine Gelegenheit zur Kapitulation gewartet und sind jetzt so dankbar, dass wir dazu in der Lage sind."

„Colonel Bullock": „Also gut, dann rufen Sie Ihre Leute heraus!"

Roux verneigte sich tief und rannte zurück in die Kirche. Kurz darauf kam er mit drei Kameraden heraus, die alle ihre Waffen niederlegten und anhielten.

Der „Colonel": „Können diese Männer Englisch sprechen?"

Roux: „Nein, Sir."

Der „Colonel": „Fragen Sie sie, ob sie bereit sind, sich freiwillig Seiner Majestät dem König von Großbritannien zu ergeben?"

Die Bürger im Chor: „Ja, Sir, vielen Dank. Wir freuen uns sehr, dass Sie endlich gekommen sind. Wir wollten schon lange kapitulieren, aber die Buren ließen uns nicht durch. Wir haben nicht gegen Sie gekämpft, Sir."

Der „Oberst": „Also gut, geben Sie jetzt alle Ihre Waffen ab."

Und während der Pseudo-Oberst vorgab, er sei damit beschäftigt, sich Notizen zu machen, holten die Bürger ihre Mauser und Patronengurte hervor und übergaben sie den verkleideten „Tommies".

Roux sagte als nächstes zum „Colonel": „Bitte, Sir, darf ich diesen Revolver behalten? In der Hütte dort drüben sind ein paar Holländer, die gesagt haben, sie würden mich erschießen, wenn ich mich ergebe; und Sie wissen, Sir, dass es diese Holländer sind, die die Buren zum Kämpfen drängen und den Krieg verlängern. Warum gehen Sie nicht und fangen sie? Ich werde Ihnen zeigen, wo sie sind."

Der „Colonel" widerstand dem Impuls, dem Verräter eine Kugel durch den Kopf zu jagen, und antwortete kurz: „Also gut, behalten Sie Ihren Revolver. Ich werde die Holländer morgen früh fangen."

Roux: „Seien Sie vorsichtig, Sir. Ben Viljoen ist dort drüben mit einem Kommando und einem Pompon."

Der „Colonel" (hochmütig): „Seien Sie unbesorgt; meine Kolonne wird ihn bald umzingelt haben und diesmal wird er nicht entkommen."

Nun kamen auch die Frauen heraus, um an der Feier teilzunehmen. Sie klatschten vor Freude in die Hände und luden den „Colonel" und seine Männer ein, hereinzukommen und etwas Kaffee zu trinken.

Der „Colonel" bedankte sich höflich. Inzwischen hatte eine Frau Roux zugeflüstert: „Ich hoffe, das sind nicht Ben Viljoens Leute, die uns zum Narren halten."

„Unsinn", antwortete er, „Sehen Sie denn nicht, dass dies ein sehr überlegener britischer Offizier ist?" Woraufhin die ganze Kompanie ihre Freude darüber ausdrückte, sie zu sehen.

Der „Colonel" sprach nun: „Mr. Roux, wir nehmen Ihr Vieh und Ihre Schafe zu Ihrer Sicherheit mit. Bitte leihen Sie uns einen Diener, der uns hilft, sie weiterzutreiben. Zeigen Sie uns morgen, wo die Buren sind?"

Mr. Roux: „Sicher, Sir, aber Sie dürfen mich bitte nicht an gefährliche Orte bringen."

Der „Oberst": „Also gut, ich werde morgen früh die Wagen losschicken, um Ihre Frauen abzuholen."

Roux trieb sein Vieh zusammen und sagte: „Ich hoffe, Sie und ich können morgen in Ihrem Lager zusammen einen Whisky trinken."

Der „Colonel" antwortete: „Ich freue mich, Sie zu sehen", und fragte sie, ob sie Geld oder Wertsachen hätten, die sie aufbewahren wollten. Doch die Buren, getreu dem Sprichwort „Berühre das Herz eines Buren, nicht seinen Geldbeutel", antworteten im Chor: „Danke, aber wir haben das alles sorgfältig verstaut, wo es kein Bure finden wird."

Sie alle verabschiedeten sich vom „Colonel", die „Tommies" tauschten ein paar Vertraulichkeiten mit den Frauen aus, bis diese vor Lachen kreischten, und dann bestiegen der „Colonel" und sein Kommando aus zwei Männern ihre großen, plumpen englischen Pferde und ritten stolz davon. Aber Hochmut kommt vor dem Fall, und sie waren noch nicht viele Meter weit gekommen, als das Pferd des „Colonels" über ein Bündel Stacheldraht stolperte, stürzte und seinen Reiter zu Boden warf. Gerade als er den niederländischen Wortschatz an Verwünschungen fast erschöpft hatte, kamen ihm die Steenkamps, die ihn glücklicherweise nicht gehört hatten, zu Hilfe und halfen ihm mit vielen Beileidsbekundungen auf sein Pferd, wobei Roux seine Beinkleider sorgfältig mit seinem Taschentuch sauber wischte. Nachdem sie ein Stück weitergegangen waren, fragten die „Tommies" ihren „Colonel", was er mit dieser akrobatischen Darbietung gemeint hatte. Worauf der „Colonel" antwortete: „Das war ein sehr glücklicher Zufall; die Steenkamps sind nun aufgrund meiner unbeholfenen Reitweise davon überzeugt, dass wir Engländer sind."

Am nächsten Morgen trafen meine drei Adjutanten im Lager ein. Sie trugen jeweils vier neue Mausergewehre und 100 Patronen und trieben etwa 300 Schafe und ein schönes Pony. Am selben Morgen schickte ich Feldkornett Young los, um das tapfere Bürgerquartett festzunehmen. Er fand alles bereit zur Abreise ins englische Lager, und sie warteten ungeduldig auf die Wagen, die Colonel Bullock versprochen hatte.

Es war natürlich ein schönes „Tableau", als sich der Vorhang für die Farce hob und anstelle der erwarteten englischen Retter ein bürgerlicher Offizier mit einem breiten Lächeln im Gesicht erschien. Sie waren natürlich überschwänglich in ihren Entschuldigungen und Ausreden. Sie erklärten, sie seien von Hunderten Feinden umzingelt worden, die ihnen ihre Gewehre an die Brust gehalten und sie zur Kapitulation gezwungen hätten. Einer von ihnen befand sich nun in einem so bemitleidenswerten Zustand der Angst, dass er dem Feldkornett zwanzig Atteste von Ärzten und Quacksalbern aller Art vorlegte, die erklärten, er leide an jeder nur denkbaren Krankheit, und der Feldkornett war bewegt, ihn zurückzulassen. Die anderen drei wurden verhaftet, vor ein Kriegsgericht gestellt und zu drei Monaten Zwangsarbeit sowie zur Beschlagnahmung all ihrer Besitztümer verurteilt.

Zwei Tage später besetzten die Engländer Dullstroom, und die Pseudoinvaliden und Frauen wurden, wie von ihnen gewünscht, vom Feind versorgt, ohne ihr Hab und Gut zu besitzen.

KAPITEL XXXIX.

Brutale Mordspur der Kaffern.

In Windhoek wurden wir erneut von einer englischen Kolonne angegriffen. Der Leser wird diese ständigen Angriffe wahrscheinlich leid sein, und ich beeile mich, ihm zu versichern, dass wir viel müder waren, als er jemals werden kann. Am ersten Tag des Kampfes gelang es uns, den Feind zurückzudrängen, aber am zweiten Tag wendete sich das Kriegsglück, und nach einem erbitterten Kampf, in dem ich das Unglück hatte, einen tapferen jungen Bürger namens Botha zu verlieren, gaben wir die Auseinandersetzung mit unseren Feinden auf und zogen uns zurück.

Der Feind folgte uns auf dem engsten Fuß, und obwohl ich unter meinen Männern großzügig den Sjambok einsetzte, konnte ich sie nicht davon überzeugen, ihren Feinden Widerstand zu leisten, nicht einmal mit dieser unsanften Methode. Als wir Witpoort passierten, war uns die feindliche Kavallerie mit zwei Kanonen dicht auf den Fersen.

Erst als die Bürger Maagschuur zwischen Bothas und Tautesbergen erreicht hatten, ließen sie sich herab, Widerstand zu leisten und den Vormarsch des Feindes aufzuhalten. Hier zwangen wir sie nach einem kurzen, aber heftigen Gefecht, nach Witpoort zurückzukehren, wo sie ihr Lager aufschlugen.

Unsere Mühle, die, wie ich bereits erwähnte, eine wichtige Quelle unserer Nahrungsmittelversorgung war, wurde erneut bis auf die Grundmauern niedergebrannt.

Unsere Kommandos kehrten zum Olifant's River zurück und schlossen sich in der nahegelegenen Kobaltmine denen an, die unter General Muller zurückgeblieben waren. Der Feind jedoch, der entschlossen schien, uns wenn möglich von der Erdoberfläche zu tilgen, entdeckte unseren Aufenthaltsort etwa Mitte Juli und griff uns in überwältigender Zahl an. Wir hatten eine Position an den „Randts" eingenommen und leisteten so viel Widerstand wie möglich. Der Feind beschoss uns mit schweren Granaten aus seinen Haubitzen und 15-Pfündern, während seine Infanterie unsere beiden äußersten Flanken angriff. Nach dem Verlust vieler Männer gelang es einem Bataillon Hochländer, unsere linke Flanke zu umgehen, und nachdem der Feind diesen Vorteil erlangt hatte und durch seine zahlenmäßige Überlegenheit unterstützt wurde, konnte er eine Position nach der anderen einnehmen und machte es schließlich unmöglich, weiteren Widerstand zu leisten. Am späten Nachmittag zogen wir uns mit fünf Verwundeten und einem Toten – einem Irisch-Amerikaner namens Wilson – über den Olifant's River in der Nähe von Mazeppa Drift zurück, während der Feind die Nacht in Wagendrift verbrachte, etwa drei Meilen weiter flussaufwärts. Am nächsten Morgen überquerten sie den Fluss und zogen durch Poortjesnek und Donkerhoek nach Pretoria, was uns etwas Luft verschaffte. Ich schickte nun einige zuverlässige Bürger los, um dem Generalkommandanten unsere verschiedenen Bewegungen zu melden und Nachrichten über die anderen Kommandos zu bringen. Es dauerte drei Wochen, bis diese Männer zurückkehrten, denn sie waren mehrmals daran gehindert worden, die Eisenbahnlinie zu überqueren, und es gelang ihnen schließlich nur unter großen Schwierigkeiten. Sie berichteten, dass die Engländer auf dem Hochveldt sehr aktiv und zahlreich waren.

Etwa Mitte Juli verließ ich General Müller, damit er sich beim Kommando ausruhen konnte, und begab mich in Begleitung von einem halben Dutzend Adjutanten und Meldereitern nach Pilgrimsrust im Distrikt Lydenburg, um die dortigen Kommandos zu besuchen und die durch meine Reorganisation hervorgerufene Unzufriedenheit so weit wie möglich zu zerstreuen.

In Zwagerhoek, einer Schlucht etwa 12 Meilen südlich von Lydenburg, durch die der Wagenweg von Lydenburg nach Dullstroom führt, traf ich ein Feldkornett mit etwa 57 Mann. Nachdem ich die Situation mit ihnen besprochen und ihnen alles erklärt hatte, waren sie alle zufrieden.

Hier ernannte ich einen jungen Mann von 23 Jahren, einen gewissen JS Schoenman, zum Feldkornett, der sich später durch sein tapferes Verhalten auszeichnete.

Kaum waren wir mit unseren Vorbereitungen fertig, wurden wir erneut von einer feindlichen Kolonne aus Lydenburg angegriffen. Zunächst konnten wir uns erfolgreich verteidigen, mussten aber schließlich nachgeben.

Ich glaube nicht, dass wir dem Feind nennenswerte Verluste zugefügt haben, aber wir hatten keine Verluste. In derselben Nacht marschierten wir durch die feindlichen Linien nach Houtboschloop, fünf Meilen östlich von Lydenburg, wo ein kleines Kommando stationiert war, und da wir einen sehr umständlichen Weg zurücklegen mussten, legten wir in dieser Nacht nicht weniger als 40 Meilen zurück.

Nun wurde ein weiteres Treffen aller Bürger nördlich von Lydenburg einberufen, das in einem verfallenen Hotel etwa 12 Meilen westlich der Nelspruit Station stattfinden sollte, die man als das Zentrum aller Kommandos in diesem Bezirk hätte betrachten können. Ich stellte fest, dass diese in zwei Gruppen gespalten waren, von denen die eine mit der neuen Ordnung, die ich geschaffen hatte, unzufrieden war und ihre alten Offiziere wieder einsetzen wollte, während die andere mit meinen Vorkehrungen ganz zufrieden war. Die letztere Gruppe wurde von Herrn Piet Moll kommandiert, den ich anstelle von Herrn D. Schoeman, der früher diese Position innehatte, zum Kommandanten ernannt hatte. Bei der Versammlung erklärte ich ihnen die Angelegenheit und versuchte, die Bürger davon zu überzeugen, mit ihren neuen Kommandanten zufrieden zu sein. Es war jedoch offensichtlich, dass viele nicht zufrieden waren und dass man von ihnen keine harmonische Zusammenarbeit erwarten konnte. Ich beschloss daher, beide Kommandanten auf ihren Positionen zu belassen und die Männer dem von ihnen gewählten Kommandanten folgen zu lassen. Ich nutzte die erste Gelegenheit zu einem Angriff auf den Feind, um die Leistungsfähigkeit dieser beiden Truppenteile zu prüfen.

Wir führten die beiden Kommandos mit ihren jeweiligen zwei Kommandanten in östlicher Richtung zum Wit River, lagerten dort einige Tage und erkundeten den Feind auf der Delagoa Bay Railway, um den besten Angriffspunkt zu finden. Wir hatten gerade beschlossen, am Abend des 1. August die Crocodilpoort Station anzugreifen, als unsere Späher meldeten, dass die Engländer, die das Fort in M'pisana's Stad zwischen unserem Lager in Wit River und Leydsdorp gehalten hatten, mit einer großen Menge erbeuteten Viehs in Richtung Komati Poort marschierten.

Unser erster Plan wurde daher aufgegeben, und ich befahl 50 Bürgern jedes Kommandos, diese Kolonne in M'pisanas Fort sofort anzugreifen, da sie viel zu viel Schaden angerichtet hatten, um unbehelligt davonkommen zu können. Es handelte sich um eine Gruppe von Männern namens „Steinackers Pferd", ein Korps, das aus allen Desperados und Vagabunden bestand, die aus abgelegenen Orten im Norden zusammengekratzt werden mussten, darunter Kaffernladenbesitzer, Schmuggler, Spione und Schurken aller Art, das Ganze wurde von einem Charakter namens —— kommandiert. Wer oder was dieser Herr war, konnte ich nie herausfinden, aber nach seiner Arbeit und den Männern unter ihm zu urteilen, muss er ein zweiter Musolino gewesen sein. Dieses Korps hatte sein Hauptquartier in Komati Poort unter Major Steinacker, dem wahrscheinlich die Aufgabe anvertraut war, die portugiesische Grenze zu bewachen, und er muss hinsichtlich seiner Vorgehensweise *freie Hand gehabt haben.*

Allen Berichten zufolge bestand die Hauptbeschäftigung dieses Korps darin, zu plündern, und die ihm zugeteilten Kaffern wurden zum Aufklären, Kämpfen und Schlimmeren eingesetzt. Viele Familien im nördlichen Teil von Lydenburg waren an einsamen Orten angegriffen worden, und einmal hatten die Weißen auf einem dieser Plünderungszüge den Kaffern erlaubt, zehn wehrlose Menschen mit ihren Assegais und Beilen zu ermorden und ihr Vieh und anderes Eigentum zu erbeuten. Auf die gleiche Weise wurden die Verwandten der Kommandanten Lombard, Vermaak, Rudolf und Stoltz und zweifellos viele andere, die mir nicht gemeldet wurden, massakriert. Der Leser wird nun verstehen, warum ich diesen gesetzlosen Räubern etwas Einhalt gebieten wollte. Die Anweisungen an das Kommando, das ich ausgesandt hatte und das in zwei Tagen bei M'pisana eintreffen würde, lauteten, das Fort kurz einzunehmen und danach zu tun, was die Umstände erforderten. Wenn meine Männer scheiterten, würden sie von den Desperados auf ihren schnellen Pferden verfolgt werden, und alle Kaffernstämme würden sich gegen uns verschwören, sodass niemand auf unserer Seite entkommen würde. Ein Kaffer wurde in diesem Krieg im Allgemeinen als neutrale Person angesehen, und wenn man ihn nicht bewaffnet innerhalb unserer Linien fand und es keinen vernünftigen Grund für seine Anwesenheit gab, ließen wir ihn im Allgemeinen in Ruhe. Sie wurden jedoch größtenteils als Spione gegen uns eingesetzt, blieben tagsüber in ihren Kraalen und gingen nachts hinaus, um unsere Position und Stärke festzustellen. Sie waren auch gute Führer für die englischen Truppen, die oft nicht die geringste Ahnung von dem Land hatten, in dem sie sich befanden. Man darf nicht vergessen, dass ein Kaffer, wenn man ihm ein Gewehr gibt, sofort seinen brutalen Instinkten zum Opfer fällt und sein einziger Zeitvertreib fortan darin besteht, ohne Unterschied von Alter, Hautfarbe oder Geschlecht zu töten. Mehrere Hundert solcher Eingeborenen, angeführt von Weißen, zogen in diesem Gebiet umher, und alles, was gefangen, geplündert oder gestohlen wurde, wurde gleichmäßig unter ihnen aufgeteilt, wobei 25 Prozent zunächst für die britische Regierung abgezogen wurden.

Ich habe mir diesen Exkurs gegönnt, um eine andere Phase zu beschreiben, mit der wir in unserem Kampf ums Dasein zu kämpfen hatten. Ich habe jedoch Grund zu der Annahme, dass der britische Oberbefehlshaber, für den ich immer den größten Respekt empfunden habe, sich damals des bemerkenswerten Charakters dieser Operationen, die in den entlegensten Teilen des Landes durchgeführt wurden, nicht bewusst war; und es besteht kein Zweifel, dass er diese Übeltäter umgehend vor Gericht gestellt hätte, wenn er ihren wahren Charakter gekannt hätte.

KAPITEL XL.

Die Eroberung eines Freibeuterverstecks.

Am frühen Morgen des 6. August, als die anbrechende Dämmerung die Gipfel der Lebombo-Berge in Purpur tauchte und die ersten Strahlen der aufgehenden Sonne ihre goldenen Strahlen über das düstere Buschland warfen, näherte sich das Kommando unter den Kommandanten Moll und Schoeman langsam dem gefürchteten Fort M'pisana. Als sie nur noch wenige hundert Schritte davon entfernt waren, ließen sie die Pferde zurück und schlichen sich langsam und in verstreuter Formation darauf zu; denn da keiner von uns die Anordnung oder den Bau des Ortes kannte, war geplant, sehr vorsichtig vorzugehen und auf ein Pfeifen hin plötzlich anzugreifen. Als wir uns dem Fort näherten, regte sich nichts, und wir dachten, die Garnison sei abgezogen; aber als wir kaum 70 Meter davon entfernt waren, bemerkten die Offiziere einige Gestalten, die sich in den Schützengräben bewegten, die das Fort umgaben. Die Pfeife wurde geblasen und die Bürger griffen an, wobei aus hundert Kehlen Jubel erschallte. Salve um Salve wurde aus den Schützengräben abgefeuert, aber unsere Bürger stürmten unentwegt weiter, sprangen selbst in die Schützengräben und trieben die Verteidiger durch Geheimgänge in das Fort. Die Engländer begannen nun, durch Schießscharten in den Mauern auf uns zu schießen, und mehrere unserer Männer waren gefallen, als Kommandant Moll rief: „Springt über die Mauer!" Eine Gruppe Bürger stürmte auf die 12 Fuß hohe Mauer zu und versuchte, sie zu erklimmen; aber sie wurden heftig beschossen, und sieben Bürger, darunter der tapfere Kommandant Moll, fielen schwer verwundet zu Boden. Unbeirrt drängte Captain Malan, der nächste Kommandant der Division, seine Männer zum Weitermarsch, und den meisten gelang es, in das Fort zu springen, wo sich die ganze Truppe nach einem verzweifelten Widerstand, bei dem Captain ——, ihr Anführer, tödlich verwundet zu Boden ging, uns ergab. Unsere Verluste betrugen sechs getötete Bürger, während Kommandant Moll und 12 andere schwer verwundet wurden. Die Bürger fanden einen weißen Mann im Fort tot und zwei verwundet vor, während zwanzig Kaffern verwundet und tot dalagen. Wir nahmen 24 weiße Gefangene und etwa 50 Kaffern. Ich wiederhole, die Weißen waren die niedrigsten Exemplare der Menschheit, die man sich vorstellen kann.

Kaum war der Kampf vorüber und unsere Gefangenen entwaffnet, rief ein Wachposten, den wir auf der Mauer postiert hatten:

„Pass auf, da kommt ein Kaffernkommando!"

Tatsächlich handelte es sich um ein starkes Kaffernkommando unter der Führung des Häuptlings M'pisana selbst, der seinen Freunden von Steinacker's Horse zu Hilfe gekommen war. Sie eröffneten aus etwa 100

Metern Entfernung das Feuer auf uns, und die Bürger erwiderten umgehend ihren Gruß, indem sie eine ganze Reihe von ihnen umwarfen, woraufhin sich die übrigen zurückzogen.

Neben dem Fort befanden sich etwa 20 kleine Hütten, in denen wir eine Anzahl Kaffernmädchen fanden. Auf die Frage, wer sie seien, wiederholten sie, sie seien die „Frauen" der weißen Soldaten. Im eroberten Fort fanden wir viele nützliche Gegenstände und die offiziellen Bücher dieser Bande. Sie enthielten systematische Einträge darüber, was auf ihren Raubzügen geplündert und gestohlen worden war, und zeigten, wie sie es unter sich aufgeteilt hatten, wobei 25 Prozent für die britische Regierung abgezogen wurden.

Es kam zu einem langen und ausführlichen Briefwechsel zwischen mir und Lord Kitchener. Zunächst wollte ich wissen, ob die Bande ein anerkannter Teil der britischen Armee war, da ich sie sonst wie gewöhnliche Räuber behandeln müsste. Nach einiger Verzögerung antwortete Lord Kitchener, dass sie Teil der Armee Seiner Majestät seien. Dann wollte ich wissen, ob er sich verpflichten würde, die Männer für ihre Missetaten vor Gericht zu stellen, aber das wurde abgelehnt. Dieser Briefwechsel führte schließlich zu einem Treffen zwischen General Bindon Blood und mir, das am 27. August 1901 in Lydenburg stattfand.

Die gefangenen Kaffer wurden vor ein Kriegsgericht gestellt und jeder entsprechend seiner Verdienste bestraft. Die 24 Engländer wurden dem Feind übergeben, nachdem sie ihr Ehrenwort gegeben hatten, nicht in ihr barbarisches Leben zurückzukehren. Inwieweit dieses Versprechen eingehalten wurde, weiß ich nicht; aber nach dem Eindruck zu urteilen, den sie auf mich machten, glaube ich nicht, dass sie eine große Vorstellung davon hatten, was Ehre bedeutet. Das erbeutete Vieh, das wir im Fort zu finden gehofft hatten, war einige Tage vor unserem Angriff nach Komati Poort geschickt worden und muss laut ihren „Büchern" etwa 4.000 Stück gezählt haben. Einem anderen Teil dieses berüchtigten Korps widerfuhr etwa zu dieser Zeit in Bremersdorp in Swasiland ein ähnliches Schicksal. Dort leisteten sie keinen so entschlossenen Widerstand, und die Bürger von Ermelo erbeuteten zwei gute Colt-Maxims und zwei Ladungen Munition, die wahrscheinlich für die Eingeborenen in Swasiland bestimmt waren.

KAPITEL XLI.

HINTERHALT DER HUSAREN.

Am 10. August, kurz nach unserer Ankunft mit den Kriegsgefangenen in Sabi und während ich noch mit Lord Kitchener den im vorigen Kapitel geschilderten Vorfall besprach, schickte mir General Muller vom Olifant's River, wo ich ihn mit meinen Männern zurückgelassen hatte, die Nachricht, dass er drei Tage, nachdem ich ihn verlassen hatte, von General W. Kitchener angegriffen worden war. Offenbar wurden seine Wachen überrascht und von den Kommandos abgeschnitten, die in verschiedene Lager aufgeteilt waren.

Die am weitesten entfernten Bürger, die Männer aus Middelburg und Johannesburg, hatten entgegen meinen Anweisungen ihr Lager am Blood River in der Nähe von Rooikraal aufgeschlagen und wurden gegen zwei Uhr nachmittags plötzlich und unerwartet vom Feind angegriffen, während ihre Pferde im Veldt grasten. Einige Pferde wurden rechtzeitig gefangen und einige Bürger leisteten ein wenig Widerstand und schossen aus kurzer Entfernung, wobei auf beiden Seiten mehrere Männer getötet wurden. Die Verwirrung war jedoch unbeschreiblich, Pferde, Vieh, Bürger und Soldaten waren alle durcheinander. Ein Pom-Pom mit seinem Maultiergespann und Geschirr sowie die meisten Karren und Sättel wurden vom Feind erbeutet. Unsere Offiziere konnten die Männer nicht zu entschlossenem Widerstand bewegen, bis sie sich zum Mazeppa Drift am Olifant's River zurückgezogen hatten. Hier traf General Müller in der Nacht mit einigen Verstärkungen ein und erwartete den Feind, der am nächsten Morgen mit einer Division des 18. und 19. Husarenregiments erschien und, ermutigt durch den Erfolg des Vortages, unsere Männer mit gezieltem Feuer angriff, das in ihren Reihen Chaos anrichtete. Die tapferen Husaren wurden an einer Stelle zurückgeschlagen und an einer anderen wurden Major Davies (oder Davis) und 20 Männer gefangen genommen. Schließlich erreichten einige Kanonen und Verstärkungen den Feind, und unsere Bürger zogen sich klugerweise zurück und gingen bis zum Eland's River in der Nähe der „Double Drifts", wo sie sich ausruhten.

Am dritten Tag hatte General W. Kitchener unseren Aufenthaltsort entdeckt, und unsere Wachen warnten uns, dass der Feind durch die Büsche heranrückte und große Staubwolken aufwirbelte. Während die Wagen bereit gemacht wurden, marschierten die Bürger aus und erwarteten die Engländer an einer geeigneten Stelle zwischen zwei Hügeln. Diese ritten nichtsahnend zu zweit weiter, und als etwa 100 Mann passieren durften, stürmten unsere Männer heraus, riefen „Hände hoch!", packten die Zügel ihrer Pferde und entwaffneten etwa 30 Männer. Dies löste eine sofortige Panik aus, und die meisten Husaren flohen (dicht verfolgt von unseren Bürgern, die 10 oder 12 von ihnen erschossen). Die Husaren ließen einen Colt-Maxim und einen Heliographen für unseren Gebrauch zurück. Der Boden war hier mit stacheligem Dornengestrüpp überwuchert, das unseren Feinden die Flucht erschwerte. Ungefähr zwanzig weitere wurden eingeholt und gefangen. Mehrere wurden an hervorstehenden Ästen von ihren Pferden gezerrt. Ihr Gesicht und ihre Hände waren durch Dornen schwer verletzt, und ihre Kleider waren ihnen halb vom Leib gerissen.

Unterdessen schoss der Feind weiter auf uns, als wir uns zurückzogen, und verwundete so mehrere seiner eigenen Leute. Dieser laufende Kampf dauerte bis spät in den Abend, als die Bürger ihre Verfolgung aufgaben und zurückkehrten. Ihre Verluste beliefen sich auf nur einen Toten, Leutnant D. Smit von der Johannesburger Polizei. Die Verluste des Feindes waren beträchtlich, obwohl man die genaue Zahl nicht schätzen konnte, da die Toten über ein großes Stück Land verstreut und zwischen den Büschen versteckt waren, was es schwierig machte, sie zu finden. Wochen später, als wir über dasselbe Gelände zurückkehrten, fanden wir immer noch einige Leichen im Busch und begruben sie anständig.

Unsere Bürger waren nun wieder im Besitz von 100 frischen Pferden und Sätteln, während ihre Pompons durch einen Colt-Maxim ersetzt wurden. General W. Kitchener ließ uns nun eine Weile in Ruhe, wofür wir sehr dankbar waren, und zog sich auf die Eisenbahnlinie zurück. Die Ruhepause war jedoch nur von kurzer Dauer; bald sah man frische Kolonnen aus Middelburg und Pretoria heranrücken, und wir wurden erneut angegriffen, wobei einige Kämpfe hauptsächlich auf unseren alten Schlachtfeldern stattfanden. General Muller gelang es wiederholt, die Eisenbahnlinie aufzureißen und Züge mit Proviant zu zerstören, während ich das Glück hatte, einen Proviantzug in der Nähe von Modelane an der Delagoa Bay-Linie zu erbeuten; da ich die Waren jedoch nicht entfernen konnte, war ich gezwungen, alles niederzubrennen. Ein Zug, anscheinend mit Verstärkung, wurde ebenfalls in die Luft gesprengt, wobei die Lokomotive und die Waggons mit großer Wirkung in die Luft flogen.

KAPITEL XLII.

ICH SPRECHE MIT GENERAL BLOOD.

Gegen Ende August 1901 traf ich General Sir Bindon Blood in Lydenburg. Wir hatten vereinbart, dort mehrere wichtige Fragen zu besprechen, da wir im Briefwechsel kaum vorankamen. Erstens warfen wir den Engländern vor, barbarische Kaffernstämme gegen uns einzusetzen; zweitens, dass sie die Verwendung der weißen Flagge missbrauchten, indem sie wiederholt Offiziere mit aufrührerischen Proklamationen durch unsere Linien schickten, die wir nicht anerkannten, und dass wir nur unserer eigenen Regierung gehorchen konnten, nicht ihrer; drittens beklagten wir uns darüber, dass sie unsere Frauen mit ähnlichen Proklamationen aus den Konzentrationslagern zu uns schickten und sie feierlich versprechen ließen, alles zu tun, was sie konnten, um ihre Männer zur Kapitulation zu bewegen und so ihre Freiheit wiederzuerlangen. Wir hielten dies für einen ziemlich gemeinen Trick unseres mächtigen Feindes. Es gab auch andere kleinere Fragen in Bezug auf das Rote Kreuz zu besprechen.

Ich begab mich in Begleitung meiner Adjutanten Nel und Bedeluighuis und meines Sekretärs, Leutnant W. Malan, in die englische Linie. In Potloodspruit, vier Meilen von Lydenburg entfernt, traf ich General Bloods Stabschef, der uns zu ihm führte. Am Eingang des Dorfes war eine Ehrenwache aufgestellt worden, die uns mit militärischen Ehren empfing. Ich konnte den Sinn all dieser Aufregung nicht verstehen, besonders da die Straßen, durch die wir fuhren, von allerlei Zuschauern gesäumt waren, und zu meinem großen Unbehagen stellte ich fest, dass ich selbst der Hauptgegenstand dieses Interesses war. Von allen Seiten hörte ich die Frage: „Wer ist Viljoen?" und wenn man mich darauf zeigte, bekam ich oft die enttäuschte Antwort: „Ist er das?" „Bei Gott, er sieht genauso aus wie andere Leute." Sie hatten offensichtlich erwartet, ein neues Exemplar der Menschheit zu sehen.

Mitten im Dorf hielten wir vor einem kleinen, hübschen Haus an, das, wie man mir sagte, General Bloods Hauptquartier war. Der General selbst empfing uns an der Schwelle; ein wohl proportionierter, freundlich aussehender Mann von etwa 50 Jahren, offensichtlich ein echter Soldat und ein Ire, wie ich bald an seiner Sprache erkannte. Er empfing uns sehr höflich, und da ich wenig Zeit zur Verfügung hatte, begannen wir sofort mit unserer Diskussion. Es hätte wenig Sinn, alle Einzelheiten unseres Gesprächs niederzuschreiben, insbesondere da nichts Endgültiges entschieden wurde, da alles, was der General sagte, der Zustimmung von Lord Kitchener unterlag, während ich selbst alles meinem Generalkommandanten vorlegen musste. General Blood versprach jedoch, die Frauen mit ihren

Proklamationen und auch die Offiziere nicht mehr auf ähnliche Missionen auszusenden, und auch die Frage des Roten Kreuzes wurde zufriedenstellend geklärt. Die Kaffir-Frage blieb jedoch ungeklärt, obwohl General Blood versprach, die Kaffir-Stämme um Lydenburg zu warnen, sich nicht in den Krieg einzumischen und die unmittelbare Umgebung ihrer Kraale nicht zu verlassen. (Erst in der Nacht zuvor waren zwei Bürger namens Swart in Doorukoek von einigen Kaffern ermordet worden, die vorgaben, dies auf Befehl der Engländer getan zu haben). Das Gespräch dauerte etwa eine Stunde, und außer uns beiden waren Oberst Curran und mein Sekretär, Leutnant Malan, anwesend. General Blood und sein Stab führten uns bis nach Potloodspruit, wo wir uns verabschiedeten. Die weiße Flagge wurde durch das Gewehr ersetzt, und wir kehrten zu unseren jeweiligen Aufgaben zurück.

UNTER DER WEIßEN FLAGGE ZU EINER KONFERENZ MIT GENERAL BLOOD NACH LYDENBURG EINREISEN.

KAPITEL XLIII.

MRS. BOTHAS BABY UND DER „TOMMY".

Im September 1901, nachdem ich die Kommandos nördlich von Lydenburg organisiert hatte, kehrte ich mit meinem Gefolge zurück, um mich meinen Bürgern am Olifant's River anzuschließen, den ich Anfang September erreichte. Der Feind hatte General Müller nach der Affäre mit den Husaren in Ruhe gelassen. Von der anderen Seite der Eisenbahnlinie trafen Berichte ein, die uns mitteilten, dass im Oranje-Freistaat und in der Kapkolonie heftig gekämpft wurde und dass die Bürger sich gut behaupteten. Das waren sehr zufriedenstellende Nachrichten für uns, insbesondere da wir seit über einem Monat keine Nachrichten mehr erhalten hatten. Ich schickte unserem Generalkommandanten erneut einen Bericht über meine Abenteuer.

Wir hatten große Schwierigkeiten, die notwendigen Nahrungsmittel für die Kommandos zu beschaffen, da der Feind wiederholt das Land zwischen Roos Senekal, Middelburg und Rhenosterkop durchquert und alles zerstört und verwüstet hatte. Ich beschloss daher, meine Truppen aufzuteilen, wobei das Korps, das unter dem Namen „Rond Commando" bekannt war, einen Teil durch die feindlichen Linien nach Pilgrimsrust, nördlich von Lydenburg, brachte, wo es noch reichlich Nahrung gab. Kampfgeneral Muller blieb mit der Polizei von Boksburg und dem Middelburg Commando zurück, während das Korps von Johannesburg mit mir nach Pilgrim's Rest ging, wo ich mein vorübergehendes Hauptquartier hatte. Wir hatten in diesem Bezirk reichlich Mais und auch genug Vieh zum Töten, sodass wir von diesen Vorräten leben konnten. Wir hatten schon lange auf Zelte verzichtet, aber die Regenfälle in den Bergregionen von Pilgrim's Rest und Sabi hatten uns gezwungen, bei den Bürgern Unterschlupf zu suchen. Bei den Schwemmgruben in Pilgrim's Rest fanden wir eine große Menge verzinkter Eisenplatten und Bretter, die man in kleinere Stücke schneiden und zum Bauen verwenden konnte. Wir fanden eine geeignete Stelle in den Bergen zwischen Pilgrim's Rest und Kruger's Post, wo bald einige hundert Hütten aus Eisen oder Zink errichtet wurden, die den Bürgern eine ausgezeichnete Deckung boten.

Um Lydenburg herum wurden ständig Patrouillen ausgesandt, und wann immer möglich, griffen wir den Feind an und hielten ihn gut beschäftigt. Von Zeit zu Zeit gelang es uns, in die Nähe seiner Außenposten zu gelangen und gelegentlich etwas Vieh zu erbeuten. Das schien die Engländer sehr zu ärgern, und gegen Ende September erfuhren wir, dass sie in Lydenburg Verstärkung erhielten. Diese war bald zu einer beträchtlichen Streitmacht herangewachsen. Im November überquerten sie tatsächlich in großer Zahl den Spekboom River und stießen bei Kruger's Post auf unsere Außenposten, wo es zu Kämpfen kam. Der Feind rückte in dieser Nacht nicht weiter vor.

Am nächsten Tag mussten wir diese Stellungen verlassen, und die andere Seite nahm sie ein und schlug dort ihr Lager auf. Am nächsten Tag zogen sie mit einer starken berittenen Truppe und vielen leeren Wagen den Ohrigstad River entlang, offensichtlich um die Frauen an diesem Ort einzusammeln. Ich musste einen Umweg machen, um dem Feind zuvorzukommen. Die Straße führte über einen steilen Berg und durch dicht bewachsene Schluchten, die uns daran hinderten, den Feind zu erreichen, bis er alle Häuser niedergebrannt, die Samenpflanzen vernichtet und die Familien auf ihre Karren geladen hatte, woraufhin er sich in das Lager bei Kruger's Post zurückzog. Wir griffen sofort die Nachhut des Feindes an, und es folgte ein schwerer Kampf, der jedoch nur von kurzer Dauer war. Die Engländer flohen und ließen einige Tote und Verwundete zurück, außerdem einige Dutzend Helme und „Kitte", die sich in den Bäumen verfangen hatten. Wir erbeuteten auch einen Wagen voller Proviant und geplünderter Dinge, wie Frauenkleider und Teppiche, eine Kiste mit Lee-Metford-Munition und eine Anzahl Uniformen. Einige Tage später versuchte der Feind, bis nach Pilgrim's Rest durchzudringen, musste sich aber vor unserem Gewehrfeuer zurückziehen. Es gelang ihm jedoch, bis nach Roosenkrans vorzudringen, wo ein Kampf von nur wenigen Minuten begann, woraufhin er sich zu Kruger's Post zurückzog. Sie blieben dort nur ein paar Tage und marschierten nachts nach Lydenburg zurück, gerade als wir einen Nachtangriff sorgfältig geplant hatten. Kurz darauf zerstörten wir die Brücke über den Spekboom River und verhinderten so, dass der Feind in einer einzigen Nacht von Lydenburg nach Krugers Post zurückkehren konnte. Obwohl der Fluss eine Schlucht durchquert, kann er im Dunkeln nicht ohne Gefahr passiert werden, insbesondere nicht mit Kanonen und Karren, ohne die keine englische Kolonne marschieren würde. Alle zwei Wochen ging ich persönlich mit meinen Adjutanten durch die feindlichen Linien in der Nähe von Lydenburg, um zu sehen, wie das Kommando im Süden vorankam, und um die Dinge zu arrangieren.

Der Monat November 1901 verlief ohne nennenswerte Zwischenfälle. Wir organisierten einige Expeditionen zur Delagoa Bay Railway, jedoch ohne großen Erfolg. Bei einer dieser Expeditionen gelang es den Bürgern, nachts in der Nähe von Hector's Spruit Station eine Mine zu legen. Am nächsten Tag lagen sie im Hinterhalt und warteten auf einen Zug, als ein „Tommy" die Gleise entlangging und einige Spuren einer Bodenaufwühlung bemerkte, die seinen Verdacht weckten. Er sah die Mine und holte das Dynamit heraus. Zwei Bürger, die im hohen Gras lagen, riefen „Hände hoch". Tommy warf sein Gewehr hin und rannte mit erhobenen Händen auf die Bürger zu. Bevor sie sprechen konnten, sagte er: „Haben Sie gehört, dass Mrs. Botha in Europa einen Sohn zur Welt gebracht hat?"

Sie mussten lachen, und der „Tommy" antwortete mit unschuldiger Miene:

„Ich erzähle Ihnen keine Lüge."

Einer der Bürger beruhigte ihn mit der Bemerkung, dass sie nicht an seinem Wort zweifelten, die Familiennachricht sei nur so früh gekommen.

„Nun", erwiderte „Tommy", „ich dachte, Sie Jungs würden sich für die Familie Ihres Chefs interessieren, deshalb habe ich gesprochen."

Der US-Soldat wurde mit der Anweisung zurückgeschickt, sich bessere Kleidung zu besorgen, denn die Kleidung, die er am Leib trug, war zerrissen und schmutzig und es lohnte sich nicht, sie mitzunehmen.

Die Expedition war nun gescheitert, da der Feind gewarnt worden war und die Wachen entlang der Linie verdoppelt worden waren.

Im Dezember 1901 versuchten wir einen Angriff auf einen britischen Konvoi zwischen Lydenburg und Machadodorp. Ich nahm ein berittenes Kommando mit und kam nach einem viertägigen Marsch durch den Sabinek über Cham Sham in Schvemones Cleft an, eine mühsame Aufgabe, da wir über die Berge und durch einige Flüsse mussten. Einige meiner Offiziere gingen auf Erkundungstour, um den besten Ort für einen Angriff auf den Konvoi zu finden. Die Blockhäuser des Feindes standen so dicht beieinander auf der Straße, auf der der Konvoi vorbei musste, dass es sehr schwierig war, dorthin zu gelangen. Aber nach einem so langen Weg wollte niemand zurückkehren, ohne zumindest einen Versuch unternommen zu haben. Wir marschierten daher während der Nacht und fanden einige Verstecke entlang der Straße, wo wir warteten, bereit, alles anzugreifen, was vorbeikam. Im Morgengrauen des nächsten Tages stellte ich fest, dass die Gegend für unseren Zweck sehr wenig geeignet war, aber wenn wir uns jetzt bewegen würden, würde der Feind unsere Anwesenheit von den Blockhäusern aus bemerken. Wir mussten uns also entweder bis zur Dämmerung verstecken oder doch angreifen. Wir hatten bereits mehrere Spione des Feindes gefangen genommen, die wir gefangen hielten, um nicht verraten zu werden. Gegen Nachmittag kam der Konvoi vorbei und wir griffen zu Pferd an. Die Engländer, die uns kommen gesehen haben mussten, waren bereit, unseren Angriff aufzunehmen und feuerten aus Gräben und Gruben und Löchern im Boden heftig auf uns. Es gelang uns, die äußeren Flanken des Feindes zu vertreiben und mehrere Gefangene zu machen, aber wir konnten die Karren wegen des schweren Feuers eines Infanterieregiments, das die Wagen eskortierte, nicht erreichen. Ich dachte, die Einnahme des Konvois würde mehr Leben kosten, als es wert war, und gab den Befehl, das Feuer einzustellen. Wir verloren meinen tapferen Adjutanten Jaapie Oliver, während Captain Giel Joubert und ein weiterer Bürger verwundet wurden. Auf der anderen Seite wurden Captain Merriman und zehn Männer verwundet. Ich weiß nicht, wie viele Tote er hatte.

Wir kehrten noch am selben Tag nach Schoeman's Kloof zurück, wo wir unsere Kameraden begruben und uns um die Verwundeten kümmerten. Die Blockhäuser und Garnisonen entlang der Konvoistraße waren nun mit Verschanzungen und Kanonen befestigt, und wir mussten unseren Plan weiterer Angriffe aufgeben. Während unserer gesamten Expedition regnete es in Strömen, was uns sehr unangenehm war. Wir hatten nur sehr wenige Regensachen dabei, und da alle Häuser in der Gegend niedergebrannt waren, gab es keinen Unterschlupf für Mensch und Tier. Wir zogen uns langsam nach Pilgrim's Rest zurück und mussten dabei mehrere Hochwasser überqueren.

Bei unserer Ankunft in Sabi erhielt ich die traurige Nachricht, dass vier Bürger namens Stoltz in Witriver von Kaffern grausam ermordet worden waren. Kommandant Du Toit war mit einer Patrouille dorthin gegangen und hatte die Leichen in einem erschreckenden Zustand vorgefunden, geplündert und mit Assegais in Stücke geschnitten, und der Spur zufolge waren die Mörder von der Nelspruit Station gekommen.

Ein weiterer Bericht kam von General Müller aus Steenkampsberg. Er teilte mir mit, dass er in der Nacht des 16. Dezember ein Lager gestürmt hatte, sich aber nach einem erbitterten Kampf zurückziehen musste. Dabei verloren die Männer 25 Tote und Verwundete, darunter auch der tapfere Feldkornett JJ Kriege. Die Verluste des Feindes waren ebenfalls sehr hoch: 31 Männer waren gefallen und verwundet, darunter Major Hudson.

Man sollte sich nicht vorstellen, dass wir uns in jeder Hinsicht mit sehr primitiven Einrichtungen abfinden mussten. Wo wir jetzt stationiert waren, nördlich von Lydenburg, hatten wir sogar eine Telefonverbindung zwischen Spitskop und Doornhoek, mit Telefonzentralen in Sabi und Pilgrim's Rest. Letzterer Ort liegt im Zentrum der Goldgräberbevölkerung hier und ist ein mittelgroßes Dorf. Es hat ein paar hundert Häuser und liegt 30 Meilen nordöstlich von Lydenburg. Hier befinden sich die ältesten bekannten Goldfelder Südafrikas, die 1876 entdeckt wurden. Dieses Dorf war bisher dauerhaft in unserem Besitz gewesen. General Buller war 1900 mit seinen Truppen dort gewesen, hatte aber keinen Schaden angerichtet, und der Feind war seitdem nicht zurückgekehrt. Die Minen und großen Stampfbatterien wurden von uns beschützt und von neutralen Personen unter der Leitung von Mr. Alex. Marshall in Ordnung gehalten. Wir richteten dort unter der Aufsicht von Dr. A. Neethling ein Krankenhaus ein. Etwa vierzig Familien wohnten noch dort und es gab genug zu essen, obwohl es nur einfache Kost war und nicht viel Abwechslung bot. Doch die Menschen schienen sehr glücklich und zufrieden zu sein, solange sie unter ihren eigenen Leuten leben durften.

KAPITEL XLIV.

DAS LETZTE WEIHNACHTEN DES KRIEGES.

Der Dezember 1901 verlief ohne nennenswerte Zwischenfälle. Wir hatten nur ein paar unbedeutende Vorpostengefechte mit der britischen Garnison in Witklip südlich von Lydenburg. Beide Kriegsparteien in diesem Gebiet versuchten, sich gegenseitig so weit wie möglich zu ärgern, indem sie ihre Mühlen und Lagerhäuser in die Luft sprengten. Zwei der abenteuerlustigeren Geister unter meinen Kundschaftern, Jordaan und Mellema, gelang es, eine Mühle im Bezirk Lydenburg zu sprengen, die von den Briten zum Mahlen von Getreide genutzt wurde, und der Feind revanchierte sich sehr bald, indem er eine unserer Mühlen in Pilgrim's Rest in die Luft sprengte. Wie die Deutschen sagen: „ *Alle guten Dinge sind drei* ." Mehrere solcher Erlebnisse und die gelegentliche Gefangennahme kleiner Herden britischen Viehs waren die einzigen erwähnenswerten Vorfälle. Auf diese vergleichsweise ruhige Weise ging das dritte Jahr unseres Feldzuges zu Ende. Der Krieg tobte noch immer und unser Schicksal war hart, aber wir murrten nicht. Wir beschlossen vielmehr, aus den Weihnachtsfeierlichkeiten so viel Freude und Vergnügen zu ziehen, wie die außergewöhnlichen Umstände, in denen wir uns befanden, ermöglichten.

Da die Briten vorläufig davon absahen, uns zu belästigen, und da unser Vieh und unsere Pferde in ausgezeichnetem Zustand waren, planten wir, am Weihnachtstag eine Art Gymkhana abzuhalten. Bei den sportlichen Festlichkeiten des Tages fanden viele interessante Ereignisse statt. Die vielleicht bemerkenswertesten davon waren ein Maultierrennen, an dem neun Teilnehmer teilnahmen, und ein Damenrennen, an dem sechs schöne Fußgänger teilnahmen. Das Schauspiel von neun stämmigen, bärtigen Buren, die ihre albernen Rosse mit Geschrei und Sporen zu Höchstgeschwindigkeit trieben, provozierte ebenso viel ehrliches Gelächter wie jede Theaterkomödie jemals hervorgerufen hat. Wir auf der Tribüne waren nur ein zottiges und schäbiges Publikum, aber wir waren ausgezeichneter Stimmung und jubelten mit enormer Begeisterung dem unternehmungslustigen Jockey zu, der dieses bemerkenswerte „Derby" gewann. Obwohl wir schäbig waren, spendeten wir 115 Pfund an Preisgeld. Nach den sportlichen Betätigungen, die ich gerade beschrieben habe, zog sich die Gesellschaft in eine kleine Blechkirche in Pilgrim's Rest zurück und feierte dort mit dem Singen von Hymnen und Liedern rund um einen kleinen Weihnachtsbaum.

Später am Abend wurde eine Laterna magica, die wir den Briten abgenommen hatten, ins Spiel gebracht, und mit dieser unterhielten wir 90 unserer jugendlichen Gäste. Das Gebäude war überfüllt und es herrschte größte Begeisterung. Die Zeremonie wurde mit dem Singen von Hymnen und dem Halten von Reden eröffnet, wobei ein Harmonium die Unterhaltung des Abends noch steigerte. Ich war etwas nervös, als ich aufgefordert wurde, die Versammlung anzusprechen, denn die Kinder wurden von ihren Müttern begleitet, und diese starrten mich mit erwartungsvollen Augen an, als wollten sie sagen: „Seht, der General wird gleich sprechen; seine Worte werden sicher voller Weisheit sein." Ich bemühte mich, große Gelassenheit zu zeigen, und ich glaube nicht, dass ich als spontaner Redner sehr versagt habe. Bei dem Teil des Programms, bei dem es um die Reden ging, wurde ich sehr von meinen guten Freunden, dem Reverend Neethling und Herrn W. Barter aus Lydenburg, unterstützt. Ich habe jetzt nicht die geringste Ahnung, wovon ich sprach, außer dass ich den Kleinen und ihren Müttern gratulierte, dass sie vor den Konzentrationslagern bewahrt worden waren, in denen so viele ihrer Freunde eingesperrt waren.

Ich habe bereits erwähnt, dass junge Damen bei uns waren, die an den Rennen teilnahmen. Diese waren einige, die die Briten freundlicherweise nicht in Konzentrationslager gesteckt hatten, und es war bemerkenswert zu sehen, wie schnell gewisse junge und gutaussehende Bürger Liebesbeziehungen mit diesen jungen Damen eingingen, und die Dinge entwickelten sich so schnell, dass ich bald mit einem sehr merkwürdigen Problem konfrontiert wurde. Wir hatten keine Standesbeamten zur Hand, und ich als General war nicht mit der besonderen Vollmacht ausgestattet, als solcher zu handeln. Eines Morgens kamen zwei errötende Helden in Begleitung anhänglicher, schüchterner junger Damen zu mir und erklärten, sie hätten beschlossen, dass ich als ihr General die volle Vollmacht hätte, sie zu trauen. Ich war von dieser Bitte überrascht und fragte: „Meinen Sie nicht, junge Burschen, dass Sie unter diesen Umständen besser noch ein wenig warten sollten, bis der Krieg vorbei ist?" „Ja", gaben sie zu, „vielleicht wäre es klüger, General, aber wir warten schon seit drei Jahren!"

In General De la Reys Kommando, das aus Bürgern aus acht großen Bezirken bestand, war es notwendig geworden, Standesbeamte zu ernennen, und es wurden ziemlich viele Ehen geschlossen. Ich erwähne dies, um zu zeigen, wie vielfältig die Aufgaben des Burengenerals in Kriegszeiten sind und welche seltsamen Aufgaben er manchmal zu erfüllen hat.

Aus dem, was ich gesagt habe, geht hervor, dass der dunkle Horizont unseres Lebens in der Steppe gelegentlich vom hellen Sonnenschein der leichteren Elemente des Lebens erhellt wurde. Meistens war unsere Aussicht ziemlich düster und unsere Herzen waren schwer von Sorgen bedrückt. Oft ertappte ich mich dabei, wie meine Gedanken unwillkürlich zu denen wanderten, die so lange und so treu durch alle Wechselfälle des Krieges mit mir gestanden hatten und für das kämpften, was wir als unser heiliges Recht betrachteten und für das wir bereit waren, unser Leben und unser ganzes Leben zu opfern.

Unbewusst erinnerte ich mich an diesem Weihnachtstag an die Worte von General Joubert, die er 1899 vor Ladysmith an uns richtete: „Glücklich der Afrikaner, der das Ende dieses Krieges nicht überleben wird." Die Zeit wird zeigen, wenn sie es nicht bereits gezeigt hat, wie weise General Jouberts Worte waren.

Ungefähr zu dieser Zeit verbreiteten sich im Ausland Gerüchte verschiedenster Art. Aus verschiedenen Quellen erfuhren wir täglich, dass der Krieg kurz vor dem Ende stehe, dass die Engländer das Land geräumt hätten, weil ihre Geldmittel erschöpft seien, dass Russland und Frankreich interveniert hätten und dass Lord Kitchener von De Wet gefangen genommen und unter der Bedingung freigelassen worden sei, dass er und seine Truppen Südafrika sofort verließen. Es hieß sogar, dass General Botha eine Einladung der britischen Regierung erhalten habe, zu kommen und einen Frieden auf der Grundlage der „Unabhängigkeit" auszuhandeln.

Niemand wird bezweifeln, dass wir im Veldt verzweifelt darauf warteten, die frohe Botschaft des Friedens zu hören. Wir waren des erbitterten Kampfes müde und warteten ungeduldig auf den Moment, in dem der Generalkommandant und die Regierung uns befehlen würden, das Schwert in die Scheide zu stecken.

Doch die Nacht des alten Jahres ließ uns in erbitterte Feindseligkeiten verwickelt zurück, und beim Anbruch des neuen Jahres waren wir noch immer in die Wolken des Krieges gehüllt – Wolken, deren Schwärze durch keinen Silberstreifen gemildert wurde.

KAPITEL XLV.

MEINE LETZTEN TAGE AUF DER VELDT.

Im ersten Monat des Jahres 1902 war der Sturm des Todes und der Zerstörung noch immer unvermindert und die Aussichten waren ebenso düster wie zu Beginn des Vorjahres. Unsere Hand lag jedoch am Pflug und es gab kein Zurück. Meine Anweisungen waren: „Geht vorwärts und haltet durch."

Südlich von Lydenburg, wo ein Teil meines Kommandos unter General Müller operierte, hielt uns der Feind sehr auf Trab, denn er hatte eine oder mehrere Kolonnen im Einsatz. Wir nördlich von Lydenburg hatten es viel ruhiger als unsere Brüder südlich davon, denn dort verfolgten die Briten ihre Politik, unsere Leute mit schonungsloser Hand auszubeuten. Dass wir im Norden vergleichsweise ungestört blieben, führe ich auf die bergige Natur des Landes zurück. Es wäre für die Briten unmöglich gewesen, uns ohne eine gewaltige Streitmacht gefangen zu nehmen oder erfolgreich in unsere Bergnischen einzudringen, und offensichtlich verfügten die Briten über keine solche Streitmacht. Wahrscheinlich hatten die Briten auch einen gewissen Respekt vor der Tapferkeit meines Kommandos. Ein englischer Offizier erzählte mir später allen Ernstes, dass das britische Geheimdienstministerium Informationen hatte, dass ich mit 4.000 Mann und zwei Kanonen nördlich von Lydenburg herumschlich und dass meine Männer so hervorragend befestigt waren, dass unsere Stellung uneinnehmbar war. Natürlich lag es nicht in meinem Interesse, ihn darüber aufzuklären. Ich war Kriegsgefangener, als ich diese amüsante Information erhielt, und ich antwortete einfach: „Ja, Ihre Geheimdienstoffiziere sind sehr pfiffige Kerle." Der Offizier erkundigte sich dann mit einer vorgeblichen Aufrichtigkeit und Unschuld, ob es wirklich wahr sei, dass wir noch Kanonen im Feld hätten. Daraufhin erwiderte ich: „Was würden Sie denken, wenn ich einem britischen Offizier, der mir in die Hände gefallen ist, eine ähnliche Frage stellen würde?" Daraufhin biss er sich auf den Daumen und stammelte: „Ich bitte um Verzeihung; ich wollte Sie nicht – äh – beleidigen." Er war ein ziemlich junger Kerl, ein eingebildeter Welpe, der das „Haw-Haw" zur Schau stellte, das in der britischen Armee epidemische Ausmaße anzunehmen scheint. Sein Haar war in der Mitte gescheitelt, in der Art, die bei bestimmten britischen Offizieren so beliebt ist, und dieser Haarstil wurde von den Buren als „middel-paadje" (Mittelweg) bezeichnet. Tatsächlich waren meine Männer nur so viele Hundertschaften wie die Tausenden, die mir die Briten zuschrieben. Und die Kanonen existierten nur in der Fantasie des britischen Geheimdienstes.

Die Lage wurde täglich kritischer. Seit Jahresbeginn hatten wir mehrere Versuche unternommen, die Delagoa Bay Railway zu zerstören, aber die Briten hatten ein so gewaltiges Stacheldrahtnetz errichtet, und ihre Blockhäuser standen so dicht beieinander und waren stark besetzt, dass unsere Versuche bisher erfolglos geblieben waren. Die Strecke wurde außerdem durch eine große Anzahl gepanzerter Züge geschützt.

Aufgrund unseres Misserfolgs bei diesem Unternehmen wandten wir unsere Aufmerksamkeit anderen Richtungen zu. Wir erkundeten die britischen Garnisonen im Bezirk Lydenburg mit dem Ziel, sie an ihrer schwächsten Stelle anzugreifen. Einige meiner Offiziere und Männer marschierten im Schutz der Dunkelheit mitten durch die britischen Außenposten und erreichten das Dorf Lydenburg, indem sie auf Händen und Knien krochen. Auf ihrem Rückweg wurden sie mehrmals angegriffen und beschossen und schafften es nur mit Mühe, unverletzt ins Lager zurückzukehren. Das Ziel der Erkundung wurde jedoch erreicht. Sie berichteten mir, dass das Dorf mit Stacheldraht umgeben war und dass eine Reihe von Blockhäusern darum herum gebaut worden waren und dass mehrere große Häuser des Dorfes verbarrikadiert und stark besetzt waren. Meine beiden professionellen Späher, Jordaan und Mellema, hatten das Dorf auch aus einer anderen Richtung erkundet und bestätigende Informationen und die Nachricht mitgebracht, dass Lydenburg von etwa 2.000 britischen Soldaten besetzt war, darunter das Manchester Regiment und das First Royal Irish sowie ein Korps von „Hands-Uppers" unter dem berüchtigten Harber. Drei weitere Burenspione, die die Forts auf den Crocodile Heights erkundeten, brachten ebenfalls entmutigende Berichte mit.

Auf dem Kriegsrat, der damals stattfand und dem ich vorstand, wurden diese Berichte besprochen und wir einigten uns darauf, die beiden Blockhäuser, die dem Dorf am nächsten lagen, anzugreifen und danach das Dorf selbst zu stürmen. Ich sollte erwähnen, dass wir die Blockhäuser einnehmen mussten, bevor wir versuchten, das Dorf selbst einzunehmen, denn hätten wir sie intakt gelassen, hätten wir Gefahr gelaufen, dass uns der Rückzug abgeschnitten worden wäre.

Der Angriff sollte in der nächsten Nacht stattfinden, und als wir uns zu Pferd den britischen Linien zwischen Spekboom River und Potloodspruit näherten, stiegen wir ab und gingen vorsichtig zu Fuß weiter. Eines der Blockhäuser befand sich auf dem Wagenweg nördlich des Dorfes und das andere 1.000 Yards östlich von Potloodspruit. Feldkornett Young schlich sich in Begleitung von Jordaan und Mellema bis auf 10 Fuß an eines dieser Blockhäuser heran und brachte mir die Meldung, dass das Stacheldrahtnetz, das es umgab, einen Angriff in der Dunkelheit unmöglich machte. Ich teilte mein 150 Mann umfassendes Kommando in zwei Gruppen auf und stellte sie auf beiden Seiten des Blockhauses auf. In der Zwischenzeit schickte ich vier Männer los, um den Drahtzaun niederzuschneiden. Diese Männer hatten die Anweisung, uns ein Signal zu geben, wenn sie dieses Ziel erreicht hatten, damit wir dann mit dem Sturm auf das Fort fortfahren konnten. Hätten wir versucht, weiterzumachen, ohne vorher den Zaun durchzuschneiden, hätten wir viele vergebliche Opfer gebracht. Denn hätten wir ein Blockhaus gestürmt, ohne vorher den Draht zu entfernen, hätten wir uns in den Zäunen verfangen und dem Feind auf sehr kurze Distanz ein hervorragendes Ziel geboten . Unsere Verluste wären ohne Zweifel beträchtlich gewesen.

Meine Zaunschneider blieben hartnäckig bei ihrer Aufgabe, obwohl die Wachposten auf sie schossen. Es war eine lange und ermüdende Angelegenheit, aber wir warteten geduldig, auf dem Boden liegend. Gegen 2 Uhr morgens kam der befehlshabende Offizier der Drahtschneider zu uns zurück und erklärte, dass sie ihr Ziel erreicht und die erste Drahtbarriere durchtrennt hätten, aber auf eine andere gestoßen seien, die zu durchschneiden mehrere Stunden dauern würde. Die Wachposten waren inzwischen unangenehm wachsam geworden und schossen nun häufig auf unsere Männer. Sie waren oft so nah, dass sie in der Dunkelheit auf einmal auf die Buren gestoßen sein könnten, die ihre Zäune durchschnitten.

Da es schon fast drei Uhr war, schien es mir, als ob der Versuch wegen des nahenden Tagesanbruchs wirkungslos sein würde, und wir mussten uns zurückziehen, bevor die Strahlen der aufgehenden Sonne den Himmel erhellten und uns dem gezielten Feuer der Briten aussetzten. Ich beschloss daher, nach Rücksprache mit meinen Offizieren, mich ruhig zurückzuziehen und meinen Versuch eine Woche später an einem anderen Ort zu wiederholen. Wir kehrten sehr enttäuscht ins Lager zurück, trösteten uns jedoch mit der Hoffnung, dass unsere nächsten Versuche erfolgreich sein würden.

KAPITEL XLVI.

Ich wurde in einen Hinterhalt gelockt und gefangen genommen.

Ich kann sagen, dass die Stacheldrahtzäune, die die Blockhäuser umgaben, sehr gewaltige Hindernisse für unsere Angriffe darstellten. Wir hatten verhältnismäßig wenige Männer und konnten es uns nicht leisten, einen von ihnen bei vergeblichen Versuchen zu verlieren, stark besetzte britische Forts einzunehmen. Darüber hinaus gab es viele andere Möglichkeiten, dem Feind Schaden zuzufügen, die uns nicht so großen Gefahren aussetzten.

Seit einiger Zeit hatte es heftig und ununterbrochen geregnet, und die Flüsse und Quellen waren stark angeschwollen. Der gesamte Bezirk Lydenburg, in dem wir operierten, war außerdem in dichten Nebel gehüllt, und beides machte die Aufklärung sehr schwierig und gefährlich, da wir nie wussten, wie nahe die Patrouillen des Feindes sein könnten.

Etwa am 15. Januar 1902 erhielt ich die Information, dass unsere Regierung im ganzen Land verfolgt wurde und nun in Windhoek in der Nähe von Dullstroom, südlich von Lydenburg, ihr Lager aufgeschlagen hatte. Gleichzeitig erhielt ich einen Befehl von amtierendem Präsidenten Schalk Burger, der mir mitteilte, dass er mich zu sehen wünsche. Diese letzte Nachricht war sehr willkommen, denn ich wollte unbedingt meine Bekanntschaft mit dem Präsidenten und einem meiner persönlichen Freunde, Herrn JC Krojk, der der Feldregierung angehörte, erneuern. Daher brach ich nach Erhalt dieser Anweisung von Pilgrim's Rest in Begleitung der Adjutanten Nel, Coetzee, Bester und Potgieter zu dem Ort auf, an dem die Regierung ihr Lager aufgeschlagen hatte. Während ich ritt, ahnte ich kaum, dass dies meine letzte und verhängnisvollste Expedition sein würde.

Ich rechnete damit, dass ich acht Tage unterwegs sein würde, und da ich bei allen möglichen aktiven Operationen dabei sein wollte, wies ich meinen Bruder, den ich mit dem Kommando über meine Truppen betraute, an, während meiner Abwesenheit nicht anzugreifen. Nachdem ich Pilgrim's Rest verlassen hatte, ritten meine Gefährten und ich zügig den Pfad entlang, vorbei an Dornbock, Roodekrans und Kruger's Post. Bei Einbruch der Nacht schlugen wir an letzterem Ort unser Lager auf. Am nächsten Tag brachen wir wieder auf, und nachdem wir die britischen Forts und Blockhäuser nördlich von Lydenburg passiert hatten, stießen wir auf den Spekboom River. Dieser Fluss war durch die jüngsten Regenfälle so angeschwollen, dass er nicht durchquert werden konnte, und wir konnten ihn nur überqueren, indem wir unsere Pferde schwimmen ließen. Um ein Uhr erreichten wir Koodekraus und sattelten dort ab. Dieser Ort liegt etwa 15 Meilen westlich von Lydenburg. Im Morgengrauen des nächsten Tages, nachdem wir die Gegend in der Umgebung erkundet hatten, gingen wir vorsichtig in Richtung Steenkampsberg, bis wir auf Boten trafen, die uns genau sagten, wo unsere Regierung zu finden sei. Am Abend fanden wir unsere Lokomotivverwaltung in Mopochsburgen lagernd vor, wohin sie sich vor einer feindlichen Kolonne zurückgezogen hatte, die von Belfast aus operierte.

Die Grüße, die ausgetauscht wurden, waren von herzlichstem Charakter, und wir saßen bis spät in die Nacht plaudernd am Lagerfeuer. Dass wir viel zu besprechen hatten und viele Geschichten über die Wechselfälle des Krieges zu erzählen hatten, muss nicht extra erwähnt werden. Ich persönlich erhielt die sehr bedauerliche Nachricht, dass meine Schwester, ihr Mann und drei ihrer Kinder im Konzentrationslager Pietersburg gestorben waren.

Zwei Tage nach unserer Ankunft erhielt die Regierung einen Bericht von General Müller, wonach sich zwei feindliche Kolonnen näherten. Wir mussten nicht lange warten. Der Feind griff uns am Nachmittag an, konnte uns aber nicht aus unserer Stellung vertreiben. Aufgrund des Munitionsmangels waren wir jedoch nicht in der Lage, einen langen Kampf durchzuhalten. Viele unserer Bürger hatten nur noch fünf Patronen übrig und einige hatten nicht einmal eine. Daher reiste die Regierung, die ich begleitete, noch in derselben Nacht – ich glaube, es war der 21. Januar, obwohl ich den Überblick über die Daten verloren hatte – ab und begab sich nach Kloof Oshoek zwischen Dullstroom und Lydenburg. Das Wetter war sehr ungünstig, es regnete in Strömen, und wie man verstehen kann, befanden wir uns in einer traurigen Lage. Außer unseren Regenmänteln schützte uns nichts, und wir beneideten ein Mitglied der Gruppe sehr, das stolzer Besitzer eines kleinen Stücks Segeltuch war.

Es war beschlossen worden, dass die Regierung am 25. Januar von Oshoek nach Pilgrim's Rest aufbrechen sollte, aber die Information, dass die Briten ihre Verfolgung nicht fortsetzten, veranlasste sie, dieses Vorhaben aufzugeben, da es für ratsam gehalten wurde, den nächsten Schritt des Feindes abzuwarten. Ich sollte hier erwähnen, dass es für die Regierung umso schwieriger wurde, die Verbindung mit dem Generalkommandanten und der Regierung des Oranje-Freistaats aufrechtzuerhalten, je weiter sie verfolgt wurde. Mit letzterer wurden jedoch Depeschen über sehr wichtige Angelegenheiten ausgetauscht, deren Veröffentlichung ich für unangebracht halte. Da die Regierung beschlossen hatte, nicht weiterzufahren, beschloss ich, mich zu verabschieden und mit meinen Begleitern den Weg nach Pilgrim's Rest fortzusetzen.

Dementsprechend verließen wir am 25. Januar die Regierung in Oshoek und ritten weiter nach Zwagerhoek, wo wir bis zum Sonnenuntergang blieben. Wir näherten uns nun dem feindlichen Land, und so brachen wir, nachdem wir das Gelände sorgfältig erkundet hatten, bei Einbruch der Dunkelheit vorsichtig auf. Zwei junge Buren, die ebenfalls auf dem Weg nach Pilgrim's Rest waren, hatten sich uns inzwischen angeschlossen, und einschließlich meines Kafferndieners bestand unsere Gruppe aus acht Personen. Bald passierten wir die schicksalhafte Stelle, an der Kommandant Schoenman zu Beginn des Krieges gefangen genommen worden war, und durchquerten den Spekboom River.

Ich bin nicht abergläubig, aber ich muss gestehen, dass ich zu dieser Zeit auf die eine oder andere Weise eine beträchtliche Unruhe verspürte und kalte Schauer über meinen Rücken liefen. Wir näherten uns gerade Bloomplaats, das etwa zweieinhalb Meilen westlich von Lydenburg liegt, als wir bemerkten, dass sich etwas bewegte. Eine tödliche Stille umhüllte die Gegend, und der hell leuchtende Mond verlieh den sich bewegenden Objekten in der Ferne, die unsere Aufmerksamkeit erregt hatten, ein unheimliches Aussehen. Unser Verdacht wurde geweckt und wir nahmen die Verfolgung auf, verloren das Ziel unserer Suche jedoch bald aus den Augen. Später stellten wir fest, dass unser Verdacht begründet war und dass es sich bei den sich bewegenden Objekten um Kaffernspione handelte, die zu den britischen Linien zurückkehrten und unsere Annäherung meldeten. Nachdem dieses Unterfangen gescheitert war, kehrten wir auf die Straße zurück. Ich ritt mit Adjutant Bester voraus, die anderen folgten. Bald näherten wir uns einer tiefen Schlucht, und nachdem wir abgestiegen waren, führten wir unsere Pferde vorsichtig das steile Ufer hinunter, als wir uns plötzlich im Zentrum eines regelrechten Kugelhagels befanden. Wir waren völlig überrascht, und fast bevor wir realisierten, was passiert war, standen wir zwei Reihen britischer Soldaten gegenüber, die „Hände hoch" riefen und gleichzeitig feuerten. Kugeln pfiffen in alle Richtungen. Die erste Salve streckte mein Pferd nieder, und ich lag halb benommen auf dem Boden. Als ich mich etwas erholte und den Kopf hob, stellte ich fest, dass ich umzingelt war, aber der Staub und die Mündungsfeuer verhinderten, dass ich viel von dem sah, was geschah. Ein Fluchtversuch schien hoffnungslos, und ich rief aufgeregt, dass ich bereit sei, mich zu ergeben. Das Geschrei war jedoch so laut, dass meine Schreie übertönt wurden. Ein Soldat drückte mir sein Gewehr brutal gegen die Brust, als wollte er mich erschießen, aber er stieß den Lauf weg und sagte auf Englisch, dass ich keine Chance zur Flucht sehe, dass ich mich nicht verteidige und es deshalb keinen Grund gebe, warum er mich töten sollte. Während ich redete, richtete er sein Gewehr wieder auf mich, und nachdem ich es fest umklammert hatte, kam es zu einem sehr lebhaften Streit, denn er ärgerte sich sehr darüber, dass ich sein Gewehr umklammerte. Ich streckte meine Hand aus und bat „Tommy", mir aufzuhelfen, und das tat er. Später erfuhr ich, dass mein Angreifer Patrick hieß und zu den Irish Rifles gehörte.

MEINE AUFNAHME.

Vier oder fünf Soldaten übernahmen nun meine Obhut und erklärten sich auf meine Bitte bereit, mich zu einem Offizier zu führen. Gerade als sie mich wegführen wollten, fielen sie jedoch alle flach auf die Brust und richteten ihr Feuer auf ein Objekt, das sich später als Busch herausstellte. Ich merkte sehr bald, dass die „Tommies" bei ihrem Feuer nicht sehr vorsichtig waren, und suchte Schutz, indem ich mich auf den Boden legte. Nachdem meine Wachen die Unschuld ihres Ziels erkannt hatten, führten sie mich zu einem ihrer Offiziere, einem jungen Mann namens Walsh, der anscheinend dem britischen Geheimdienst angehörte. Dieser Offizier fragte: „Also, was ist es?" Ich antwortete ihm in seiner eigenen Sprache: „Mein Name ist Viljoen, und da ich nicht von Ihren Soldaten ausgeplündert werden möchte, möchte ich mich unter den Schutz eines Offiziers stellen." Dieser Mr. Walsh war ein ziemlich unbedeutender Offizier, aber er sagte freundlich: „Also gut, es ist ein ziemlich glücklicher Fang, Sir; Sie sehen ganz cool aus, sind Sie verletzt?" Ich antwortete, dass ich nicht verletzt sei, obwohl es ein Wunder sei , dass ich noch am Leben sei, denn eine Kugel hatte meine Brust getroffen und wäre durchgedrungen, wenn meine Brieftasche sie nicht aufgehalten hätte. Tatsächlich hatte meine Brieftasche den Dienst der Vorsehung geleistet, der sprichwörtlichen Bibel oder des Kartenspiels. Bester war bei mir, und da ich meine anderen Adjutanten nicht sah, fragte ich, was aus ihnen geworden sei. Walsh antwortete nicht sofort, und einer der „Tommies", die in der Nähe standen, sagte: „Beide getötet, Herr." Diese Information war ein schrecklicher Schlag für mich.

Major Orr vom Royal Irish Regiment war für die Truppe verantwortlich, die mich gefangen genommen hatte, und ich wurde bald vor ihn gebracht. Er begrüßte mich sehr höflich und sagte: „Ich glaube, wir sind alte Freunde, General Viljoen; zumindest haben Sie einige meiner Kameraden bei dieser bedauerlichen Angelegenheit in Belfast gefangen genommen." Ich war von Major Orrs Freundlichkeit sehr gerührt und bat darum, die meiner Männer sehen zu dürfen, die getötet worden waren. Er willigte sofort ein und führte mich ein paar Schritte zur Seite. Bald wurde mein Blick von einem herzzerreißenden Anblick gefesselt. Dort auf dem Boden lagen die beiden leblosen Gestalten meiner tapferen und treuen Adjutanten Jacobus Nel und L. Jordaan. Als ich mich über ihre ausgestreckten Körper beugte, wurden meine Augen trüb von den traurigen Tränen meines großen Verlusts. Major Orr stand ohne Kopfbedeckung neben mir, berührt von meiner tiefen Ergriffenheit und zollte den tapferen Toten seine Ehre. „Diese Männer waren Helden", sagte ich mit gebrochener Stimme zu ihm. „Sie sind mir gefolgt, weil sie mich liebten, und sie haben furchtlos mehrmals ihr Leben für mich riskiert." Der gute Major war voller Mitgefühl und sorgte für eine würdige Beerdigung meiner armen Kameraden in Lydenburg.

Bester und ich wurden nun unter einer Eskorte von 150 Soldaten mit aufgepflanzten Bajonetten in das Dorf geführt, das zweieinhalb Meilen entfernt lag. Wir erreichten Lydenburg sehr nass und düster, nachdem wir durch eine Schneewehe gewatet waren, deren Wasser uns bis zu den Achseln reichte. Major Orr tat sein Bestes, um uns beide mit Erfrischungen und freundlichen Worten zu trösten.

Zu unserem Zug gesellte sich bald ein Offizier des britischen Geheimdienstes, und dieser Herr sagte mir, er wisse von der Annäherung meiner Gruppe und dass das Hauptziel des Angriffs der Briten darin bestehe, unsere Wanderregierung gefangen zu nehmen, die uns, wie sie erfuhren, begleiten sollte. Er wollte unbedingt wissen, wo die Regierung sei und ob sie diesen Weg nehmen sollte. Aber ich antwortete ihm, dass es eines Herrn unwürdig sei, mir solche Fragen zu stellen und zu versuchen, meine äußerst unglückliche Lage auszunutzen.

Als ich im Dorf ankam, wurde ich mit großer Höflichkeit behandelt und von Major Orr dem kommandierenden Offizier Colonel Guinness vorgestellt. Colonel Guinness erklärte, er betrachte es als Ehre, einen Mann meines Ranges als Kriegsgefangenen zu haben, und wir hätten so oft gekämpft, dass wir ziemlich alte Freunde seien. Ich dankte ihm für sein Kompliment, drückte jedoch mein Bedauern darüber aus, dass wir unsere Bekanntschaft unter solch unglücklichen Umständen wieder aufgenommen hätten.

„Das ist das Schicksal des Krieges", sagte der Oberst. „Sie brauchen sich für nichts zu schämen, General." Wir wurden von unseren Entführern sehr gut behandelt und bekamen Unterkunft in den Gemächern meines alten Freundes Captain Milner, der jetzt das Amt des Provost-Marshals innehatte. Meine Begegnung mit diesem Gentleman verlief sehr herzlich, und wir saßen bis fast zum Tagesanbruch zusammen und erzählten uns unsere verschiedenen Abenteuer seit unserer letzten Begegnung in Roos Senekal, wo ich den ehrenwerten Captain gefangen genommen hatte. Er versicherte mir, dass sein Regiment mir und meinen Bürgern gegenüber den höchsten Respekt hege und dass sie die Tatsache zu schätzen wüssten, dass wir fair und tapfer gekämpft und unsere Kriegsgefangenen gut behandelt hätten. Bester und ich blieben während unseres gesamten Aufenthalts in Lydenburg unter Milners Obhut, und ich werde mich immer mit Dankbarkeit an die Freundlichkeit erinnern, die mir die Offiziere des Royal Irish Regiment entgegenbrachten.

KAPITEL XLVII.

VERSAND NACH ST. HELENA.

Wir wurden bis etwa zum 30. Januar 1902 in Lydenburg festgehalten, und während unseres Aufenthalts dort erhielt ich die Erlaubnis, meinen Bürgern einen Brief zu schreiben. Darin informierte ich sie und meinen Bruder über die Geschehnisse und ermahnte sie, tapfer zu bleiben und durchzuhalten. Obwohl ich in Lydenberg freundlich behandelt wurde, kann ich das Gefühl der Enttäuschung und Trauer, das meine erzwungene Untätigkeit bei mir auslöste, nicht angemessen beschreiben. Ich hätte alles dafür gegeben, zu meinem Kommando zurückkehren zu können, und ich hatte das Gefühl, dass ich lieber getötet worden wäre, als in die Hände des Feindes zu fallen. Da ich so hilflos war, konnte ich mein Schicksal nur verfluchen.

Die Freundschaften, die auf dem Veldt geschlossen werden, sind in der Tat stark, und die Männer, die 28 Monate lang alle Wechselfälle des Krieges gemeinsam durchlebt haben – Sonnenschein und Regen, Glück und Leid, Wohlstand und Not –, entwickeln eine dauerhafte Zuneigung zueinander. Meine Leiden trafen mich sehr hart. Neben der Traurigkeit, die die Trennung von meinen Gefährten mir bereitete, empfand ich meine Lage sehr deutlich, denn nachdem ich zuvor die Gewohnheit gehabt hatte, Befehle zu erteilen und von anderen gehorcht zu werden, war ich nun der Demütigung ausgesetzt, den Befehlen britischer einfacher Soldaten gehorchen zu müssen.

Wir Gefangenen wurden von Lydenburg nach Machadodorp gebracht, unter dem Kommando von Colonel Urenston von den Argyll and Sutherland Highlanders und mit einer Eskorte von 2.000 Mann. Ich wusste nicht, warum eine so große Truppe zu meiner Bewachung geschickt wurde, aber diese scheinbar übertriebene Vorsichtsmaßnahme wurde bald erklärt, als man mir sagte, dass Lord Kitchener Sonderbefehle gegeben hatte, dass mit allergrößter Sorgfalt darauf geachtet werden sollte, dass mein Kommando mich nicht retten konnte. Ich muss sagen, dass die Wahrscheinlichkeit dafür nicht sehr groß war. Colonel Urenston war ein sehr höflicher Soldat und behandelte mich so gut, wie man es erwarten konnte.

Als ich vier Tage später Machadodorp erreichte, wurde ich an der Dalmanutha Station Captain Pearson, einem Stabsoffizier, übergeben, der mich und meine Mitgefangenen anschließend nach Pretoria brachte. Einige Tage nach meiner Ankunft dort wurde ich vor Lord Kitchener geführt und von ihm in seinem Büro sehr höflich empfangen. Mein Gespräch mit diesem großen General dauerte etwa eine halbe Stunde. Der Oberbefehlshaber der britischen Armee in Südafrika machte auf mich den Eindruck eines echten Soldaten, eines Mannes mit starkem Willen, der nicht durch Arroganz getrübt war.

Ich wusste nicht, was die britischen Militärbehörden mit mir vorhatten, und war in dieser Angelegenheit völlig gleichgültig. Am dritten Tag nach meiner Ankunft wurde ich im Morgengrauen von einem Soldaten geweckt und darüber informiert, dass ich zum Bahnhof gebracht werden sollte. Als ich ankam, stand der Zug bereit, und der verantwortliche Offizier lud mich ein, in seinem Abteil Platz zu nehmen. Dann wurde mir gesagt, dass wir nach Durban weiterfahren sollten, aber ich erhielt keine Informationen über mein endgültiges Ziel.

Im Zug wurden wir Gefangenen mit großer Höflichkeit behandelt, aber als wir Durban erreichten, erwartete uns eine andere Erfahrung. Hier wurde ich der Obhut von Colonel Ellet unterstellt, einem sehr jähzornigen Menschen. Dieser Colonel begrüßte mich mit der Mitteilung, dass er sehr erfreut darüber sei, dass ich gefangen genommen worden sei. Er wiederholte diese grundlose Beleidigung dreimal, und da meine Geduld erschöpft war, bat ich ihn, mir freundlicherweise zu sagen, wohin er mich bringen sollte, und mir durch seine Sticheleien keine unnötigen Schmerzen zuzufügen. Er entschuldigte sich lahm und sagte mir, dass ich an Bord des Schiffes gehen sollte. Das überraschte mich sehr, und ich bemerkte, dass ich bereits 500 Meilen von Zuhause und Herd weggebracht worden war. Dieses schlecht gelaunte Geschöpf lehnte sich dann arrogant in seinem Sessel zurück, paffte an seiner Zigarre und sagte: „Nun, ah, Sie sind verbannt, wissen Sie das nicht? Sie werden nach St. Helena geschickt, oder wie wir es nennen, „The Rock“. Sie werden in Kürze an Bord gehen. Sie werden auf einem großen Schiff an Bord gehen. Es heißt – ah, lassen Sie mich sehen, oh ja, die *Britannica* . Ich werde zum Bahnhof gehen und Ihre Ausrüstung ordnen, und in der Zwischenzeit müssen Sie diese Ehrenerklärung unterschreiben und sich unverzüglich am Hafen melden." Ich sagte auf Niederländisch, was der Oberst nicht verstand: „Herr, erlöse mich von dieser bösen Person."

Als ich an Bord des Schiffes ankam, traf ich mehrere andere burische Kriegsgefangene an, unter ihnen meinen alten Freund Erasmus, der sich zu Beginn des Krieges als General verkleidet hatte. Da ich noch nie zur See gewesen war, wurde ich bald von einer *Seekrankheit heimgesucht* , und die Aussicht war gewiss nicht ermutigend. Doch es ließ sich nichts dagegen tun. Colonel Curtis von der Royal Artillery, der die Truppen an Bord befehligte, war ein sehr höflicher und angenehmer Mensch und nach diesem außergewöhnlichen Geschöpf, Ellet, sehr willkommen. Wir bekamen gute Kabinen, und das Essen war ausgezeichnet. Bevor wir die Bucht verließen, besuchte mich General Lyttelton und zeigte sich sehr freundlich. Bald fand ich heraus, dass Mrs. Lyttelton auf demselben Schiff nach England weiterreiste. Meine Gesellschaft muss ziemlich unattraktiv gewesen sein, wenn man bedenkt, dass es mir während der gesamten Reise nur einen Tag gut ging.

Der Dampfer wurde angewiesen, in Kapstadt anzulegen, und als wir uns diesem Hafen näherten, wurde die Wache verstärkt. Ein Offizier blieb ständig bei uns und zählte uns alle zwei Stunden, um sicherzustellen, dass keiner von uns entkommen war. Eines Tages verschworen sich zwei junge Buren, den Offizier zum Narren zu halten, und versteckten sich in der Toilette. Ihr Fehlen wurde beim nächsten Zählen entdeckt, und der verantwortliche Offizier fragte uns in einem Zustand großer Aufregung, was aus ihnen geworden sei. Wir nahmen den Scherz sofort auf und antworteten, sie seien an Land gegangen, um sich rasieren zu lassen, und würden um 7 Uhr zurückkommen. Das verschlug ihm völlig den Atem. Aber die Absurdität der Situation überwältigte uns so sehr, dass wir in ironisches Gelächter ausbrachen und unseren Wächter schließlich beruhigten, indem wir die beiden Flüchtlinge vorführten. Wir wurden jedoch für unseren kleinen Scherz bestraft, indem uns unsere Bewährung entzogen wurde.

Am 19. Februar verließ das Schiff mit seiner traurigen Fracht Kapstadt. Wir Gefangenen, die wir auf dem Oberdeck versammelt waren, verabschiedeten uns mit großer Trauer von den Küsten unseres geliebten Vaterlandes. Lange und traurig blickten wir auf das sich schnell zurückziehende Land, von dem wir für immer getrennt sein wollten. Trotz unserer deprimierenden Umstände versuchten wir tapfer, unsere Stimmung aufrechtzuerhalten und uns gegenseitig mit Lachen und Leichtsinn aufzumuntern. Die meisten von uns waren noch nie zuvor auf einem Schiff gewesen, und nur einer von uns hatte jemals eine Reise von Südafrika aus unternommen. Unsere Aussicht war sehr freudlos, denn obwohl wir unser genaues Schicksal nicht kannten, drohte uns die lebenslange Verbannung. Die Schiffsoffiziere waren die Urbanität in Person und taten alles in ihrer Macht Stehende, um uns zu behagen. Ich werde mich immer an ihre Freundlichkeit erinnern, aber es hätte mehr als menschliche Anstrengung erfordert, unsere Reise angenehm zu gestalten, da wir so stark unter Seekrankheit litten.

Nach einer sehr freudlosen und unbequemen Reise ankerten wir am 24. Februar im Hafen von St. Helena. „The Rock" ragte kahl und schroff aus dem Meer, und die Gefangenschaft darauf bot eine düstere Aussicht. Kein Tier war zu sehen, und es fehlte an Laub. Ich habe nie einen weniger attraktiven Ort gesehen als Jamestown, den Hafen, in dem wir landeten. Die Häuser schienen in einer „Kluft" übereinander zu stürzen. Wir waren alle düster beeindruckt, und jemand in meiner Nähe sagte: „Dies werden unsere lebendigen Gräber sein." Ich antwortete: „Kein Wunder, dass Napoleon sich an diesem gottverlassenen Felsen das Herz brach." Ich muss gestehen, dass das Gefühl in uns wuchs, dass wir wie gewöhnliche Kriminelle behandelt werden sollten, da nur Mörder und gefährliche Menschen an solche Orte verbannt werden, um von der Menschheit vergessen zu werden.

Ein englischer Offizier kam zu mir und fragte mich, was ich von der Insel halte. Meine Gefühle siegten und ich antwortete: „Es scheint ein geeigneter Ort für Englands Schwerverbrecher zu sein, aber es ist sehr boshaft von England, Männer hierher zu deportieren, deren einziges Verbrechen darin besteht, für ihr Land zu kämpfen. Es wäre viel gnädiger gewesen, uns sofort zu töten, als uns ein Leben auf so trostlose Weise fristen zu lassen."

Wir wurden bald mit Booten an Land nach Jamestown gebracht und erfuhren dort zu unserem großen Entsetzen, dass wir alle wegen der Beulenpest unter Quarantäne gestellt und in Lemon Valley isoliert werden sollten, einem Tal, in dem, wie ich später feststellte, Zitronen durch ihre Abwesenheit auffielen. In diesem trostlosen Ort war kein Grün zu sehen. Während wir ausschifften, kenterte eines der Boote, aber glücklicherweise kamen alle mit nichts Schlimmerem als einem Untertauchen davon.

lang galten in Lemon Valley Quarantänebestimmungen . Die Unterbringung war sehr unzureichend und unsere Küchenutensilien waren zwar nicht primitiv, aber sehr schlecht. Das Essen war so, als hätte es Kriminellen serviert werden können.

Zum Glück hatten uns ein britischer Zensor namens Baron von Ahlenfeldt und ein Arzt namens Casey begleitet, und dank ihrer Hilfe erhielten wir besseres Essen und eine bessere Behandlung. Am Ende unserer Haft im Quarantänelager wurden einige von uns ins Broadbottom Camp verlegt, während die anderen im Deadwood Camp untergebracht wurden. Leutnant Bathurst, der nun die Position unseres Wächters übernahm, war ein gutes Vorbild für Freund Ellet in Durban, und er war sehr bemüht, uns eher als Schwerverbrecher denn als Kriegsgefangene zu behandeln.

KAPITEL XLVIII.

LEBEN IM GEFÄNGNIS BONAPARES.

Um das Broadbottom Camp zu erreichen, mussten wir eine bemerkenswert felsige Klippe namens „Jakobsleiter" erklimmen, deren Oberfläche in eine Vielzahl von Stufen zerklüftet war. Als wir den Gipfel erreicht hatten, eröffnete sich uns eine schöne Aussicht auf die Insel. Wir entdeckten nun, dass St. Helena nicht der völlig kahle Felsen war, den wir zunächst vermutet hatten. Unser Blick fiel auf Baum- und Grünflächen und inmitten einer sorgfältig gepflegten Plantage erspähten wir ein wunderschönes Haus, die Wohnung des Gouverneurs der Insel. Auf unserem Weg begegneten wir einer Gruppe unserer Mitgefangenen, die sich der Gehorsamsverweigerung schuldig gemacht hatten und zur Bestrafung in das trostlose Fort in High Knoll gebracht wurden. Unter diesen Unglücklichen erkannten wir mehrere Freunde, durften aber nicht mit ihnen sprechen.

Bei Sonnenuntergang erreichten wir unser Ziel, das Broadbottom Camp, das unterhalb des High Peak liegt. Vor uns erstreckte sich ein großer, von vier Stacheldrahtzäunen umschlossener Platz, in dem sich die Zelte und Häuser befanden, die die provisorischen Unterkünfte der Kriegsgefangenen bildeten. Alle hundert Schritte waren Wachen postiert. Hier waren 2.000 Gefangene stationiert, und wie sie ziellos umherirrten, erinnerten sie mich unweigerlich an die Israeliten im Exil.

Als ich das Lager betrat, wurde ich vom Kommandanten, Colonel Wright, einem typischen Briten, empfangen, der auf mich keinen angenehmen Eindruck machte. Ich werde nicht nörgeln, obwohl der Colonel mir sehr unverblümt mitteilte, dass er keine Anweisungen habe, mich genauso zu behandeln wie die normalen Gefangenen, und hinzufügte, dass er bezweifle, dass ich überhaupt Anspruch auf die Behandlung habe, die den normalen Kriegsgefangenen zuteil wird, da mein Name auf der Liste der zur Verbannung verurteilten Burenoffiziere stehe. Es wurde jedoch ein Zelt für mich errichtet, und ich und meine Leidensgenossen bekamen Betten und Küchenutensilien. Mein Bett bestand aus zwei Khakidecken und einem wasserdichten Laken, und meine Küchenutensilien umfassten einen Topf, ein Waschbecken, einen Eimer, zwei emaillierte Teller, zwei große Becher und einen Löffel. Dies ist eine vollständige Liste der Gegenstände, mit denen ich ausgestattet wurde. Die Gefangenen, die mich begleitet hatten und ich hatten den ganzen Tag nichts gegessen und wir wären ohne Abendessen zu Bett gegangen, wenn nicht ein paar mitfühlende Mitgefangene sich um unsere inneren Bedürfnisse gekümmert und uns etwas Rinderhack und Brot gebracht hätten, was uns zwar nur eine bescheidene Mahlzeit war, uns aber sehr willkommen war.

Das Lagerleben, wie ich es jetzt erlebte, war wirklich ermüdend. Es gab nichts zu tun, und wir versuchten, uns die Zeit mit Psalmen und Liedern zu vertreiben. Nachts waren das Lager und seine Umgebung durch das grelle Licht riesiger Naphtha-Fackeln und durch große Suchscheinwerfer, die herumspielten und Fluchtversuche aussichtslos machten, fast so hell wie der Tag. Es kam mir vor, als ob die Suchscheinwerfer ständig auf mich gerichtet waren, und ich kann Ihnen versichern, dass ich diese grellen Abscheulichkeiten in der Unterwelt sehen wollte. Das Summen und Dröhnen der Naphtha-Lampen, das monotone Singen der Gefangenen, das ständige „Alles gut" der Wachen und die vermischten Töne der Hornsignale erfüllten die Luft mit ihren ablenkenden Geräuschen und gaben mir das Gefühl, als wäre mein Kopf in einem Mahlstrom. Der Hornist war ein so liebenswürdiger Mensch, dass er es sich immer zum Ziel setzte, in der Nähe meines Zeltes zu stehen, wenn er seine kreischenden Rufe in die Welt hinausschickte. Glücklicherweise gewöhnte ich mich an meine unangenehme Umgebung, sonst wäre ich, fürchte ich, bald als Patient in einer Irrenanstalt gelandet.

Leider lernte ich schon früh Colonel Price kennen, den Befehlshaber der Truppen auf der Insel. Ich werde sein Verhalten mir gegenüber nie vergessen, denn von Anfang an war seine Haltung arrogant, grausam und allgemein unerträglich. Er verweigerte mir die Entlassung auf Ehrenwort und verweigerte mir die Erlaubnis, das Lager zu verlassen. Die Unvernünftigkeit dieser harten Behandlung wird deutlich, wenn man bedenkt, dass nicht die geringste Möglichkeit bestand, von der Insel zu entkommen. Die enge Gefangenschaft begann, meine Gesundheit zu schädigen, und ich war auf dem Weg ins Krankenhaus, als ein freundlicher Arzt eingriff und mich wieder gesund machte. Die strenge Disziplin und die strengen Vorschriften, die durchgesetzt wurden, können nur mit dem verglichen werden, was man im Klosterleben erlebt. Der Fluch der „Bürokratie" herrschte überall.

Anschließend änderte Colonel Price seinen Ton mir gegenüber und gewährte mir Bewährung. Er war auch so gnädig, mir und einigen Gefährten zu gestatten, ein kleines Haus 400 Schritte vom Lager entfernt zu bewohnen. Dies war eine sehr angenehme Abwechslung, denn nun waren wir nicht mehr der harten Behandlung der „Tommies" ausgesetzt. Unser kleines Haus trug den angenehm blumigen Namen „Myrtle Grove" und wurde von uns von einer alten farbigen Dame gemietet, die energisch auf pünktlicher Zahlung der Miete bestand und uns besonders darauf aufmerksam machte, dass das Pflücken von Birnen im Garten streng verboten war.

Man hatte uns erzählt, dass es im „Myrtle Grove" von Geistern wimmelte, aber die Geister, wenn es welche gab, mussten burenfreundlich gewesen sein, da sie uns nie störten. Aber obwohl wir keine gespenstischen Besucher hatten, hatten wir doch sicherlich welche anderer Art. Das Haus war von besonders großen und frechen Ratten verseucht. Diese diebischen Nagetiere, die sich nicht damit zufrieden gaben, unsere Speisekammer auszurauben, hatten die Dreistigkeit, uns im Schlaf die Finger und Ohren abzunaschen. Wir führten einen energischen Krieg gegen das Ungeziefer und schafften es nach beträchtlichen Schwierigkeiten, das Haus ganz für uns allein zu haben. Mit einigen zusätzlichen Möbeln, die uns Colonel Wright freundlicherweise zur Verfügung stellte, machten wir unser Haus so gemütlich, dass wir uns fast in der Lage fühlten, den Gouverneur zum Abendessen einzuladen.

Unsere Vermieterin, Mrs. Joshua, war die stolze Besitzerin mehrerer Esel, die in unserem Garten freigelassen wurden, und einer großen Anzahl Hühner. Ich muss sagen, dass Mrs. Joshua sehr schlecht beraten war, ihre Hühner so nahe an unserem Haus zu halten, denn unsere Köchin, die eine Ausbildung als Kommandosoldatin absolviert hatte, konnte der Versuchung, Eier zu kaufen, nicht widerstehen. Unsere Vermieterin brauchte jedoch nicht lange, um herauszufinden, was vor sich ging, und sie teilte uns mit, dass es viel christlicher sei, Eier zu kaufen. Wir verstanden den Wink und übernahmen, soweit es uns möglich war, christliche Methoden, obwohl es uns äußerst schwer fiel, alle von den Inselbewohnern praktizierten Grundsätze des Christentums zu unterstützen.

Wir vertrieben uns die Zeit mit täglichen Spaziergängen und Ausflügen zu dem Haus in Longwood, in dem Napoleon Bonaparte sechseinhalb Jahre lang gewohnt hatte, und zu dem Grab, in dem seine sterblichen Überreste 19 Jahre lang begraben lagen. Mir fiel auf, dass beide Orte von der französischen Regierung instand gehalten und instand gehalten wurden. Wir saßen oft am kleinen Brunnen, an dem der große französische Krieger so oft saß, und lasen. Es war uns erlaubt, ein Glas Wasser aus dieser historischen Quelle zu trinken.

Im Deadwood Camp waren 4.000 meiner Landsleute eingesperrt. Einige waren schon seit über zwei Jahren dort und ich konnte nicht umhin, ihre Disziplin zu bewundern. Es ist nicht meine Aufgabe, die völlig unnötigen Einschränkungen zu kritisieren, denen diese unglücklichen Gefangenen unterworfen waren, aber ich möchte darauf hinweisen, dass die Härte, mit der bewaffnete Soldaten hilflosen Gefangenen gegenüber vorgingen, große Bitterkeit hervorrief. Es war eine dumme und vielleicht verhängnisvolle Politik.

Die Militärbehörden waren mit dem Charakter und den Eigenarten der Buren überhaupt nicht vertraut und wurden in dieser Hinsicht von sogenannten „Kap-" oder „englischen" Afrikanern beraten, die einen unausrottbaren Hass gegen die Buren hegen und stets ihr Möglichstes taten, um die Gefangenen mit Demütigung und Verachtung zu behandeln. Glücklicherweise sahen einige englische Offiziere, die ich auf der Insel traf, dass wir nicht so schwarz waren, wie man uns dargestellt hatte. Die meisten Offiziere, die hier als unsere Wächter fungierten, waren direkt aus England gekommen und wussten nichts über Südafrika. Einer dieser Herren gestand mir, dass er, als er London in Richtung St. Helena verließ, so etwas wie die Vorstellung hatte, er würde die Führung einer Truppe wilder Barbaren übernehmen, und dass er ziemlich angenehm enttäuscht worden war. Er erklärte sogar, er habe festgestellt, dass die Afrikaner den Männern seines eigenen Volkes in mancher Hinsicht überlegen seien.

Es war zweifellos ein schwerer Fehler von England, uns Offiziere zur Bewachung zu schicken, die keinerlei Erfahrung mit der südafrikanischen Kriegsführung hatten und unsere Eigenheiten und Gepflogenheiten überhaupt nicht kannten. Die Folge des Einsatzes dieser unerfahrenen Männer als unsere Wachen war, dass ein Missständnis auf das andere folgte und unnötig strenge Vorschriften erlassen wurden, um Disziplin und Ordnung aufrechtzuerhalten. Diese Behandlung hatte zur Folge, dass in unserer Brust Hass und Bitterkeit genährt wurden.

Da ich keine Lust hatte, mit meinen aufsässigen Mitgefangenen im High Knoll Fort eingesperrt zu werden, vermied ich sorgfältig jegliches Aufbegehren und legte stattdessen Wert auf ein ordentliches und freundliches Verhalten.

Einmal wagte ich es, mich an Colonel Price zu wenden, um eine Verbesserung unserer Behandlung und eine Lockerung der strengen Vorschriften zu erreichen, die uns auferlegt wurden. Nachdem er mich eine halbe Stunde warten ließ, kam er aus seinem Büro, um mich zu treffen, aber anstatt mich zu begrüßen, starrte er mich mit kaum verhohlenem Erstaunen an, wahrscheinlich in der Erwartung, dass ich aufspringen und ihn grüßen würde. Ich stand jedoch nur auf, nickte und fragte, ob ich die Ehre hätte, Colonel Price anzusprechen. Er antwortete steif: „Ja, was wollen Sie?" Es war sehr beunruhigend, so unzeremoniell und unhöflich begrüßt zu werden, und nachdem ich meinen Auftrag erklärt hatte, zog ich mich zurück und achtete darauf, diesem arroganten Soldaten in Zukunft aus dem Weg zu gehen.

Ich darf sagen, dass unsere kleine Party in „Myrtle Grove" einige Wochen später durch die Ankunft von Vaal Piet Uys und Landdrost T. Kelly erweitert wurde.

Wir hatten inzwischen unsere Bekanntschaft mit Colonel Wright vertieft, der uns immer herzlich und freundlich behandelte und uns oft das Privileg gewährte, angenehme Nachmittage in seinem Haus zu verbringen. Mrs. Wright war eine charmante Gastgeberin und tat alles in ihrer Macht Stehende, um das Gefühl der Demütigung zu mildern, mit dem wir unsere traurige Lage betrachteten.

Ich sollte vielleicht erwähnen, dass St. Helena sich einer eleganten Gesellschaft rühmen kann. Einige Jahre vor unserer Inhaftierung wurde der Zulu-Häuptling Dinizulu in die felsigen Grenzen dieses Inselgefängnisses verbannt. Dieser Sohn Kains war während seiner Haft hier zu allen angesagten Festen und Tänzen eingeladen worden und hatte die Ehre, in das Haus des Gouverneurs eingeladen zu werden. Er wurde bei Abendessen und öffentlichen Festlichkeiten gefeiert – aber natürlich muss man bedenken, dass Dinizulu ein Kaffer war und wir nur Buren. Stellen Sie sich vor, meine Afrikander-Brüder, eine anständige junge Engländerin willigte ein, mit diesem unzivilisierten Kaffer zu tanzen! Stellen Sie sich vor, sie erlaubten ihm, am selben Tisch zu speisen und in derselben Kutsche mit ihnen zu fahren! Ich weiß nicht, wie diese Information auf meine Leser wirkt, aber ich muss sagen, dass ich sprachlos war, als der Gouverneur der Insel, ein älterer Herr namens Sterndale, der 35 Jahre im indischen Staatsdienst gedient hatte, mir mitteilte, dass dies der Fall gewesen sei.

Ich möchte allerdings nicht glauben, dass wir Gefangenen besondere Ambitionen hatten, Bälle und Abendessen zu besuchen, denn wir waren nicht in Feststimmung, und selbst wenn wir es gewollt hätten, hätten wir in unserer schäbigen Kleidung kaum angemessen bei diesen eleganten Tischen und Zusammenkünften erscheinen können.

Einige Gefangene erhielten von den Behörden die Erlaubnis, den verschiedenen Handwerken und Berufen nachzugehen, mit denen sie vertraut waren, und zwar gegen einen geringen Tageslohn von sechs Pence bis einem Schilling. Dieser Lohn war eine lächerlich geringe Vergütung für die große Menge an Arbeit, die die Männer verrichteten. Wir Gefangenen repräsentierten eine große Vielfalt an Berufen. Einer war Maurer, ein anderer Bauer, ein dritter Apotheker, während ein vierter Goldschmied war, und wir gingen so weit, dass ein Mann zum Caterer des St. Helena Clubs ernannt wurde.

Monate waren vergangen, seit ich zum ersten Mal als Gefangener in dieses Inselgefängnis gebracht worden war, und es ging auf Mitte Mai zu. Beharrliche, wenn auch eher vage Berichte über Peace erreichten uns ständig, aber aufgrund der Strenge der Zensoren, die ihre Pflichten übertrieben auffassten, erreichten alle Nachrichten von außen unsere besorgten Ohren nur in sehr kleinen Stücken und gaben uns nur eine sehr dürftige Vorstellung davon, was in Südafrika und anderswo draußen geschah. Dass wir alle ernsthaft für Peace beteten, muss nicht extra erwähnt werden, besonders wenn ich erwähnen darf, dass einige meiner Kameraden zwei Jahre und acht Monate lang auf der Insel eingesperrt waren. Ich kann nicht angemessen beschreiben, wie ermüdend ihr langes Exil für sie war.

Kurz bevor ich aus der Haft entlassen wurde, wurden unsere alten Gegner, das 3. Bataillon der „Buffs" unter Oberst Brinckman, auf die Insel abkommandiert. Dieses Regiment hatte zwei Jahre aktiven Dienst in Südafrika geleistet, und es waren daher Soldaten, die ihre Feinde nicht verachteten.

Angesichts der gegenwärtigen angespannten Lage fühle ich mich derzeit nicht in der Lage, meinen Bericht weiter zu verfolgen. Wenn mich jedoch eine mitfühlende Öffentlichkeit dazu ermutigt, diese Bemühung durch eine detailliertere Beschreibung meiner Gefangenschaft auf St. Helena zu ergänzen, werde ich in naher Zukunft vielleicht erneut um ihre Nachsicht bitten.

In der Zwischenzeit verabschiede ich mich hoffentlich nur vorübergehend von meinen Lesern und gebe ihnen die folgenden erläuternden Einzelheiten und kritischen Kommentare zu den allgemeinen Merkmalen des Krieges.

KAPITEL XLIX.

WIE WIR ZÜGE IN DIE SPRACHE GESPRITZT UND GEKAPFT HABEN.

Oberflächlich betrachtet scheint es eine sehr barbarische Tat zu sein, Züge mit Dynamit entgleisen zu lassen und zu zerstören, aber das war der einzige Weg, der uns blieb, da die Briten ständig große Kriegsvorräte von der Küste herbeischaffen mussten. Wir bedauerten aufrichtig, dass durch die Entgleisungen und Zerstörungen von Zügen Lokführer, Heizer und oft auch unschuldige Passagiere in die Ewigkeit geschickt wurden. Krieg ist im besten Fall eine grausame und unlogische Art, Streitigkeiten beizulegen, und die Maßnahmen, zu denen die kriegführenden Parteien manchmal gezwungen sind, sind von solcher Art, dass Sentimentalität in die Überlegungen der streitenden Parteien keine Rolle spielt.

Es ist wohl nicht nötig, meinen Lesern zu versichern, dass wir völlig im Rahmen unseres Rechts handelten, als wir Züge entgleisen und zerstören ließen. Dies war die einzige Möglichkeit, die britischen Kommunikationslinien zu unterbrechen und den Transport britischer Truppen und Lebensmittel zu unterbrechen.

Darüber hinaus waren wir bei jeder von uns begangenen Zugentgleisung mehr als berechtigt, da wir die Anweisungen von Lord Wolseley in seinem Handbuch gelesen hatten. In dieser bekannten Veröffentlichung schreibt dieser angesehene Soldat tatsächlich den Einsatz von Dynamit vor und schlägt sogar vor, wie es am besten eingesetzt werden kann. Aber obwohl diese Zugentgleisung in jeder Hinsicht gerechtfertigt war, kann ich dem Leser versichern, dass wir sie als eine sehr unangenehme Pflicht betrachteten. Ich erinnere mich, dass ich Lord Kitchener, als er sich bei mir über die Zerstörung eines bestimmten Zuges beschwerte, eine Antwort mit folgendem Inhalt schickte:

„Das Sprengen und Zerstören von Zügen war für mich ebenso abstoßend, wie, so hoffte ich, das Niederbrennen unserer Häuser für Seine Exzellenz; und als wir Züge entgleisen ließen, gingen wir diese Aufgabe mit ebenso schwerem Herzen an, wie ich annahm, dass seine Truppen unsere Frauen und Kinder aus ihren Häusern in die Konzentrationslager deportierten."

Ich werde nun beschreiben, wie wir bei der Kaperung von Zügen vorgegangen sind. Dass dies keine so einfache Aufgabe ist, wie man annehmen mag, werde ich zu zeigen versuchen. Am besten lässt sich unsere Vorgehensweise vielleicht anhand eines konkreten Vorfalls veranschaulichen, der sich im März 1901 zwischen Belfast und Wonderfontein auf der Delagoa Bay Railway ereignete. Die beiden Bahnhöfe liegen etwa 12 Meilen voneinander entfernt. An jedem Bahnhof war eine Garnison eingerichtet worden, die mit zwei oder drei Kanonen und zwei Panzerzügen ausgestattet war. Letztere wurden in Bereitschaft gehalten, um an jeden Ort innerhalb ihres unmittelbaren Wirkungsbereichs zu fahren, wenn auf der Strecke etwas Unregelmäßiges geschah. Sie wurden außerdem eingesetzt, um bei Bedarf Verstärkung und Vorräte zu transportieren. Der Panzerzug war in der Tat ein sehr wichtiger Faktor in der britischen Militärtaktik, und wir mussten ihn voll und ganz berücksichtigen. Die Eisenbahn zwischen diesen beiden Bahnhöfen wurde auch durch Blockhäuser bewacht. Jeden Morgen inspizierten die britischen Soldaten sorgfältig ihren jeweiligen Abschnitt der Eisenbahn, bevor Züge in irgendeine Richtung losgeschickt wurden. Die Gefahr, nachts Züge fahren zu lassen, wurde schnell erkannt, und von denen, die die Reise wagten, entgingen nur sehr wenige tatsächlich der Gefangennahme. Als sich der Vorfall ereignete, den ich gleich schildern werde, lagerten wir in Steenkampsbergen und genossen eine kleine Pause von der harten Arbeit, die wir verrichtet hatten. Aber wir waren nicht untätig, und eine Feldkornetttruppe von etwa hundert Mann wurde abkommandiert, um zu versuchen, einen Zug zu kapern. Ich erkundete persönlich die Strecke und schickte einen Feldkornett mit der Anweisung, an der günstigsten Stelle für die unangenehme Operation, die wir durchführen wollten, eine Mine zu legen.

Unsere *Vorgehensweise* bestand darin, ein Martini-Henri-Gewehr zu nehmen und vier Zoll vor und hinter dem Magazin abzusägen und dann den Abzugsbügel so zu feilen, dass der Abzug frei lag. Zwei der intelligentesten Bürger wurden über Nacht mit diesem verstümmelten Gewehr und einem Paket Dynamit an die für die Mine ausgewählte Stelle geschickt, während zwei andere Bürger Wache hielten.

Es wurden besondere Vorsichtsmaßnahmen getroffen, um zu verhindern, dass die britischen Patrouillen Fußspuren hinterlassen konnten, da die Bürger eine beträchtliche Strecke auf den Schienen gingen. Die Mine wurde vorbereitet, indem die Steine vorsichtig unter den Schienen entfernt und ebenso vorsichtig wieder zurückgelegt wurden, um das Loch wieder zu füllen, nachdem die Zerstörungsinstrumente eingestellt worden waren. Der Auslöser wurde in Kontakt mit dem Dynamit gebracht und gerade weit genug über dem Boden, um durch das Gewicht der Lokomotive beeinflusst zu werden, aber so wenig freigelegt, dass er unbemerkt blieb. Alle überschüssigen Steine wurden in einem Sack weggebracht und große Sorgfalt darauf verwendet, alle Spuren der Mine zu verbergen. Behutsam und vorsichtig und ohne Spuren ihres Besuchs zu hinterlassen, kehrten die Bürger nun zu ihrem Feldkornett zurück und meldeten, dass alles in Ordnung sei. Das Feldkornett nahm seine Position hinter einem kleinen Hügel etwa eine

Meile von der Eisenbahn entfernt ein, und die Männer versteckten sich und ihre Pferde so geschickt, dass ihre Anwesenheit von den Bewohnern des Blockhauses in der Nähe nicht einmal vermutet wurde. Nach unseren Informationen war der erste Zug, der am nächsten Morgen vorbeifuhr, der Postzug mit der europäischen Post, und die Aussicht, einige Zeitungen zu erbeuten und so Nachrichten aus der Außenwelt zu erhalten, von der wir mehrere Monate lang isoliert waren, erfüllte uns mit freudiger Erwartung. Ich wies den Feldkornett besonders an, Zeitungen zu besorgen und so viel Nahrung und Kleidung wie möglich zu erbeuten. Da es in den britischen Garnisonen üblich war, jeden Tag Kundschafter entlang der Eisenbahnlinie zu schicken, um die Strecke zu untersuchen, wurde die Strecke am nächsten Morgen wie üblich mikroskopisch untersucht, aber die Kundschafter konnten die Falle, die wir gestellt hatten, nicht entdecken.

Zwei Außenpostenbürger lagen oben auf dem Hügel im Gras und hatten von ihrem Aussichtspunkt aus eine klare Sicht auf die Eisenbahnlinie.

Als meine Männer um zehn Uhr morgens ankamen, ohne dass ein Zug erschien, begannen sie zu murren. In der Aufregung dieses Abenteuers hatten sie es versäumt, Essen zuzubereiten, und es war ihnen jetzt nicht erlaubt, Feuer zu machen, da der beim Kochen entstehende Rauch von den feindlichen Außenposten sofort bemerkt worden wäre. Wir mussten also hungrig bleiben, sonst wären unsere gut durchdachten Pläne durchkreuzt worden. Die Zeit verging, und um 14 Uhr nachmittags war immer noch keine Spur des erwarteten Zuges zu sehen. Unsere Pferde waren gesattelt und hatten seit dem Vornachmittag nichts gefressen, und die armen Tiere begannen auch, ihren Unmut durch Wiehern und Stampfen mit den Hufen auf dem Boden zu zeigen. Die Späher des Feindes hatten die Linie bereits drei- oder viermal inspiziert, entweder indem sie sie zu Fuß oder mit einer Karre durchquert hatten.

Der Nachmittag war schon weit fortgeschritten und in unseren Köpfen wuchs die Befürchtung, dass die Mine entdeckt worden war. Ich würde sagen, es war Sonntagnachmittag und die Mine war am Samstagabend gelegt worden. Unser Plan, den Zug zu zerstören, widersprach den Gepflogenheiten unserer Nation, die alle derartigen Taten am Sonntag als Entweihung des Sabbats betrachtet, aber hier werde ich wieder ein englisches Sprichwort anwenden: „Je besser der Tag, desto besser die Tat."

Gegen vier Uhr meldeten mir meine Vorposten Rauch, und kurz darauf sahen wir einen Zug herankommen. Jeder von uns stieg auf sein Pferd, und wir saßen ruhig im Sattel, um die Ausführung unseres Plans zu beobachten. Wir hielten den Atem an. Vielleicht hatten die Briten die Mine entdeckt und entfernt, so dass all unsere Mühe umsonst gewesen wäre; oder sie hatten möglicherweise eine große Truppe Soldaten mit Kanonen auf den Zug geschickt, um uns obendrein eine „gute Tracht Prügel" zu verpassen. Atemlos beobachteten wir die Fahrt des Zuges, als er sich schnell der verhängnisvollen Stelle näherte, und unsere Herzen klopften wie wild, während wir auf den Erfolg oder Misserfolg unseres Vorhabens warteten. Wir mussten nicht lange warten, denn mit einem gewaltigen Knall explodierte die Mine, warf die Lokomotive um und brachte den Zug zum Stehen.

Wir begannen nun, den Zug zu stürmen, aber ich sah die Gefahr, die ein Massenvormarsch mit sich brachte, und rief meinen Männern zu, sie sollten vorsichtig vorgehen und sich verteilen. Als wir etwa 500 Fuß vom Zug entfernt waren, feuerten die Briten eine Salve auf uns ab, aber damit zeigten sie nur, dass sich nicht viele Schützen im Zug befanden und dass die, die da waren, schlecht und willkürlich beschossen wurden. Da uns die Schwäche des Feindes gezeigt wurde, stürmten wir mit neuer Kraft und stiegen ab, als wir etwa hundert Meter entfernt waren. Die Verteidiger hielten unserem Feuer nicht lange stand, bevor sie die weiße Fahne hissten. Ich stellte das Feuer sofort ein und der Zug gehörte uns.

Es war Leutnant Crossby von der Remount-Abteilung, der die weiße Flagge schwenkte, und er kapitulierte nun mit etwa 20 „Tommies".

Unter den Insassen des Zuges befand sich ein alter Major. Als er sagte, er sei sehr krank und auf dem Weg ins Krankenhaus, entschuldigten wir uns sofort für die Störung und die Verzögerung, die ihm durch unsere kleine Operation entstanden war. Im Zug befanden sich acht Säcke mit europäischer Post, die wir beschlagnahmten. Wir befreiten die „Tommies", nachdem wir sie entwaffnet hatten. Der verantwortliche Leutnant war die einzige Person, die als Kriegsgefangener festgehalten wurde, und er wurde zu sechs weiteren britischen Offizieren hinzugefügt, die unter unserer Obhut dahinvegetierten. Nur ein Teil des Zuges konnte von uns zerstört werden, da ein Abschnitt von Frauen und Kindern besetzt war, die in die Konzentrationslager transportiert wurden.

Am nächsten Morgen brachte mir der Feldkornett die Papiere und sagte lächelnd: „Sie sehen, ich habe Ihnen gebracht, was Sie wollten, General." Ich war überglücklich, Nachrichten aus der Außenwelt zu erhalten. Die Briefe wurden im Lager verteilt, und es gab reichlich Lesestoff. Die „Tommies" taten mir ziemlich leid, die so gnadenlos ihrer Briefe beraubt wurden, aber ich tröstete mich mit dem Gedanken, dass unsere Lage genauso schlimm war wie ihre, denn wir Buren hatten seit zwölf Monaten keine Nachricht von irgendeinem Mitglied unserer Familie erhalten, und wir fühlten uns berechtigt, die „Tommies" an unserem Unglück teilhaben zu lassen. Die Buren konnten jedoch nicht viel Befriedigung aus den Briefen anderer Männer ziehen, und selbst diejenigen, die Englisch lesen konnten, gaben die

Aktion auf, nachdem sie ein oder zwei durchgelesen hatten, und warfen die Säcke voller Briefe mit enttäuschten Gesichtern weg.

Die Eroberung dieses Zuges war unser zweiter Erfolg. Kurz zuvor hatten wir in der Nähe des Bahnhofs Pan einen Zug gekapert und eine großartige Beute gemacht. Dieser Zug transportierte Weihnachtsgeschenke für die britischen Soldaten und wir fanden eine bunte Auswahl an Kuchen, Puddings und anderen Köstlichkeiten. Es war sehr amüsant, dass wir Weihnachten mit Kuchen und Puddings feierten, die eigentlich für unsere Gegner bestimmt waren.

Einige Wochen nachdem wir den Zug mit der europäischen Post gekapert hatten, unternahmen wir einen weiteren Versuch, den Zug zu überfallen, diesmal am Bahnhof Wonderfontein. Auch diesmal lief alles gut, bis wir angriffen und die Briten das Kanonenfeuer auf uns eröffneten. Diesmal hatten wir keinerlei Deckung, sondern mussten auf offenem Gelände angreifen und uns dem schweren Kanonenfeuer und dem Kugelhagel hunderter britischer Schützen aussetzen. Diesmal waren wir zufällig auf einen Panzerzug gestoßen, und die Waggons mit den Kanonen waren unversehrt geblieben. Die Nuss war für uns zu hart, und da es uns nicht gelang, den Zug im Sturm zu erobern, mussten wir uns zurückziehen, nachdem wir drei Männer verloren hatten, darunter meinen tapferen Adjutanten Vivian Cogell. Nach dem, was ich gesagt habe, werden meine Leser wohl zustimmen, dass die Kaperung eines Zuges nicht immer ein Kinderspiel ist.

KAPITEL L.

WIE WIR KOMMANDOSOLDATEN ERNÄHRTEN UND KLEIDTEN.

Schon im März 1901 hatten wir Schwierigkeiten, unsere Kommandos ausreichend mit den lebensnotwendigen Dingen zu versorgen. Bereits im September 1900 hatten wir uns in Hector's Spruit von unserem Verpflegungsdienst verabschiedet, und da es keine organisierte Versorgung gab, kann man sich gut vorstellen, dass die Aufgabe, die Buren zu ernähren, eine der schwerwiegendsten und, ich möchte sagen, beunruhigendsten Fragen war, mit denen wir uns auseinandersetzen mussten. Wir waren von der Welt abgeschnitten, und es gab keine Möglichkeit, Vorräte zu importieren. Natürlich wurden die Männer, die zuvor im Verpflegungsdienst eingesetzt waren, in die Kampfreihen eingezogen, sobald sie verfügbar waren. Von diesem Zeitpunkt an mussten wir uns nach einem ganz anderen System ernähren. Jeder Kommandant kümmerte sich um seine eigenen Männer und ernannte zwei oder drei Buren, deren besondere Aufgabe es war, herumzureiten, um Proviant zu besorgen. Man darf nicht annehmen, dass wir Vorräte beschlagnahmten, ohne Quittungen zu unterschreiben, und der Ladenbesitzer, der uns belieferte, erhielt eine Empfangsbestätigung, die von Feldkornett, Kommandant und General gegengezeichnet war. Als der Inhaber dieses Dokuments unserer Regierung vorlegte, erhielt er wahrscheinlich ein Drittel des Betrags in bar und den Rest in Regierungsnoten, besser bekannt als „Bluebacks". Zu diesem Zeitpunkt war ein großer Teil der Republik von den Briten besetzt, alle Lebensmittel waren entfernt oder vernichtet und das meiste Vieh war erbeutet worden. Infolgedessen wurde alles, was Nahrung war, sehr knapp. Mehl, Kaffee, Zucker usw. galten nun als Delikatessen, an die man sich aus längst vergangenen Zeiten erinnerte. Die Salzvorräte waren besonders knapp, und wir befürchteten, dass wir ohne Salz nicht überleben könnten oder, falls wir es doch schaffen sollten, eine Seuche über uns bringen könnten. Unsere Befürchtungen in dieser Hinsicht wurden durch die Meinungen unserer Ärzte noch verstärkt, und wir betrachteten unsere Situation mit erheblicher Beunruhigung. Glücklicherweise waren unsere Befürchtungen, wie die Erfahrung zeigte, nicht im Geringsten berechtigt, denn in den zehn Monaten vor meiner Gefangennahme lebten meine Bürger völlig ohne Salz und waren zu der Zeit, als ich in die Hände der Briten fiel, so gesund, wie man es sich nur wünschen konnte.

Da wir uns ausschließlich von Mais und Fleisch ernährten, galten Kartoffeln und anderes Gemüse, das wir zufällig fanden, als wahrer Luxus. Es mag seltsam erscheinen, aber es ist eine Tatsache, dass wir immer das Glück hatten, ausreichende Mengen an Mais und Fleisch zu erhalten. Wir mahlten unseren Mais in Kaffeemühlen, wenn keine anderen Mühlen verfügbar waren. Maisbrei wird auf einfache Weise gekocht, und gelegentlich fielen kochend heiße Töpfe davon in die Hände der Briten. Den britischen Soldaten ging es nicht viel besser als uns, denn sie waren auf Rinderfleisch und „Clinkers" beschränkt, obwohl sie ihre Speisekammer häufig mit Vorräten von burischen Farmen wie Hühnern, Schweinen usw. ergänzten und Salz, Zucker und Kaffee im Überfluss hatten. Ihre Küchenutensilien waren bei weitem nicht so primitiv wie die unseren.

Viele Buren zogen nur mit ihrem Vieh umher, und ich gestehe, dass sie bei vielen Gelegenheiten meine Bewunderung erregten, weil sie der Gefangennahme „schlicht" entgingen. Buren dieser Art wurden „Buschlanzer" genannt, weil sie immer im dichtesten Buschwerk Zuflucht suchten. Diese „Buschlanzer" gab es in dreierlei Hinsicht: Einige versuchten, dem Kommandodienst zu entgehen, indem sie mit ihrem Vieh davonliefen, andere hofften, nach dem Krieg einen großen Profit daraus zu schlagen, indem sie ihr Vieh behielten, und wieder andere hingen so sehr an ihrem Vieh, dass sie lieber ihr eigenes Leben verloren hätten, als dass ihnen ihr Vieh weggenommen worden wäre. Alle drei Klassen von „Buschlanzern" schafften es, uns mit ausreichenden Vorräten an Lebensmitteln zu versorgen. Oft war es jedoch eine schwierige Aufgabe, die Vorräte aus ihnen herauszuholen. Wenn wir sie baten, uns Vieh zu verkaufen, erhielten wir häufig die Antwort, dass wir ihnen bereits ihr bestes Vieh weggenommen hätten, dass die Briten einiges weggenommen hätten und dass sie auf das wenige, das ihnen noch blieb, nicht verzichten könnten. Natürlich hinderte uns eine solche Antwort nicht daran, Nahrungsmittel zu beschaffen, und manchmal mussten wir Gewalt anwenden. Wir benachrichtigten diese „Bush-Lancer" häufig, wenn Gefahr drohte, aber in den meisten Fällen waren sie die ersten, die die Gefahr bemerkten, und informierten uns über die Bewegungen der Briten.

Jeder weiß, dass es für die Buren eine schwere Prüfung ist, ohne Kaffee zu leben, aber dieses Nationalgetränk verschwand vollständig von unserem Speiseplan und wurde nur teilweise durch den „Mealie-Kaffee" ersetzt, den wir zuzubereiten begannen. Der Vorgang war sehr einfach. Sobald wir vom Sattel abgestiegen waren, wurden hundert Kaffeemühlen in Betrieb gesetzt. Der Mais wurde über dem Feuer geröstet und anschließend auf ähnliche Weise verarbeitet wie die Kaffeebohne. Dieser „Mealie-Kaffee" ergab ein sehr schmackhaftes Getränk, insbesondere da wir häufig Milch zum Mischen bekamen.

Wir haben unser Fleisch normalerweise auf Kohlen gebraten, da wir fanden, dass Fleisch ohne Salz am schmackhaftesten war, wenn es auf diese Weise behandelt wurde. Das erklärt sich dadurch, dass die Asche des Feuers eine gewisse Salzigkeit aufweist. Wir haben Mais auf alle möglichen außergewöhnlichen Arten gewonnen. Manchmal haben wir ihn selbst geerntet, aber häufiger haben wir Mengen in Höhlen oder Kraalen versteckt gefunden. Mais wurde auch von den Eingeborenen gekauft. Jeder General tat alles Mögliche, um in dem Bezirk, in dem er tätig war, zu säen, denn der Boden ist sehr fruchtbar. Wir hatten sehr selten einen Mangel an Mais, obwohl die Briten häufig die Ernten zerstörten, die wir angebaut hatten. Es besteht kein Zweifel, dass ein Afrikander, wenn er hungrig ist, etwas zu essen findet.

Ich habe bereits erwähnt, dass die Briten bei ihren Angriffen auf uns manchmal unsere Küchenutensilien mitnahmen, und meine Leser fragen sich vielleicht, wie wir Ersatz dafür beschafft haben. Nun, wir waren in dieser Hinsicht nicht wählerisch. Wir fanden leere Teedosen und leere Rinderfleischdosen und verwandelten diese Rohmaterialien mithilfe von Stacheldraht schnell in brauchbare Küchenutensilien. Wir bevorzugten die Teerdosen, da die Rindfleischdosen oft auseinanderfielen, wenn das Lötmittel, mit dem sie befestigt sind, der Hitze des Feuers ausgesetzt war. Ich erinnere mich, dass unser Pfarrer eines Tages bis zu fünf Schilling für eine leere Teerdose bezahlte.

Mehrere britische Konvois fielen uns in die Hände, aber die Nahrung, die wir darin fanden, bestand meist aus Rinderhackfleisch und „Klinker", Dinge, die wir Buren nur aus bitterer Not essen mussten. Manchmal mussten wir zu unserem großen Verdruss feststellen, dass all unser Kampf, einen Konvoi zu erobern, nur mit dem Anblick leerer oder mit Heu und Viehfutter beladener Lastwagen belohnt wurde. Wenn wir vielleicht das Glück hatten, ein Lager oder eine Festung zu erobern, begnügten wir uns damit, so viel Kaffee und Zucker mitzunehmen, wie wir auf unseren Packeseln wegbringen konnten.

Die Kleiderfrage war sehr verwirrend. Wann immer wir welche bekommen konnten, kauften wir Segeltuch und machten daraus Hosen. Schafsfelle gerbten wir und verwendeten sie entweder zur Herstellung von Kleidern oder zum Flicken. Die Häute von Rindern und Pferden, die an Krankheiten gestorben waren, wurden ebenfalls gegerbt und zur Herstellung von Stiefeln verwendet. Ich möchte darauf hinweisen, dass kein Pferd speziell zu diesem Zweck oder als Nahrung geschlachtet wurde. Nur General Baden-Powell und General White schlachteten ihre Pferde, um Würste herzustellen. Unsere beste Kleiderversorgung kam jedoch von der britischen Armee. Verzeihen Sie mir, wenn ich das sage; ich möchte nicht sarkastisch sein. Wenn wir einen Konvoi oder ein Fort eroberten, erhielten wir immer einen Vorrat an Kleidern. Zu Beginn des Krieges hatten wir Buren eine starke Abneigung gegen jedes Kleidungsstück, das auch nur entfernt an Khaki erinnerte, aber später wurde uns das gleichgültig und wir akzeptierten Khaki genauso bereitwillig wie jedes andere Material. Wir zwangen unsere Gefangenen im Allgemeinen, die Kleidung mit uns zu tauschen, und amüsierten uns oft über den angewiderten Blick des sensiblen Briten, als er in der Kleidung eines zerlumpten Buren davonging. Stellen Sie sich den Anblick vor! Ein eleganter englischer Soldat, glattrasiert, mit einem Monokel auf einem Auge, den Kopf bedeckt ein alter, kriegszerschlissener Schlapphut mit breiter Krempe und den Körper mit einer zerlumpten Jacke und einer Hose, die mit Schafsfell oder Garn geflickt waren.

Ich kann sagen, dass keine dieser systematischen Plünderungen in meiner Gegenwart stattfand. Aber solche Dinge wurden sicherlich getan, und wer kann es einem zerlumpten Bürger schließlich verdenken, dass er zu diesem Mittel greift, sich zu kleiden, so sehr es auch missbilligend ist. Man bedenke, dass die armen Buren bereit waren, den doppelten Wert eines Anzugs zu zahlen, und sozusagen von der Welt abgeschnitten waren, während der britische Soldat einfach ins Lager zurückkehren musste, um sich eine neue Ausrüstung zu besorgen. „Not kennt kein Gebot."

Zum Abschluss dieses Kapitels muss ich erwähnen, dass der Mangel an Streichhölzern sehr spürbar war. Und als unser Vorrat an Streichhölzern aufgebraucht war, mussten wir auf das altmodische Feuerzeug und Feuerstein und Stahl zurückgreifen. Wir fanden, dass dieses Hilfsmittel ein sehr schlechter Ersatz für das Luzifer-Streichholz war, aber es war auf jeden Fall besser als gar nichts. Ich persönlich hatte die größten Schwierigkeiten, Feuer aus Feuerstein und Stahl zu machen, und ich brauchte dafür im Allgemeinen doppelt so lange wie jeder andere, und ich verletzte meine Hände beträchtlich. Letzteres ist jedoch eine Erfahrung, die jeder Amateur machen kann, und ich war in nichts viel mehr als ein Amateur.

KAPITEL LI.

UNSER FREUND DER FEIND.

Wenn ich mich an ein Urteil über den britischen Soldaten aus militärischer Sicht wage, wird mir vielleicht gesagt, dass nur derjenige, der eine militärische Ausbildung genossen hat, in der Lage ist, eine Meinung über die individuellen Fähigkeiten eines Soldaten zu äußern, sei er nun Bure oder Brite. Das mag stimmen, solange die Leute nur theoretisch an die Arbeit gehen; aber nach meinen zweieinhalb Jahren praktischer Erfahrung werden meine militärischen Freunde vielleicht so gnädig sein, mir zu gestatten, meine einfache Meinung zu diesem wichtigen Faktor zu äußern, der zweifellos grundlegend für die Leistungsfähigkeit jeder Armee ist. Gleichzeitig verspreche ich, in meinem Urteil über den Buren ebenso unparteiisch zu sein wie über den Briten als Kämpfer, oder zumindest so unparteiisch, wie man es von einem fehlbaren Buren erwarten kann.

Als Offizier der Burenarmee begegnete ich dem britischen Soldaten in vielen Funktionen und Situationen. Der Offizier der regulären britischen Truppen war immer bereit, mitzuteilen, dass er keine hohe Meinung von den Offizieren der irregulären Truppen hatte. Gleichzeitig war der freiwillige Offizier ebenso bereit, das Kompliment, das ihm von den regulären Truppen gemacht wurde, herzlich zu erwidern. Ehrlich gesagt muss ich sagen, dass ich dem regulären Offizier ausdrücklich den Vorzug gebe, da ich ihn als initiativer und praktischer und weniger gekünstelt einschätze als seinen Kollegen, den irregulären imperialen Offizier. In Bezug auf den Mut sah ich kaum einen Unterschied zwischen ihnen. Ich kann sicherlich keinen großen Unterschied machen, da ich nie in der Lage war, auf derselben Seite wie sie zu kämpfen.

Im Allgemeinen halte ich den britischen Offizier für einen sehr tapferen Mann, obwohl ich glaube, dass er sich in dieser Hinsicht manchmal der Übertreibung schuldig macht – das heißt, dass er unpraktisch an die Arbeit geht und, insbesondere der junge Offizier, von seinem Ehrgeiz dazu getrieben wird, verzweifelte und dumme Dinge zu tun. Dieser Tollkühnheit können die hohen Verluste an Offizieren, die die britische Armee im Krieg erlitten hat, größtenteils zugeschrieben werden.

Seit ich in britische Hände gefallen bin, habe ich festgestellt, dass die Offiziere, denen ich auf dem Schlachtfeld gegenüberstand, mich mit äußerster Großzügigkeit behandeln. Nachdem ich mit einer beträchtlichen Anzahl von Offizieren verschiedener Regimenter in persönlichem Kontakt stand, muss ich klar sagen, dass es den britischen Offizier nur in zwei Arten gibt: Er ist entweder ein Gentleman oder – das andere. Der Offizier der ersten Art ist bereit, seinen Gegnern gegenüber wohltätig zu sein und nimmt im Allgemeinen eine Haltung der Würde und Menschlichkeit ein; während der letztere alle Eigenschaften eines Idioten besitzt und nicht nur in den Augen seiner Gegner verabscheuungswürdig ist, sondern auch von seinem eigenen *Gefolge verachtet wird* .

Es gab in diesem Krieg unglückliche britische Offiziere, und es gab Fälle, in denen eine Katastrophe für die Briten sofort den Handlungen oder Taktiken des befehlshabenden Offiziers zugeschrieben wurde. In diesem Zusammenhang möchte ich den bedauerlichen Fall von General Gatacre in Stormberg anführen. Ich glaube nicht, dass dieser Rückschlag auf Dummheit, Indiskretion oder Feigheit zurückzuführen ist.

Jedes Abenteuer auf dem Schlachtfeld ist mit viel Glück verbunden, und General Gatacre war beharrlich vom Pech verfolgt. Aber wenn ein Kommandeur mehr als einmal vom Pech verfolgt wird, ist es zweifellos nicht nur zweckmäßig, sondern notwendig, einen solchen Offizier zu entlassen, weil seine Truppen das Vertrauen in ihn verlieren und ihr Geist untergraben wird. Es ist in diesem Krieg vorgekommen, dass unfähige Offiziere mit guten Männern und viel Glück Wunder vollbracht haben.

Der britische Soldat oder „Tommy", der einen sehr geringen Tageslohn bezieht, für den er eine enorme Menge Arbeit leisten muss, ist zwar nicht der fähigste Kämpfer, aber unter allen Umständen derjenige, der sich am ehesten als Opfer auf dem Altar der Pflicht oder dessen, was er für seine Pflicht gegenüber seinem Land hält, darbietet. Aber wenn „Tommy" aus irgendeinem Grund aufgefordert wird, von der üblichen Routine abzuweichen, in der er ausgebildet wurde, ist er ein völlig hilfloses Wesen. Diese Hilflosigkeit ist meiner Meinung nach auf übertriebene Disziplin und auf das System zurückzuführen, in dem „Tommy" nicht selbst denken oder für sich selbst sorgen darf, und diese individuelle Hilflosigkeit war zweifellos einer der Mängel des britischen Soldaten während des Krieges. Was die Stärke des gewöhnlichen britischen Soldaten betrifft, muss ich wiederholen, was ich bereits gesagt habe – dass er ein mutiger, williger und treuer Krieger ist und dass die britische Armee ihren Erfolg seiner Treue und seinem Patriotismus zu verdanken hat. Ich glaube, dies ist eine Binsenweisheit, die sogar Kritik trotzt.

Natürlich gibt es Ausnahmen vom mutigen „Tommy". Wenn ich einen Vergleich zwischen den Nationalitäten ziehen sollte, würde ich sagen, dass von den Soldaten, mit denen ich auf dem Schlachtfeld in Kontakt kam, die Iren und die Schotten bessere Kämpfer waren als die anderen. Was britische Soldaten im Allgemeinen betrifft, würde ich anmerken, dass sie, wenn sie zu ihrem Mut noch gute Schützen und die Fähigkeit, Entfernungen einzuschätzen, hinzufügen könnten, vielleicht perfekte Soldaten wären und sicherlich doppelt gefährlich für ihre Feinde.

Im Großen und Ganzen ist „Tommy" ein sehr warmherziger Mensch, obwohl man in Bezug auf die Menschlichkeit zwischen dem regulären Soldaten und dem freiwilligen Rekruten unterscheiden muss, denn letzterer ist weniger menschlich als ersterer. Dies zeigte sich nur allzu deutlich an seinem Verhalten beim Transport von Frauen und Kindern und bei der Plünderung von Kriegsgefangenen. Dennoch war „Tommy", ganz allgemein gesprochen, ob regulärer oder irregulärer Soldat, mitfühlend gegenüber unseren Verwundeten und zeigte einem verstümmelten Gegner gegenüber große Herzensgüte.

Ich bin der Meinung, dass die britische Infanterie die Hauptlast der Kämpfe dieses Krieges trug, insbesondere in seinen frühen Phasen. Wo es dem Kavalleristen nicht gelang, unsere Linien zu durchbrechen, sprang der Infanterist ein und ebnete ihm den Weg. Wir stellten fest, dass wir einem Angriff der Kavallerie immer besser standhalten konnten als einem der Infanterie, da letztere in verstreuter Formation vorrückte und für unsere Schützen viel weniger sichtbar war. Beim Vorrücken zum Angriff pflegten die britischen Fußsoldaten auf dem Bauch zu krochen und Deckung zu suchen, wann immer diese möglich war. Auf diese Weise vorrückend, und insbesondere wenn sie durch Artillerie unterstützt wurden, erwiesen sich diese Männer als sehr schwer zurückzuschlagen. Meiner Meinung nach hat ein Kavallerist keine Chance gegen einen guten Schützen, wenn dieser eine gute Position einnimmt und den Angriff abwarten kann. Die britischen Kavalleriepferde sind so gewaltige Geschöpfe, dass man sie mit einem guten Gewehr und einem scharfen Auge kaum übersehen kann. Sie sind sicherlich die besten Ziele. Ich bin der festen Überzeugung, dass der Kavallerist in Bezug auf seine Nützlichkeit nicht mit dem berittenen Infanteristen verglichen werden kann. Tatsächlich habe ich aus meinen Erfahrungen während der letzten 14 Monate meiner aktiven Teilnahme am Krieg gelernt, dass die britische berittene Infanterie eine sehr harte Nuss ist. Natürlich hing alles von der Qualität des Mannes und des Pferdes ab. Ein guter Schütze und Reiter, insbesondere wenn er beritten schießen konnte, war ein sehr furchterregender Gegner. Was die Pferde betrifft, so kann ich sagen, dass es mich nicht wundert, dass die großen, schwerfälligen Pferde, für die die britischen Kavalleristen eine solche Vorliebe haben, nicht mit den Basuto-Ponys verglichen werden können, mit denen wir zur Arbeit gingen. Das afrikanische Pony hat sich tatsächlich als das einzige nützliche Pferd während des Feldzugs erwiesen. Die britischen Kavalleristen hätten Elefanten mit fast ebenso großem Nutzen einsetzen können wie ihre kolossalen Pferde. Darüber hinaus könnte man meiner Meinung nach die Kavallerie als Armeezweig ebenso gut abschaffen, denn es besteht kein Zweifel daran, dass Infanterie, Artillerie und berittene Infanterie die einzigen wirklich brauchbaren und tatsächlich brauchbaren Soldaten der Zukunft sein werden.

Während ich das Obige schrieb, wurde mir ein Buch von Graf Sternberg in die Hand gedrückt, mit einer Einleitung aus der Feder von Oberstleutnant Henderson. Ich bezweifle sehr, dass Oberst Henderson das Manuskript des Buches des Grafen gelesen hat, bevor er seine Einleitung schrieb, denn ich kann nicht annehmen, dass er so engstirnige und phantastische Vorstellungen von Südafrika hat, wie der Graf sie zum Ausdruck bringt. In diesem denkwürdigen Werk werden einige außergewöhnliche Geschichten über die Galopp- und Trableistungen der Basuto-Ponys erzählt. Das Geständnis des Grafen, dass es ihm egal war, auf welcher Seite er kämpfte, solange er kämpfte, ist in der Tat außergewöhnlich. Dass er überhaupt jemals gekämpft hat, bezweifeln die Burenoffiziere, die ihn kannten, stark, und keiner von ihnen wird sich wundern, dass die bitterste Erfahrung des Grafen in Südafrika darin bestand, dass ihm einmal einige freche deutsche Sanitäter eine Kiste Lagerbier wegnahmen. Dieser und andere Amateure haben die Leserschaft bereits mit so viel sogenannter Kritik an diesem Krieg überhäuft, dass ich mich mit meiner Meinung auf heikles Terrain begebe. Ich werde mich darauf beschränken, das zu kommentieren, was ich gesehen habe und was ich persönlich weiß, denn ich weiß nichts über die Topographie Europas und bin weder mit der Zusammensetzung der europäischen Armeen noch mit ihrer Kampfweise vertraut.

KAPITEL LII.

DER KÄMPFENDE BUR UND SEIN OFFIZIER.

Es besteht ein großer Unterschied zwischen der Beziehung eines burischen Offiziers zu seinen Gefolgsleuten und der Beziehung eines europäischen Offiziers zu seinen Männern, denn während im ersteren Fall kein sozialer Unterschied zwischen beiden besteht, stammen im letzteren die Offiziere und Männer aus zwei unterschiedlichen Zweigen der Gesellschaft. Die Buren sind in ihrem normalen Zustand unabhängige Bauern, die sich nur im Reichtum unterscheiden. Ein Bure könnte vielleicht zehn Bauernhöfe besitzen und eine Viertelmillion wert sein, während ein anderer nur ein armer „Nebenbuhler" sein könnte, der keine hundert Pence wert ist, und doch würden die beiden Männer im Kriegsfall denselben Rang einnehmen.

Sobald das Kriegsrecht ausgerufen wird, ist die gesamte erwachsene männliche Bevölkerung der Buren zum Militärdienst bereit. In den Reihen eines Kommandos findet man Männer aller Berufe, vom Anwalt und Arzt bis zum Schmied und Klempner. Aus diesen Reihen werden die Offiziere ausgewählt, und ein Mann, der heute noch ein einfacher Soldat ist, kann am nächsten Tag zum Feldkornett oder Kommandanten befördert werden und möglicherweise in wenigen Tagen die Position eines Generals erreichen.

Der Offizier und die ihm folgenden Männer stammen in den meisten Fällen aus demselben Bezirk und kennen sich persönlich. Wenn daher ein Bur im Kampf fällt, egal welchen Rang er hat, ist sein Verlust für seine Waffenbrüder schmerzlich, denn sie kennen ihn seit langem und verlieren mit seinem Tod einen persönlichen Freund.

Die Burenoffiziere können in zwei Klassen eingeteilt werden – die tapferen und die feigen. Der tapfere Offizier kämpft, wann immer er die Gelegenheit dazu hat, während sein feiger Bruder immer auf Befehle wartet und ausgeklügelte Pläne schmiedet, um dem Kampf zu entgehen. In der Burenarmee ist es recht einfach, mit dem Kurs der letzteren Klasse Erfolg zu haben, und es kam nicht selten vor, dass die Buren diese Offiziersklasse ihrem rücksichtslosen Kameraden vorzogen, denn sie argumentierten: „Wir dienen gern unter ihm, weil er uns aus der Gefahrenzone hält." Und so wie die Offiziere konnte man auch die Mannschaften einteilen.

Bei diesem Feldzug fiel auf, dass in den letzten Phasen des Kampfes die jüngeren Offiziere die älteren ersetzten. Viele von ihnen waren des Krieges überdrüssig und ergaben sich den Briten, andere wurden aus ihren Kommandos entfernt, weil ihre Methoden zu altmodisch waren und sich nicht an die veränderten Umstände anpassen konnten. Darüber hinaus stellten wir fest, dass die jüngeren Offiziere fleißiger, boshafter und rücksichtsloser waren. Wenn ich von den jungen Burenoffizieren spreche, möchte ich natürlich nicht den Eindruck von Kindern im Alter von siebzehn bis zwanzig Jahren vermitteln, wie ich sie manchmal unter den Junioroffizieren der britischen Armee angetroffen habe.

Die lebenslange Ausbildung der Bürger in Reitkunst und Musketenschießen kam ihnen zugute. Ich kann sagen, dass ein Bur schon in jungen Jahren ein guter Reiter und Schütze ist. Er schießt nicht ziellos, denn er kann im Allgemeinen auf einen Blick die Entfernung abschätzen, auf die er schießt, und er hat gelernt, sparsam mit Munition umzugehen. Der Bürger weiß ganz genau, wie wertvoll ihm sein Pferd ist, und ist daher gezwungen, sein Wissen zu nutzen, um es sorgfältig zu pflegen; außerdem besteht in vielen Fällen eine beträchtliche Zuneigung zwischen dem Herrn und seinem Tier.

Insgesamt betrachtet ist der Bur ein tapferer Mann, aber seine Haltung auf dem Schlachtfeld wird sehr stark vom Charakter seines Offiziers beeinflusst. Und da der Bur tapfer ist, hat er im Großen und Ganzen Mitgefühl für Kriegsgefangene und insbesondere für Verwundete. Der Bur besitzt Tapferkeit und Menschlichkeit und hat außerdem das, was dem britischen „Tommy Atkins" fehlt: die Initiative. Der Tod eines Offiziers stürzt die Reihen eines Burenkommandos nicht ins Chaos, denn jeder weiß, wie er vorgehen muss. Man darf jedoch nicht annehmen, dass der Tod eines Offiziers nicht einen gewissen demoralisierenden Einfluss ausübt. Was ich betonen möchte, ist, dass die Mitglieder eines Kommandos unabhängig vom Offizier handeln und ihr eigenes Urteil fällen können.

Was die Standhaftigkeit der Buren betrifft, kann ich sie am besten veranschaulichen, indem ich darauf hinweise, dass es häufig vorkam, dass wir, nachdem wir an einem Tag mit Verlust zurückgeschlagen worden waren, am nächsten Tag unseren Eroberer mit größerem Erfolg angriffen. Wir gingen oft zur Offensive über, wenn sich eine günstige Gelegenheit bot, und warteten nicht immer, bis auf uns geschossen wurde. Oftmals hielten wir trotz schwerer Bestrafung stundenlang durch.

Ich glaube, selbst unsere erbittertsten Feinde werden zugeben, dass die Buren, die ihrem Land bis zuletzt treu blieben, von edlen Grundsätzen beseelt waren. Würden nicht so viele meiner Landsleute das vermissen lassen, was den britischen Soldaten so sehr auszeichnet, nämlich Patriotismus und den intensiven Wunsch, die Traditionen seiner Nationalität aufrechtzuerhalten, würde ich fragen, welches Volk auf der Welt in der Lage gewesen wäre, den Afrikander zu bezwingen? Ich sage dies mit großer Überlegung und glaube nicht, dass irgendein unparteiischer Landsmann versuchen würde, die Wahrheit dieser Aussage zu leugnen.

Es drängt sich die Frage auf, wie es den Engländern ergangen wäre, wenn sie in eine ähnliche Lage geraten wären wie wir? Angenommen, wir Buren hätten

London und andere große Städte eingenommen und die Engländer vor uns hergetrieben und sie gezwungen, sich in den Bergen zu verstecken, wo sie nichts zum Leben hätten außer Maisbrei und ungesalzenem Fleisch, nur mit abgetragenen und zerrissenen Kleidern als Kleidung, ihre Häuser niedergebrannt und ihre Frauen und Kinder in Konzentrationslager in die Hände des Feindes gesteckt. Wie hätten die Engländer unter solchen Umständen gehandelt? Hätten sie sich nicht dem Eroberer ergeben? Wie dem auch sei, eines ist sicher: Der Patriotismus einer Nation lernt man nur, wenn man sie auf eine so harte Probe stellt.

In seinem Buch „Der Große Burenkrieg" hat Dr. Conan Doyle durch seine gemäßigte Sprache im Großen und Ganzen die Bewunderung der Afrikaander gewonnen. Aber hier und da, wo er sich von seinen Sympathien für England dazu hinreißen ließ, bittere und verleumderische Worte gegenüber den Buren zu verwenden, hat sich diese Bewunderung in Verachtung verwandelt. Dr. Conan Doyle versucht, die britische Armee zu verteidigen, indem er die Buren beschimpft. Beschimpfungen sind kein Argument. Der Beweis, dass Van der Merwe ein Dieb ist, entlastet Brown nicht vom Verbrechen des Diebstahls, wenn er gestohlen hat.

Der Autor bezeichnet die Erschießung von Leutnant Neumeyer, weil dieser sich weigerte, sich zu ergeben und versuchte, seinen Entführern zu entkommen, als Mord; auch die Erschießung der ungläubigen Spione bezeichnet er leichtfertig als Mord; den Vorfall in Frederickstad, bei dem mehrere Buren von den Briten erschossen wurden, weil sie nach dem Hissen der weißen Flagge weiter schossen, rechtfertigt er hingegen. Natürlich rechtfertigt der Autor auch die Hinrichtung Scheepers. Ich lehne es ab, dass solche Dinge in einem Buch erscheinen, denn sie neigen dazu, erneut Zwietracht, Hass und Bitterkeit zu säen, und diese Saat ist schon tief genug eingepflanzt worden, ohne dass Dr. Conan Doyle sie genährt hätte. Weder die Buren noch die Briten können zu dieser Frage unparteiisch sprechen, und beide wären besser damit beschäftigt, die Tugenden statt der Laster im Charakter des anderen herauszufinden.

Wer auch immer Südafrika in Zukunft regiert, die beiden Rassen müssen zusammenleben, und wenn der Tag des Friedens kommt und das Schwert in die Scheide gesteckt wird, lasst uns einander wie Männer die Hände reichen, die Vergangenheit vergessen und uns an das Motto erinnern:

„Beide Nationen haben ihre Pflicht getan."

ANHANG.

Einige Korrespondenzen zwischen britischen und burischen Militärbeamten.

Lyndenburg,
20. August 1901 .

STELLVERTRETENDER GENERALKOMMANDANT BJ VILJOEN.

HERR,

Ich habe die Ehre, hiermit eine Kopie einer Mitteilung von Lord Kitchener beizufügen. *Sie beginnt* : – In Bezug auf Ihr Schreiben vom 10. August zum Thema Beschäftigung von Eingeborenen habe ich die Ehre, Ihnen mitzuteilen, wie ich Generalkommandant Botha bereits informiert habe, dass ich Eingeborene als Kundschafter und Polizisten in Eingeborenenbezirken beschäftige, insbesondere im Tiefland, wo Weiße, wenn sie nicht durch langen Aufenthalt an das Klima gewöhnt sind, stark unter Fieber leiden.

Ich möchte Sie darauf hinweisen, dass in zahlreichen Fällen bewaffnete Einheimische von den Bürgerstreitkräften eingesetzt wurden, insbesondere im Kommando von General Beyers, und dass in den gegen uns kämpfenden Kommandos häufig bewaffnete Einheimische zu finden waren. Ich möchte die einheimische Bevölkerung des Landes nicht in diesen Streit zwischen Briten und Buren hineinziehen.

Ich habe den Eingeborenen immer gesagt, dass ich ihnen zwar nicht verbieten könne, sich zu verteidigen, wenn sie von Bürgern angegriffen würden, sie aber auf keinen Fall angreifen dürften. Ich bin überzeugt, dass ohne die strengen Befehle, die ich zu diesem Thema erlassen habe, der Hass, der durch das massenhafte Abschlachten unbewaffneter Eingeborener durch die Bürger während dieses Krieges entstanden ist, zu einem Aufstand der Eingeborenen geführt hätte, mit bedauerlichen Folgen für die Burenrasse.

Es muss Ihnen auch bekannt sein, dass die meisten Gewehre im Besitz der Eingeborenen von M'pisana ihnen von Männern Ihres eigenen Kommandos verkauft wurden, als diese letztes Jahr von Hector's Spruit nach Pietersburg zogen.

Als Antwort auf Ihre Fragen zu den britischen Gefangenen, die sich jetzt in Ihrer Gewalt befinden, seien die genannten Personen Soldaten der Armee Seiner Majestät und haben auf meinen Befehl gehandelt. Sie sollten als Kriegsgefangene behandelt werden. — *Ende.*

Ihr ergebener Diener
zu sein, Sir,
A. CURRAN,

Oberstleutnant und
Kommandant von Lydenburg .

23. Juli 1901.

EURE EXZELLENZ,

Ich muss nachdrücklich gegen die Methoden Ihrer Offiziere protestieren. Im vergangenen April brachte der Bruder Ihrer Exzellenz, General W. Kitchener, unser Ambulanzfahrzeug in ein Feldlazarett in der Nähe von Roos Senekal, und erst nach großen Schwierigkeiten wurden uns einige Fahrzeuge zurückgegeben. Bei dieser Gelegenheit weigerte sich General W. Kitchener, mir die Schlachtochsen des Feldlazaretts zurückzugeben, mit der Begründung, wir könnten solche Ochsen den Kaffern stehlen. Infolge dieser Handlungen mussten meine Verwundeten nichts mehr essen und wurden ihrer Transportmittel beraubt.

Nun griff eine Kolonne Ihrer Truppen, die am 9. oder 10. d. M. von Machadodorp über Witpoort vorrückte, ein Krankenhaus des Roten Kreuzes an, das von kranken Frauen und Kindern belegt war, obwohl die Patienten von einer diplomierten Krankenschwester namens Mrs. W. Botha betreut wurden. Einer Ihrer Offiziere, der von einem ehemaligen Bürger, der jetzt verräterisch gegen sein eigenes Volk kämpft, in die Irre geführt wurde, erklärte, das Rote Kreuz sei nicht echt, brannte alle Gebäude und darin gefundenen Lebensmittel nieder, lud die Patienten auf offene Lastwagen und brachte sie weg.

Die erste Nacht ihrer Deportation schliefen die Kranken und Krankenschwestern in einem Lager in Steelpoortdrift unter den Rollbahnwaggons und in bitterer Kälte, und obwohl die Frauen und Kinder die ganze Nacht klagten und weinten, wurden ihre Klagen nicht erhört. Ich habe Aussagen, die die unmenschlichste, herzloseste und grausamste Misshandlung hilfloser Frauen und Kinder bei dieser Gelegenheit bezeugen.

Wahrscheinlich wissen Eure Exzellenz nichts von diesen Vorfällen, und was die *Glaubwürdigkeit* unserer Krankenwagen betrifft, möchte ich Sie darauf hinweisen, dass sich britische Offiziere in hohem Maße auf die Aussagen von Kaffern und insbesondere auf die Anschuldigungen von Verrätern verlassen und bei der geringsten Provokation die Rechte des Roten Kreuzes ignorieren.

Die erwähnte Kolonne hat auch viele Häuser in Steenkampsberg, Witpoort und vielen anderen Orten niedergebrannt, geplündert und zerstört, ohne dass in der Nachbarschaft ein einziger Schuss von unseren Bürgern abgefeuert wurde. Und all dies geschah trotz der Versprechungen Eurer Exzellenz bei der Versammlung des Generalkommandanten Botha in Middelburg.

In letzter Zeit ist es oft vorgekommen, dass mir britische Krankenwagen in die Hände gefallen sind. In Bethel fielen mir drei Ärzte und ein Krankenwagen der Truppen von General Plumer in die Hände. In der Nähe von Vaalkop befanden sich Major Morris' Krankenwagen und in der Nähe von Belfast ein Krankenwagen der Truppen Ihres Bruders in meiner Gewalt, aber ich habe Krankenwagen des Roten Kreuzes immer als neutrale und humane Einrichtungen betrachtet und behandelt und sogar die Soldaten freigelassen, die zur Versorgung Ihrer Verwundeten eingesetzt waren.

Und keiner dieser Ärzte oder Pfleger erhielt ein Zertifikat, und ich habe ihnen stets geglaubt, dass sie gesetzlich dem Roten Kreuz angeschlossen waren. Aber wie ist die Haltung der britischen Offiziere uns gegenüber?

Ich vertraue darauf, dass Eure Exzellenz mir eine zufriedenstellende Antwort auf diese Beschwerden geben und Anordnungen zu deren Behebung erlassen werden.

Ich bin
der ergebenste Diener Ihrer Exzellenz,
BJ VILJOEN.
Stellvertretender Generalkommandant.

Distrikt Lydenburg ,
8. September 1901 .

AN SEINE EXZELLENZ, LORD KITCHENER , *Kommandeur der britischen Truppen in Südafrika, Pretoria* .

EURE EXZELLENZ,

Ich beehre mich, den Eingang des Briefes Eurer Exzellenz an General Blood vom 31. August in Pretoria zu bestätigen. Daraus entnehme ich, dass Eure Exzellenz versucht, die Verwendung der weißen Flagge zur Verbreitung von Proklamationen entlang unserer Linien zu rechtfertigen. In diesem Zusammenhang bringt Eure Exzellenz Argumente vor, die, wie ich ohne Zögern sagen kann, völlig unhaltbar sind.

Erstens versichert Eure Exzellenz, dass die Versendung dieser an Einzelpersonen gerichteten Dokumente unter der weißen Flagge gerechtfertigt sei; zweitens betrachtet Eure Exzellenz es als Ihre Pflicht, uns mit dem Inhalt der Proklamationen Ihrer Exzellenz vertraut zu machen, damit wir darüber informiert sind, was uns nach dem 15. September erwartet, usw., usw., usw.

Was das erste vorgebrachte Argument betrifft, muss ich leider Eurer Exzellenz Behauptung widersprechen, dass dies legal sei, und ich bin überzeugt, dass ein unparteiisches Gericht es für illegal erklären würde. Ich füge hiermit die Kopie eines Briefes von General W. Kitchener vom 1. September letzten Jahres als Antwort auf eine Beschwerde meines *Stellvertreters*, des „kämpfenden" Generals Muller, bei, in der es um die Mitnahme und Abfuhr unserer Sanitäts- und Krankenhausmitarbeiter durch die Truppen des besagten Generals W. Kitchener geht. Aus diesem Brief geht hervor, dass General Kitchener das Versenden einer Depesche unter weißer Flagge über wichtige und schwerwiegende Unregelmäßigkeiten als „triviale Mitteilungen" betrachtet. Wie soll ich britische Offiziere verstehen?

Eure Exzellenz meinen, es sei zulässig, die weiße Fahne zu verwenden, um innerhalb unserer Linien schädliche und irreführende Proklamationen zu verbreiten, wohingegen General W. Kitchener uns davor warnt, die weiße Fahne zu verwenden, wenn wir uns über die Britische Armee beschweren müssen, wenn diese unsere Ambulanzen abzieht und uns diese raubt, wie es im Zusammenhang mit der Ambulanz von Dr. Neethling geschah, die nach Middelburg gebracht und nach der Befreiung mit Nahrungsmitteln, medizinischen Instrumenten, einer Anzahl von Fahrzeugen, acht Maultieren und zehn Ochsen wieder zurückgeschickt wurde.

Was die zweite Angelegenheit betrifft, muss ich sagen, dass Eure Exzellenz anscheinend ein ebenso großes Interesse an unserem endgültigen Schicksal zeigt wie die Herren Dillon und Labouchere, und wenn ich über prophetische Fähigkeiten verfügte, wäre ich wahrscheinlich besser in der Lage, das Interesse Eurer Exzellenz an uns selbst zu verstehen.

In dem oben erwähnten Brief erwähnt Eure Exzellenz einen Brief an Seine Ehren, Generalkommandant Botha, in dem Eure Exzellenz behauptet, dass bestimmte von uns begangene Morde die britische Öffentlichkeit mit Entsetzen erfüllten und dass diese Morde Herrn Chamberlain zu der Bemerkung veranlassten, „dass die Taten der Buren die Beschreibung von plündernden Raufereien rechtfertigten". Ich kann nicht glauben, dass solche Taten von uns oder unseren Leuten mit dem Wissen unserer Offiziere begangen wurden oder dass solche Taten begangen werden. Es ist mir natürlich unmöglich, diese Angelegenheit weiter zu diskutieren, da ich die Umstände nicht kenne.

In Bezug auf die Behauptung Eurer Exzellenz, die Zerstörung der Eisenbahnlinien unseres Feindes sei nicht zu rechtfertigen, kann ich nur sagen, dass ein solches Vorgehen nicht nur von allen Militärbehörden als legal angesehen wird, sondern dass in einem Handbuch von Sir Garnet Wolseley in diesem Zusammenhang ausführliche Anweisungen zur Unterbrechung der feindlichen Versorgung gegeben werden. Wie Eure

Exzellenz richtig bemerkt, müssen wir als Soldaten das Gute mit dem Schlechten nehmen und dürfen uns nicht ärgerlich beschweren, wenn uns in bestimmten Fällen eine weniger sanfte Behandlung zuteilwird. Militärische Operationen wie die Sprengung von Eisenbahnlinien sind für uns ebenso unangenehm, wie es, wie ich hoffe, für Eure Exzellenz die Zerstörung unserer Häuser, das Verbrennen unserer Lebensmittel und die Deportation unserer Familien sein werden.

der ergebene Diener Ihrer Exzellenz,
BJ VILJOEN,
stellvertretender Generalkommandant
der Transvaal Burgher Forces, zu sein .

Distrikt Lydenburg ,
21. September 1901 .

AN SEINE EHREN GENERAL SIR BINDON BLOOD ,
Middelburg .

DEINE EHRE,

Ich muss gegen die Methoden einer Ihrer Kolonnen protestieren, die in der vergangenen Woche in der Gegend von Roos Senekal im Einsatz war und die Lebensmittel einer Reihe von Familien verbrannt und vernichtet hat, die sie nicht deportiert hat. Dies ist sicherlich eine höchst unmenschliche Aktion, da sich die genannten Familien nun in einer mittellosen Lage befinden. Es handelt sich um die Familien von Herrn Hans Grobler aus Klip River und anderen aus Tondeldoos. Ich möchte auch wissen, warum Dr. Manning und sein Krankenwagen sowie die Verwundeten aus Tondeldoos abgezogen wurden, trotz früherer Zusicherungen, dass das Rote Kreuz als neutral angesehen und unbehelligt gelassen werden sollte.

der ergebene Diener Eurer Ehren
zu sein ,
BJ VILJOEN,
stellvertretender Generalkommandant.

Hauptquartier, Pretoria ,
26. Oktober 1901 .

AN GENERAL BEN VILJOEN.

HERR,

Ich habe die Ehre, den Erhalt Ihres Briefes vom 8. Oktober zu bestätigen, in dem Sie sich über Angriffe von Kaffern auf Ihre Bürger und deren Familien und Eigentum beschweren. In Ihrem Brief führen Sie zwei besondere Vorfälle auf:

(*a*) Der Vorfall am Wit River am 22. September 1901.

b) Das Niederbrennen und Plündern von Gehöften in Ohrigstad.

Ich habe beide Fälle untersucht und bin zu dem Schluss gekommen, dass die Fakten wie folgt lauten:

(*a*) Im ersten Fall versuchte eine kleine Gruppe berittener Truppen unter Führung eines Offiziers am 22. September, eine Anzahl burischer Wagen in der Nähe des Wit River zu erbeuten. Es kam zu einem Kampf, und während des Gefechts näherte sich eine Bande Kaffern, von deren Nähe die Truppen Seiner Majestät nichts wussten, aus einer anderen Richtung und begann, auf die Bürger zu schießen. Als dies bemerkt wurde, wurden die Truppen Seiner Majestät zurückgezogen, um jeden Anschein einer Zusammenarbeit mit den Kaffern zu vermeiden, und ein Bericht über den Vorfall wurde sofort eingesandt.

(*b*) Im zweiten Fall berichtet Oberst Parke, der Kommandeur der Truppen Seiner Majestät im genannten Bezirk, dass der Ihnen vorgelegte Bericht jeglicher Grundlage entbehrt. Am 3. September wurden alle Familien im Bezirk Ohrigstad von ihm evakuiert. Harbers Bürgerkommando war anwesend, nahm jedoch nicht an der Operation teil. Bei dieser Gelegenheit wurde von einer Burin berichtet, dass am Vortag eine Anzahl Kaffern dort aufgetaucht waren und das Dorf Ohrigstad geplündert hatten , aber die Kaffern handelten unabhängig von den Truppen Seiner Majestät, und außer dem oben genannten Bericht sind keine weiteren Informationen zu dieser Angelegenheit verfügbar.

Abschließend halte ich es für nicht unwahrscheinlich, dass Kaffern in den von Ihnen genannten Bezirken angegriffen haben, aber ich kann diese Angriffe nur auf die Handlungen Ihrer eigenen Bürger zurückführen, d. h . auf das Erschießen und Ausrauben von Kaffern und die dadurch durch solche Misshandlungen geweckte Feindschaft unter den Kaffern. Gleichzeitig haben sie (die Bürger) den Kaffern durch den Verkauf Waffen und Munition geliefert, mit denen die Angriffe durchgeführt wurden, über die Sie sich beschweren. Ich bestreite nachdrücklich, dass sie (die Kaffern) von den Truppen Seiner Majestät bewaffnet oder angestachelt wurden.

Ihr ergebener Diener,
KITCHENER,
Oberbefehlshaber in Südafrika zu sein
.

Distrikt Lydenburg ,
6. November 1901.

AN SEINE EXZELLENZ LORD KITCHENER ,
Oberbefehlshaber der Streitkräfte Seiner Majestät in Südafrika.

EURE EXZELLENZ,-

Ich beehre mich, den Erhalt des Schreibens Ihrer Exzellenz vom 26. Oktober zu bestätigen. Darin leugnen Sie bestimmte Taten, die von bewaffneten Kaffern in der Umgebung von Wit River und Ohrigstad begangen wurden.

Zum ersten Vorfall *am* Wit River kann ich nur sagen, dass es uns nicht nur seltsam, sondern sogar unwahrscheinlich erschien, dass eine Bande bewaffneter Kaffern gleichzeitig und in offensichtlicher Harmonie mit den Truppen Seiner Majestät angreifen konnte, und dass keine der beiden Parteien von der Anwesenheit der anderen Kenntnis hatte.

Wäre dies das erste Mal gewesen, dass die Truppen Seiner Majestät gemeinsam mit und unter der Unterstützung von Kaffern Überfälle auf die Bürger durchgeführt hätten, dann wäre die Erklärung Seiner Exzellenz plausibel.

Aber leider sind unsere bitteren Erfahrungen in diesem Krieg anders. Es wird Ihre Exzellenz daher nicht überraschen, wenn ich behaupte, dass die Erklärung Ihrer Exzellenz unhaltbar ist. Was die Ereignisse in Ohrigstad betrifft, bleibe ich bei dem, was ich gesagt habe, und bei meinem Brief vom 8. Oktober, und ich muss leider feststellen, dass Colonel Parke Ihre Exzellenz durch seine ungenaue Darstellung der wahren Fakten in die Irre geführt hat.

Um Colonel Parkes Erinnerung zu erleichtern, möchte ich erwähnen, dass in derselben Nacht, in der er Lydenburg auf dem Weg nach Krugers Post verließ, der Bur Harber mit seiner Verräterbande durch Klipkloof und über Joubertshoogte marschierte, begleitet von 100 bewaffneten Kaffern, und an der Farm des Feldkornett Zwart in Uitkomst vorbeikam, wo die Plünderung burischer Familien und Gehöfte begann. Dies geschah auf ausdrückliche Anweisung und in Anwesenheit des besagten Harber.

Am selben Nachmittag traf Harber in Rustplaats auf die Streitkräfte unter Colonel Parke, von wo aus sie sich gemeinsam zu Krugers Post Nek zurückzogen.

Am nächsten Morgen reiste Colonel Parke erneut nach Ohrigstad, wo unsere Familien erneut ausgeplündert und deportiert und unsere Gehöfte überfallen und niedergebrannt wurden.

Demzufolge ist nur der letzte Absatz des Berichts von Colonel Parke richtig. Wenn sich Eure Exzellenz die Mühe machen würden, die Familien, die sich derzeit in Ihrer Obhut befinden, zu befragen und zu untersuchen – wie ich es in meinem früheren Brief verlangt habe –, könnten Eure Exzellenz die wahren Tatsachen leicht ermitteln.

Da ich aus dem Brief Eurer Exzellenz entnehme, dass Harber und sein Korps als den Streitkräften Seiner Majestät zugehörig anerkannt werden, müssen die Offiziere Seiner Majestät für die Taten des besagten Harber und seiner Kaffernhorden verantwortlich gemacht werden.

Es ist nicht davon auszugehen, dass Harber und sein Korps, alle bewaffnet und in Khaki gekleidet, die Armee Seiner Majestät nur als Zuschauer oder Militärattachés begleiteten.

Abschließend stelle ich fest, dass Eure Exzellenz die Behauptung wiederholt, dass Kaffern wahllos von unseren Bürgern erschossen, ausgeraubt und misshandelt werden und dass unsere Bürger Waffen an die Kaffern verkauft haben; und dass Sie die feindselige Haltung der Kaffern uns gegenüber auf diese Ursachen zurückführen.

Was die feindselige Haltung der Kaffernrassen betrifft, kann ich Ihre Exzellenz auf einen Brief seiner Ehren, General Louis Botha, zum gleichen Thema verweisen, in dem *unter anderem mitgeteilt wird*, dass die Kaffernrassen vor der Ankunft der britischen Truppen in diesen Gebieten und in Swasiland ausnahmslos eine friedliche Haltung beibehielten, eine Tatsache, die für sich selbst spricht.

Ich muss noch einmal wiederholen, dass die Behauptung, die Bürger hätten Waffen an die Kaffern verkauft, meines Wissens nach falsch ist und dass es sich dabei lediglich um eine der vielen haltlosen Anschuldigungen handelt, die von Verrätern und skrupellosen Personen stammen und von ihnen den britischen Offizieren als „wichtige Information" angeboten werden.

Dass die Kaffern von den Offizieren Seiner Majestät mit Waffen versorgt wurden, lässt sich durch abgefangene Dokumente beweisen. Ich füge hiermit einen Auszug aus dem Tagebuch von Sergeant Buchanan von Steinacker's Horse bei, aus dem Eure Exzellenz entnehmen können, dass Lieutenant Gray, ein Offizier der Armee Seiner Majestät, die Kaffern persönlich mit Waffen und Munition versorgte.

der ergebene Diener Ihrer Exzellenz,
BJ VILJOEN,
zu sein.
Stellvertretender Generalkommandant.

Bezirk Lydenburg,
7. November 1901.

Der kommandierende Offizier von Lydenburg,

LIEBER HERR,-

Ich wäre Ihnen dankbar, wenn Sie Lord Kitchener auf Folgendes aufmerksam machen würden: Am 29. Oktober letzten Jahres wurde die Residenz eines gewissen D. Coetzee auf der Vrischgewaard Farm in diesem Bezirk in der Nacht desselben Tages oder ungefähr zu dieser Zeit von Truppen Seiner Majestät umstellt, die von einer Anzahl Kaffern und Verrätern unterstützt wurden. Das Haus wurde nur von dem jungen Abraham Coetzee bewohnt, der bei seinem Fluchtversuch durch einen Schuss in den Bauch getroffen wurde. Coetzee wurde außerdem in einem Schuppen zurückgelassen und aller seiner persönlichen Besitztümer und sogar seiner Kleidung beraubt.

Am nächsten Tag fand ich ihn noch am Leben, aber er starb kurz darauf. Er erklärte, er sei in Gegenwart weißer britischer Truppen von bewaffneten Kaffern ausgeraubt, geschlagen und getreten worden. Ich weiß im Voraus, dass der für diese edle und zivilisierte Tat verantwortliche Offizier versuchen wird, die Wahrheit zu verdrehen, denn ich bin überzeugt, dass Seine Exzellenz diese Kriegsmethode nicht gutheißen kann. Aber dieser Fall ist mir persönlich bekannt, und meiner Meinung nach ist die Aussage eines Sterbenden glaubwürdig.

Ihr sehr ergebener Diener
zu sein ,
BJ VILJOEN.

Auf dem Veldt,
11. November 1901.

AN SEINE EXZELLENZ, DEN MARQUIS VON SALISBURY ,
Premierminister der Regierung Seiner Britischen Majestät .

EURE EXZELLENZ,

Während Seine Ehren, der Generalkommandant und andere kommandierende Offiziere bereits mehr als einmal erfolglos beim Kommandeur Ihrer Streitkräfte in Südafrika gegen den Einsatz wilder Ureinwohner in diesem Krieg protestiert haben und ungeachtet dessen, dass wir Ihren hier anwesenden Militärbehörden wiederholt versichert haben, dass unsererseits alle Anstrengungen unternommen werden, um die Kaffern vollständig aus diesem Krieg herauszuhalten, ist diese Regierung der Ansicht, dass es ihre Pflicht ist, ernsthaft und feierlich bei Ihrer Regierung zu protestieren , wie wir es hiermit tun, und gleichzeitig auf die schrecklichen und grausamen Folgen dieser Art der Kriegsführung hinzuweisen und Ihre Aufmerksamkeit darauf zu lenken.

Frühere Proteste, die in diesem Zusammenhang an Ihre hiesigen Militärbehörden gerichtet wurden, ergaben die Antwort, dass solche Kaffern lediglich als unbewaffnete Späher eingesetzt wurden, obwohl wir Beweise dafür haben, dass sie tatsächlich gegen uns kämpfen und ihre zerstörerischen Methoden in den Reihen Ihrer Streitkräfte und als isolierte Kommandos unter der Leitung britischer Offiziere anwenden.

Diese Kaffern, die die Regeln der zivilisierten Kriegsführung nicht kennen, haben bei verschiedenen Gelegenheiten und sogar in Anwesenheit Ihrer Truppen nicht gezögert, Kriegsgefangene auf barbarische Weise zu töten. Dies ist nur eine der schlimmen Folgen, die sich aus dem Einsatz von Barbaren im Krieg ergeben, denn es ist auch vorgekommen, dass wehrlose Frauen und Kinder von diesen wilden Raufbolden gefangen genommen und in Kaffern-Krale gebracht wurden, um sie dort festzuhalten, bis sie den britischen Militärbehörden übergeben wurden.

Diese Regierung ist bereit, Ihrer Exzellenz für den Fall der Ablehnung der oben genannten Vorwürfe eine große Zahl eidesstattlicher Erklärungen zur Bestätigung der Tatsachen zu übermitteln.

Eurer Exzellenz ergebenste Diener
zu sein ,
SW BURGER
(*amtierender Staatspräsident*).
FW REITZ
(*amtierender Staatssekretär*).

 Armeehauptquartier, Pretoria, Südafrika.
1. Dezember 1901.

HERR,

Aus einer Mitteilung, die ich auf Bitten Seines Ehren Schalk Burgers an Lord Salisbury weiterleiten sollte und die ich weitergeleitet habe, entnehme ich, dass sich seine Regierung über die Behandlung der Frauen und Kinder in den Lagern beschwert, die wir zu ihrer Aufnahme eingerichtet haben.

Es wurde alles getan, was die Bedingungen des Kriegszustands erlaubten, um für das Wohlergehen der Frauen und Kinder zu sorgen. Da Sie sich jedoch über diese Behandlung beschweren und daher in der Lage sein müssen, für sie zu sorgen, habe ich die Ehre, Ihnen mitzuteilen, dass alle Frauen und Kinder, die sich derzeit in unseren Lagern befinden und bereit sind, diese zu verlassen, in Ihre Obhut gegeben werden. Ich werde mich gern darüber informieren, wo Sie wünschen, dass sie Ihnen übergeben werden.

Ich habe Seiner Ehren Schalk Burger im oben genannten Sinne eine Antwort geschickt.

Ich habe die Ehre,
Ihr ergebener Diener
KITCHENER,
Generalkommandierender Oberbefehlshaber von Südafrika, zu sein .

AN GENERAL C. DE WET.

Milton Keynes UK
Ingram Content Group UK Ltd.
UKHW041847121024
449535UK00004B/401

9 789361 465796